1000 datos de la historia de Estados Unidos y 101 historias reales

Un viaje a través de los acontecimientos y personajes más destacados de Estados Unidos

Índice de contenidos

Primera Parte: Historia de Estados Unidos

1000 datos interesantes sobre la historia de Estados Unidos

Introducción

¿Le interesa descubrir los secretos de la historia de Estados Unidos? *¿Quiere explorar las profundidades del pasado de Estados Unidos y conocer los acontecimientos, las personas y los avances tecnológicos que dieron forma a esta gran nación?*

Si es así, ***1000 Datos interesantes sobre la historia de Estados Unidos*** *es la guía perfecta para usted. Abarca desde la historia más antigua de Estados Unidos hasta acontecimientos recientes. Descubra hechos fascinantes relacionados con los principales acontecimientos políticos, logros deportivos, conflictos militares, tecnología, movimientos sociales, inmigración, música, arte y literatura. Descubra algunos de los principales casos de la Corte Suprema, la cultura y herencia afroestadounidense y las elecciones presidenciales.*

¡Nunca ha sido tan fácil aprender todo sobre el rico pasado de Estados Unidos como con ***1000 Datos interesantes sobre la historia de Estados Unidos*** *al alcance de su mano! Siga leyendo y comience su viaje.*

Sección 1: Exploración de los hechos fundamentales de la historia de Estados Unidos

Los nativos americanos y la vida antes de la colonización europea

En este capítulo se explora la fascinante historia de *los nativos americanos y la vida antes de la colonización europea*. A continuación, treinta datos interesantes sobre las culturas, creencias, lenguas, herramientas y artes de los nativos americanos. También se ve cómo los indígenas utilizaban la naturaleza para sobrevivir en condiciones duras y el desarrollo de complejas redes comerciales entre las distintas tribus de **Norteamérica**.

1. Los **nativos americanos** viven en **Norteamérica** desde hace unos veinte mil años.
2. El término «**nativos americanos**» **es amplio.** Probablemente había más de mil tribus y culturas diferentes antes de la colonización europea. Cada una tenía sistemas de creencias diferentes.

3. Muchas tribus tenían un concepto llamado «**Aro sagrado**», según el cual todos los seres vivos estaban vinculados entre sí y debían respetarse mutuamente. Representa las estaciones, el universo y **el ciclo de la vida. No tiene principio ni fin.**
4. Las tribus utilizaban **herramientas sofisticadas** de piedra, hueso, concha, madera y astas, que les permitían cazar animales y pescar con mayor eficacia. También les servían para **construir casas** más rápido.

5. Los nativos americanos hicieron **cerámica con arcilla**. Utilizaban la cerámica para almacenar alimentos o cocinar. En algunas familias podían durar por varias generaciones.

6. Los indígenas **dependían en gran medida de la naturaleza**. Cultivaban plantas como el maíz y la calabaza. También cazaban búfalos, ciervos, alces y patos.

7. **Las culturas nativas americanas desarrollaron complejos sistemas de comercio** entre diferentes grupos de toda Norteamérica. Intercambiaban bienes como joyas de cobre o pieles de animales por cosas que necesitaban de otras tribus.

8. Las tribus nativas americanas desarrollaron **sus propias lenguas.** Los pueblos indígenas de Norteamérica no tenían sistemas de escritura, por lo que transmitían sus historias oralmente y a través de otros medios, como los cinturones de wampum.

9. **Las tribus tenían** muchas creencias espirituales diferentes, que a menudo se basaban en la naturaleza o los animales. Estas creencias guiaban la mayoría de las decisiones de su vida cotidiana.

10. Algunas tribus practicaban **técnicas agrícolas** como el cultivo en terrazas, que les permitía cultivar alimentos de forma más eficiente con recursos limitados. ¡Los agricultores siguen utilizando esta misma técnica hoy en día!

11. La música era parte fundamental de las culturas nativas. **Cantaban, bailaban, tocaban el tambor, las flautas** y otros instrumentos. La música conectaba a los individuos en ceremonias y celebraciones espirituales.

12. Algunas prácticas religiosas de los nativos americanos incluían las búsquedas de visión. Una persona se adentraba sola en la naturaleza para tener visiones o sueños **inspirados por guías espirituales**. Estos guías proporcionaban orientación y dirección sobre asuntos esenciales de la vida.

13. Las culturas nativas americanas practicaban diversas formas de arte, como la alfarería, la cestería y la pintura sobre pieles. **El arte solía ser espiritual**, aunque algunas cosas, como las cestas, se utilizaban con fines prácticos. El arte también se utilizaba para registrar relatos e historias dentro de las tribus.

14. **Las tribus eran sociedades organizadas con líderes** que supervisaban los procesos de toma de decisiones críticas, como la forma de distribuir los alimentos. Cada tribu era diferente, por lo que no todas tenían el mismo tipo de estructura social.

15. La mayoría de las tribus creían que **la tierra no pertenecía a un individuo**, sino a todas las personas que vivían en ella. Este concepto se conocía como **propiedad comunal** y permitía a los distintos grupos compartir los recursos comunes.

16. Los antiguos pueblos nativos **desarrollaron intrincados sistemas de medicina** que incluían hierbas, terapias de masaje y cabañas de sudación. Muchos de estos tratamientos se siguen utilizando hoy en día por los médicos modernos de todo el mundo debido a su eficacia para **curar ciertas afecciones**.

17. **Las mujeres** nativas americanas **solían encargarse de la recolección de alimentos**, la confección de ropa y el cuidado del hogar. También desempeñaban diversas funciones espirituales. Podían ser curanderas, sanadoras o líderes de ceremonias.

18. **Los nativos utilizaban la astronomía** para predecir los cambios estacionales y comprender los patrones de migración de los animales, cuando ciertas plantas estaban maduras para la cosecha. **Estos conocimientos eran esenciales para su supervivencia.** Planificaban sus actividades en función de lo que la naturaleza les proporcionaba cada año.

19. **Muchas tribus tenían filosofías muy arraigadas** que giraban en torno al equilibrio entre los seres humanos y la naturaleza, que para ellos creaba armonía y felicidad en la vida de todos. Este sistema de creencias se ha transmitido a través de generaciones de pueblos nativos y ¡se utiliza incluso hoy en día!

20. Los **nativos americanos** eran conocidos por sus intrincados diseños de abalorios, que podían encontrarse en mocasines, mantas y otros objetos. **También fabricaban hermosas joyas con conchas y piedras** con significados simbólicos. Estas piezas tenían un propósito funcional y actuaban como poderosos símbolos. Eran parte importante de la identidad de alguien dentro de su tribu.

21. **Los curanderos y las curanderas eran importantes en las sociedades tribales.** Estos curanderos conocían las hierbas y las prácticas rituales y espirituales que podían utilizarse para tratar enfermedades o heridas. Transmitían estos conocimientos a las siguientes generaciones.

22. **Las tribus antiguas utilizaban el búfalo no solo como alimento.** Utilizaban la piel del búfalo para vestirse, para refugiarse y para fabricar herramientas como arcos y flechas. Hoy en día, algunas comunidades nativas siguen practicando **ceremonias tradicionales de caza de búfalos** como parte de su identidad cultural.

23. **Los nativos americanos seguían los patrones migratorios** de los animales a lo largo de las diferentes estaciones, lo que les permitía acceder a caza fresca de forma continua. Esto era esencial para su supervivencia **durante los meses de escasez**, cuando otros recursos podían escasear debido a la falta de lluvias o al frío.

24. **Las tribus dependían en gran medida de los ciclos de la naturaleza** a la hora de sembrar o recolectar determinadas plantas. Comprendían cómo sus acciones repercutían en el medio ambiente que les rodeaba, por lo que tenían mucho cuidado de no desperdiciar nada.

25. Tres de los cultivos **más importantes de la Norteamérica primitiva eran la calabaza, el maíz y los frijoles**. A estos tres cultivos se les llamaba las tres hermanas. Normalmente se plantaban juntos. El tallo del maíz servía de espaldera para los frijoles. Las hojas de la calabaza daban sombra al suelo, manteniendo la humedad para que **los frijoles y el maíz crecieran** sin problemas.

26. **La pesca era una parte esencial de muchas dietas nativas.** Los indígenas utilizaban métodos únicos como presas para peces (una trampa hecha con palos), lanzas y redes.

27. Las tribus antiguas desarrollaron ingeniosas formas de transporte. **Utilizaban canoas, que les permitían atravesar ríos con facilidad.** También utilizaban zapatos de nieve que les ayudaban a atravesar caminos nevados y montañas.

28. **Algunas tribus construyeron poblados con empalizadas** (muros hechos de madera) para protegerse de las amenazas. Las empalizadas también les proporcionaban protección durante los duros meses de invierno, cuando **los alimentos podían escasear** debido a la falta de luz solar y a las bajas temperaturas.

29. **Los nativos americanos creían en el respeto mutuo entre las diferentes culturas.** Los comerciantes no solo intercambiaban mercancías, sino también historias, canciones e ideas, lo que les permitía conocer mejor las costumbres y creencias de los demás.

30. Las **danzas rituales** en las culturas nativas solían representarse como parte de ceremonias o festividades significativas. **Estas danzas variaban de una tribu a otra,** pero tenían algunas similitudes, como su veneración por la naturaleza y los antepasados.

Exploración europea y colonización de Estados Unidos

En este capítulo se explora la **historia de la exploración y colonización europea** en Estados Unidos. Se presentan treinta datos interesantes sobre cómo varios países reclamaron partes de Norteamérica, qué aportaron a la región y por qué algunas colonias decidieron declarar su independencia. También se mencionan algunas adquisiciones, como **Alaska, Hawái y Puerto Rico**, ¡todas las cuales forman parte de Estados Unidos!

31. **El primer europeo que exploró Norteamérica fue Leif Erikson**. Era vikingo. Viajó a lo que hoy es Terranova en el año 1000 de nuestra era.

32. En la época de **Cristóbal Colón**, la gente había olvidado el viaje de Leif. La mayoría de las primeras exploraciones se centraron en América Central y del Sur. El primer explorador europeo que llegó a los actuales Estados Unidos fue **Ponce de León.**

33. De **Américo Vespucio**, que exploró Sudamérica, es de donde sacamos el nombre de «América».

34. **En 1607, Inglaterra** estableció su primer asentamiento permanente en Norteamérica, en Jamestown.

35. **Francia estableció colonias en Canadá** y Luisiana en la década de 1600.

36. **España** reclamó gran parte del Suroeste, desde **California hasta Texas.**

37. Los colonos **holandeses** se establecieron en Nueva Holanda (actual **Nueva York**) en 1624.

38. Los **peregrinos** llegaron a Plymouth, **Massachusetts**, en 1620 en el Mayflower.

39. Los **cuáqueros** comenzaron a establecerse en **Pensilvania** en 1681.

40. **Los colonos europeos trajeron a América caballos, ganado vacuno, cerdos y otros animales.** Los colonos también introdujeron nuevas plantas para la agricultura como el trigo, la cebada, la avena y el centeno.

41. A mediados del siglo XVII, **las Trece Colonias británicas** se habían establecido a lo largo de la costa atlántica desde Maine hasta Georgia.

42. **Los comerciantes europeos trajeron esclavos africanos a Estados Unidos** para trabajar en las plantaciones.

43. **La guerra franco-india (1754-1763)** se libró entre Francia y Gran Bretaña con sus respectivos aliados nativos americanos.

44. **Gran Bretaña ganó la guerra** y se hizo con el control de gran parte del este de Norteamérica.

45. Después de la guerra, **los británicos intentaron aumentar los impuestos** a los colonos para pagar la guerra. Los colonos se enfadaron porque no se les dio representación en el Parlamento.

46. **La Revolución estadounidense** estalló en 1775 debido a las tensiones entre las Trece Colonias y Gran Bretaña.

47. **Las Trece Colonias declararon su independencia** de Gran Bretaña en julio de 1776.

48. **La guerra de la Independencia terminó oficialmente en 1783** con el Tratado de París, que reconoció formalmente a Estados Unidos como nación independiente.

49. **Gran Bretaña cedió** a Estados Unidos **la mayor parte de su territorio** al este del río Misisipi.

50. **La Ordenanza del Noroeste se aprobó en 1787.** Organizó el área al noroeste del río Ohio en el llamado Territorio del Noroeste, que más tarde se convertiría en varios estados.

51. **La compra de Luisiana en 1803** duplicó el tamaño de Estados Unidos.

52. **La Expedición Lewis y Clark,** que duró de 1804 a 1806, fue dirigida por Meriwether Lewis y William Clark. Con la ayuda de una joven shoshone llamada Sacagawea, el grupo atravesó el país desde el río Misuri hasta el océano Pacífico. Se encontraron con tribus de nativos americanos y obtuvieron valiosa información, que amplió el conocimiento del oeste norteamericano.

53. **Florida pasó a formar parte de Estados Unidos** tras el Tratado de Adams-Onís con España en 1819.

54. Tras la **guerra entre México y Estados Unidos**, México cedió la actual California a Estados Unidos mediante el Tratado de Guadalupe Hidalgo en 1848.

55. **La compra de Gadsden añadió tierras en el sur de Arizona** y el suroeste de Nuevo México en 1853.

56. **Alaska fue comprada a Rusia** en 1867.

57. Estados Unidos adquirió Hawái y Guam en 1898. **Hawái se convirtió en estado** en 1959. Guam es un territorio estadounidense.

58. **Puerto Rico se convirtió en territorio estadounidense** en 1898 tras la guerra hispano-estadounidense.

59. La **zona del Canal de Panamá** fue arrendada a EE. UU. en 1903.

60. **Estados Unidos adquirió las Islas Vírgenes de Dinamarca** en 1917.

El Gran Despertar

Se estará preguntando cómo repasamos la historia de Estados Unidos tan rápidamente. No se preocupe. Vamos a examinar más detenidamente los grandes acontecimientos de la historia de esta nación. En este capítulo se explora **el Gran Despertar, un movimiento religioso que se extendió por Norteamérica** desde principios hasta mediados del siglo XVIII. Este renacimiento espiritual desafió las creencias puritanas tradicionales y trajo nuevas **denominaciones del cristianismo a las colonias**, como el metodismo. Además, aprenderá por qué **George Whitefield** fue tan importante en este periodo y descubrirá por qué el segundo Gran Despertar desencadenó movimientos sociales como el abolicionismo, la templanza y los derechos de la mujer. Estos movimientos ayudaron a moldear gran parte del **sentido de la moralidad de la gente en los EE. UU. hoy en día.**

61. **El Gran Despertar fue un movimiento religioso** de principios a mediados del siglo XVIII.

62. Comenzó con un emotivo sermón del predicador **Jonathan Edwards en 1734**. Las ideas que expuso se extendieron rápidamente, dando lugar a una gran cantidad de reuniones de masiva asistencia en toda Norteamérica.

63. Su sermón hablaba de cómo los seres humanos **somos pecadores por naturaleza y de cómo necesitamos ser perdonados** para alcanzar la salvación. Instó a la gente a aceptar a Dios en su vida.

64. **Este despertar espiritual desafió las creencias puritanas tradicionales,** ya que los puritanos creían que solo los sacerdotes podían interpretar la Biblia.

65. En el pasado, **algunos puritanos librepensadores, como Anne Hutchinson,** habían sido desterrados de la sociedad por ir en contra de la norma.

66. **George Whitefield** fue uno de los principales predicadores del Gran Despertar. Viajó por toda la costa este, predicando su mensaje de avivamiento religioso a miles de personas a la vez.

67. **Los conmovedores sermones de Whitefield** promovían la autodeterminación de los individuos en lugar de su dependencia del consenso del grupo. Sus ideas inspiraron a muchos a convertirse en pensadores más independientes, además de creyentes o seguidores.

68. Por ejemplo, animó a los colonos a tomar el control de sus propias vidas decidiendo **qué tipo de valores querían**.

69. **El Gran Despertar tuvo un impacto significativo en la vida intelectual estadounidense,** inspirando a la gente a crear sus propias interpretaciones de la Biblia y ayudándoles a alejarse de las creencias puritanas tradicionales.

70. También ayudó a despertar un **sentimiento de unidad nacional,** ya que colonos de diferentes orígenes se unieron por su creencia en el poder de Dios.

71. **El Gran Despertar fue un factor esencial en la Revolución estadounidense**. Ayudó a difundir ideas sobre la autodeterminación y la libertad en todas las colonias antes de que comenzaran las hostilidades con Gran Bretaña.

72. **Animó a la gente a pensar por sí misma,** a cuestionar la autoridad y a levantarse contra las fuerzas opresoras, conduciéndolos finalmente hacia la independencia del sistema monárquico.

73. **Nuevas denominaciones protestantes,** como el metodismo, llegaron a Estados Unidos gracias al Gran Despertar.

74. **John Wesley fundó el metodismo** en la década de 1730. En 1784, el metodismo echó raíces en Norteamérica con inmigrantes procedentes de Irlanda que trajeron consigo su religión.

75. **Los bautistas también se vieron afectados por el Gran Despertar.** Existían desde el siglo XVII, pero este renacimiento religioso dio lugar a un nuevo tipo de bautistas, que rompía con las ideas puritanas (o congregacionalistas).

76. Antes del Gran Despertar había pocos bautistas en Norteamérica. En 1804, en cambio, había más de **trescientas iglesias bautistas solo en Nueva Inglaterra.**

77. Muchas figuras prominentes, incluido **Thomas Paine**, escribieron extensamente sobre la libertad religiosa, **la separación entre Iglesia y Estado**, y otros temas relacionados con los derechos individuales y la libertad de expresión.

78. **El Gran Despertar fue una reacción a la Ilustración,** que había comenzado en Europa. La Ilustración se basaba en la razón, mientras que el Gran Despertar se basaba más en la emoción y las creencias.

79. **La Ilustración afectó a la religión.** Como las ideas del movimiento se basaban en la razón, aumentó el escepticismo hacia las creencias cristianas tradicionales. Algunos **intelectuales rechazaron por completo la teología bíblica**, influyendo en lo que hoy se conoce como humanismo secular. La mayoría de los pensadores de la Ilustración abogaban por la tolerancia religiosa.

80. **El deísmo surgió durante la Ilustración**. Racionalizaba la existencia de Dios. Los deístas creían en Dios, pero no creían que interfiriera en la vida cotidiana. Algunos deístas famosos fueron **Thomas Jefferson y Thomas Paine**.

81. Aunque el renacimiento religioso no se centró en el racionalismo, dejó un impacto duradero en la educación en Estados Unidos. **Varias universidades famosas se abrieron gracias al Gran Despertar,** como Princeton, Dartmouth y Brown.

82. Estas universidades fueron pensadas originalmente para ser **lugares donde las personas pudieran aprender sobre la Biblia** y entrenarse para convertirse en ministros.

83. Este movimiento fue importante para los **afroestadounidense**. Fueron alentados por predicadores como Whitefield a **rechazar la esclavitud y buscar la libertad a través de la fe** de las enseñanzas de Cristo sobre el amor y la justicia para todas las personas, independientemente de su raza o condición de clase.

84. **El segundo Gran Despertar** tuvo lugar a principios del siglo XIX. Se cree que se extendió entre 1790 y 1840. Fue otro gran avivamiento protestante.

85. El segundo Gran Despertar impulsó varios movimientos de reforma social, incluyendo **el abolicionismo, la templanza y los derechos de la mujer**.

86. El segundo Gran Despertar predicaba que **todos los hombres eran iguales ante los ojos de Dios**, lo que llevó a un aumento de las llamadas al abolicionismo.

87. También revivió la **creencia de que se debía vivir una vida libre de pecado**. Los movimientos a favor de la templanza tomaron esta idea y la usaron para disuadir del vicio de beber.

88. El creciente entusiasmo de la época permitió a **las mujeres asumir un papel más activo en la vida religiosa, incluyendo la enseñanza y la predicación**. Aunque las mujeres seguían estando en gran medida excluidas de los puestos formales en las instituciones religiosas, el segundo Gran Despertar les permitió ganar mayor autonomía e influencia en asuntos religiosos.

89. El segundo Gran Despertar también contribuyó a un **creciente sentido de igualdad religiosa entre hombres y mujeres,** allanando el camino para el temprano movimiento por los derechos de la mujer.

90. **El tercer Gran Despertar tuvo lugar desde finales de la década de 1850 hasta principios del siglo XX.** Este avivamiento también se centró en cuestiones sociales como el abolicionismo. Además, hablaba del fin de los tiempos y la segunda venida de Cristo.

La guerra franco-india

Este capítulo explora la **guerra franco-india,** que fue un escenario de la guerra de los Siete Años. Se presentan **treinta datos interesantes** sobre cómo comenzó este conflicto, quiénes participaron en él y cuál fue su desenlace. Aprenda sobre figuras famosas como **George Washington** y **Benjamin Franklin**, que desempeñaron papeles importantes durante esta guerra.

91. **La guerra franco-india** se libró entre 1754 y 1763 en Norteamérica.

92. Esta guerra fue un escenario de **la guerra de los Siete Años**, que estalló por disputas territoriales.

93. **La guerra franco-india enfrentó a británicos y franceses**. Ambos bandos contaban con aliados nativos americanos.

94. La guerra comenzó por disputas sobre la propiedad de las tierras del **valle del río Ohio.**

95. **Francia ayudó a sus aliados nativos americanos,** proporcionándoles armas para impedir que los colonos británicos se expandieran por nuevas tierras.

96. **La primera batalla** tuvo lugar en **Jumonville Glen**, cerca de la actual Pittsburgh, Pennsylvania, **en mayo de 1754**. Solo duró unos quince minutos.

97. **George Washington** comandó a los colonos en la batalla de Jumonville Glen.

98. **Jumonville era el líder de las fuerzas francesas** en la batalla. Fue enviado para advertir a Washington que abandonara la zona, no para entrar en combate. **Jumonville murió en esa batalla.**

99. **La primera caricatura política de la historia de EE. UU**. se imprimió en 1754. La caricatura fue diseñada **por Benjamin Franklin.** Mostraba a las colonias como partes de una serpiente troceada.

100. **La batalla del fuerte *Necessity*** fue la primera gran batalla de la guerra. Tuvo lugar en julio de 1754. **George Washington** se vio obligado a rendirse.

101. **El general británico Edward Braddock** fue asesinado mientras lideraba una fuerza contra el fuerte Duquesne (situado en la actual Pittsburgh) el 9 de julio de 1755, convirtiéndose en una de las muchas bajas durante este largo y sangriento conflicto.

102. Inicialmente, a los **franceses** les fue mejor en la guerra. Pero la situación empezó a cambiar cuando **los británicos consiguieron una victoria** en el fuerte Niagara en julio de 1759. Su victoria les permitió comenzar los planes para invadir Canadá desde el oeste.

103. **La batalla de Quebec** tuvo lugar en septiembre de 1759. **Los británicos sitiaron** la ciudad durante tres meses antes de declarar finalmente la victoria. Los generales de ambos bandos murieron a causa de las heridas que recibieron mientras luchaban.

104. **Los franceses intentaron retomar Quebec,** pero fracasaron.

105. Debido a la falta de recursos, ambos bandos recurrieron al uso de **tácticas de guerra de guerrillas.**

106. **Más de cuarenta mil colonos y soldados británicos participaron en la guerra.** Los franceses contaban con unos diez mil regulares. Sin embargo, los franceses tenían más aliados nativos americanos que los británicos.

107. En septiembre de 1760, **los británicos tomaron Montreal.** La toma de Montreal significó que toda Nueva Francia estaba en manos británicas.

108. **En 1763, se firmó en París un tratado de paz entre Francia, Gran Bretaña y los demás países que lucharon en la guerra de los Siete Años.** El tratado puso fin a esa guerra y a la guerra franco-india. Entregaba todas las tierras al este del río Misisipi a Gran Bretaña. Francia se retiró de Norteamérica, aunque conservó algunos territorios en Canadá.

109. **Luisiana se dividió por la mitad:** Gran Bretaña se quedó con la parte oriental y Francia con la occidental.

110. **Francia no conservó Luisiana durante mucho tiempo.** Antes del Tratado de París de 1763, Francia firmó un acuerdo secreto con España en el que **acordó ceder Luisiana a España.** Poco después de la guerra, España recibió su mitad del territorio. No impugnó los términos del Tratado de París.

111. Los británicos estaban preocupados por sus nuevos residentes en Canadá, concretamente los católicos de Acadia. **En 1755, los británicos comenzaron a expulsar a los acadios.** Cientos de ellos se establecieron en Luisiana. El nombre «acadio» se convirtió en «cajún». Los cajunes siguen viviendo en Luisiana hoy en día.

112. **El Tratado de París también entregó toda la Florida española a Gran Bretaña.** España había luchado con Francia en la guerra de los Siete Años y se vio obligada a ceder territorios en el tratado.

113. Aunque este conflicto se libró **principalmente entre Gran Bretaña y Francia**, las tribus nativas americanas participaron significativamente. La mayoría de las tribus apoyaron a Francia. Otras intentaron permanecer neutrales durante la guerra.

114. **La Confederación iroquesa fue inicialmente neutral en la guerra.** Más tarde, los iroqueses se aliaron con los británicos. Sin embargo, algunos miembros se unieron a los franceses. En realidad, dependía de quién ofreciera mejores condiciones en cada momento.

115. **La guerra franco-india** abrió oportunidades para que los colonos procedentes de Europa comenzaran a asentarse en los territorios recién adquiridos. Para ello, tuvieron que expulsar a los indígenas.

116. Los **nativos americanos** no fueron incluidos en el tratado de paz entre Francia y Gran Bretaña. Continuaron enfrentándose al desplazamiento hasta que se hicieron tratados directamente con las tribus o se establecieron gobiernos específicamente para ellos.

117. **Cuando Francia se marchó, los nativos americanos** perdieron un importante socio comercial. Aunque los colonos siguieron comerciando con los nativos, no lo hicieron con tantas armas y pólvora.

118. **Es difícil saber exactamente cuántas personas murieron en la guerra.** Los historiadores estiman que fueron once mil. La mayoría murió de enfermedades.

119. Oficiales británicos como **George Washington** adquirieron experiencia y respeto en la guerra franco-india. Sus logros en esta guerra lo llevaron más tarde a ser comandante del Ejército Continental.

120. Otras figuras destacadas de la historia de Estados Unidos, como **Benjamin Franklin,** también desempeñaron papeles importantes en la guerra. **Franklin llegó a ser comandante en la guerra.**

La Fiesta del Té de Boston

Este capítulo aborda los acontecimientos y las causas de **la Fiesta del Té de Boston**, que fue un **momento crucial en la historia de Estados Unidos**. La Revolución estadounidense estalló menos de dos años después. A continuación, se presentan **treinta datos interesantes** sobre este acontecimiento histórico, desde quién lo organizó hasta lo que ocurrió después. Conozca por qué **los estadounidenses boicotearon el té procedente de Inglaterra**. Descubra cómo la Fiesta del Té de Boston desencadenó protestas. También se exploran otros detalles, como los disfraces que llevaban los manifestantes.

121. **La Fiesta del Té de Boston fue una protesta política** que tuvo lugar el 16 de diciembre de 1773 en la ciudad de Boston, Massachusetts.

122. **Tres barcos que transportaban té de Inglaterra fueron enviados al puerto de Boston.** Los colonos estaban molestos por no tener representación en el Parlamento británico. Para mostrar su descontento, ¡arrojaron los 342 barriles de té al agua!

123. **El té que se tiró** ¡valdría hoy casi dos millones de dólares!

124. El té pesaba más de **noventa mil libras.**

125. En mayo de 1773, **Gran Bretaña aprobó la Ley del Té**. Esta fue una de las muchas leyes que disgustaron a los colonos americanos.

126. **Los colonos ya pagaban impuestos sobre el té** debido a las Leyes Townshend, aprobadas a finales de la década de 1760. También pagaban impuestos sobre la cristalería, los sellos y el papel, entre otros productos.

127. Durante ese periodo, **el té era muy popular en Norteamérica**. ¡Los colonos bebían más de un millón de libras de té al año a finales del siglo XVIII!

128. **La Ley del Té otorgó a la Compañía de las Indias Orientales el monopolio del té.** El contrabando era un gran problema en las colonias. Casi el 90 % del té que bebían los colonos era de contrabando. A los colonos les quedó claro que el impuesto sobre el té se mantendría.

129. **Thomas Hutchinson era gobernador de Massachusetts** en el momento de la Fiesta del Té de Boston. Quería que se pagaran los impuestos sobre el té. Se negó a que los barcos abandonaran el puerto con el té.

130. **Los colonos dejaron claro que no aprobarían el impuesto.** Los capitanes no querían arriesgarse a que sus barcos sufrieran daños, así que se quedaron en el puerto.

131. Más de **cien personas participaron** en la histórica **Fiesta del Té de Boston**, Aunque solo unas sesenta de ellas abordaron los barcos.

132. La mayoría de los participantes llevaban disfraces, como máscaras. ¡Algunos incluso se **disfrazaron de mohawks**!

133. Los participantes utilizaron hachas y cuerdas para arrojar los barriles al agua. **Tardaron casi tres horas en la oscuridad en descargar todo el té.**

134. El principal organizador de este evento fue **Samuel Adams.** Se le considera uno de los padres fundadores. También fue miembro activo de **un grupo** político **llamado Hijos de la Libertad**.

135. **Los Hijos de la Libertad** luchaban por los derechos de los colonos. Este grupo a veces podía ser violento. Por ejemplo, **alquitranaban y emplumaban a los funcionarios**. Desnudaban a una persona, le echaban alquitrán encima y luego le arrojaban plumas.

136. Algunos de los famosos Hijos de la Libertad son **Samuel Adams, Benjamin Church, John Hancock, Paul Revere y Benedict Arnold.**

137. La Fiesta del Té de Boston se llamó en su momento la **«Destrucción del Té».** Otras ciudades tuvieron sus propias «fiestas del té», pero la de Boston fue la más destructiva.

138. Aunque no hubo víctimas ni heridos, **los británicos se enfurecieron.** Exigieron una compensación por la pérdida del té.

139. Gran Bretaña aprobó varias leyes conocidas como las Leyes Intolerables. Estas leyes restringían aún más los derechos coloniales, lo que provocó más protestas.

140. Primero se aprobó la Ley del Puerto de Boston. Los colonos tenían que devolver el costo del té destruido. Hasta que no lo hicieran, el puerto de Boston sería cerrado.

141. La Ley del Gobierno de Massachusetts puso a Massachusetts bajo el control del gobierno británico. Antes de esta ley, Massachusetts tenía una carta constitucional. Además, se estableció que los habitantes de Massachusetts solo podían celebrar una reunión municipal al año.

142. La Ley de Administración de Justicia permitió a **los funcionarios británicos ser juzgados en Gran Bretaña**, no en Massachusetts.

143. La gente estaba disgustada con esta ley porque los soldados británicos habían tenido un juicio justo después de **la Masacre de Boston**.

144. En la Masacre de Boston, **los soldados británicos dispararon contra una gran multitud de colonos**. Los colonos habían estado lanzando piedras y otros objetos a los soldados. El capitán nunca dio orden de disparar. La mayoría de los soldados fueron absueltos.

145. La **Ley de Acuartelamiento** exigía que se proporcionara alojamiento a las tropas británicas. Esta ley se aplicó a todas las Trece Colonias.

146. Este histórico acto de rebelión **provocó muchas tensiones entre Gran Bretaña y Estados Unidos.** Las Leyes Intolerables no aliviaron las tensiones. Finalmente estalló una revolución en abril de 1775.

147. Las **Leyes Intolerables** pretendían quebrar el espíritu de los colonos. En lugar de ello, **los unieron más**. En septiembre de 1774, doce colonias enviaron representantes al Primer Congreso Continental.

148. **Después del motín del té de Boston,** muchos norteamericanos empezaron a tomar café en lugar de té. El café ya era popular en Estados Unidos, ¡pero los bebedores de café terminaron por superar a los de té!

149. Hoy en día, se pueden visitar **varios museos** dedicados a enseñar la historia de lo que ocurrió en **la Fiesta del Té de Boston.** ¡Incluso se pueden hacer recorridos en barco por el lugar donde arrojaron aquellos 342 barriles a las aguas del puerto!

150. Para conmemorar el aniversario de la Fiesta del Té de Boston **se celebra una recreación en la ciudad.** Los participantes visten ropas coloniales tradicionales e incluso arrojan el té a las aguas del puerto ¡tal y como se hizo entonces!

La revolución estadounidense

En este capítulo examinaremos **la Revolución estadounidense y sus efectos duraderos en Estados Unidos.** Se explora cómo empezó, quiénes participaron y qué acontecimientos condujeron a ella. Conozca algunos **datos sobre las batallas clave** libradas durante esta revolución, como Bunker Hill y Yorktown. Descubra la participación de Francia, el tratado firmado en París después de que **los colonos ganaran su libertad de Gran Bretaña** y las contribuciones realizadas **por los afroestadounidenses y las mujeres**.

151. **La Revolución estadounidense comenzó en 1775** y **terminó** oficialmente **en 1783**.

152. Fue una contienda que se libró principalmente entre **los británicos y los colonos** de lo que se convertiría en Estados Unidos. Ambos bandos contaron con la ayuda de aliados. Los Estados Unidos contaban con la ayuda de Francia, España, los Países Bajos y algunos nativos americanos. Los británicos contaban con la ayuda de los nativos americanos y de los hessianos.

153. **La principal causa del conflicto fueron los impuestos sin representación.** Se habían aprobado muchas leyes que gravaban con impuestos los bienes cotidianos. Además, los colonos no tenían voz en el Parlamento. Con el paso de los años, les quedó claro que su opinión tenía poco peso en Gran Bretaña.

154. Un acontecimiento importante que impulsó a los colonos a luchar en una revolución fue **la masacre de Boston**. El 5 de marzo de 1770, **las tropas británicas dispararon contra una multitud de colonos enfurecidos.** Cinco colonos fueron asesinados, lo que generó un mayor sentimiento antibritánico.

155. Otro acontecimiento importante ocurrió el 16 de diciembre de 1773. Un grupo de colonos disfrazados de *mohawks* arrojaron cientos de cajas de té al agua en puerto de Boston para protestar contra la Ley del Té. Este acontecimiento se conoce como **la Fiesta del Té de Boston.**

156. **El Primer Congreso Continental** se formó el 5 de septiembre de 1774. Los representantes hablaron de formas eficaces de enfrentarse al gobierno británico. **Enviaron una petición al rey**, pidiéndole que eliminara las Leyes Intolerables. Los hombres acordaron reunirse de nuevo si las cosas no cambiaban. El Primer Congreso Continental se disolvió casi dos meses después de su inicio.

157. **John Adams escribió los ensayos Novanglus,** que se publicaron por primera vez en 1774. Estos ensayos defienden la constitucionalidad de la Ley del Sello, pero argumentan que las colonias tenían derecho al **autogobierno**. Estos escritos mostraban la destreza intelectual de su autor, lo que le valió el respeto de sus pares. John Adams fue una figura destacada en la Norteamérica colonial y más tarde llegaría a ser presidente.

158. El 23 de marzo de 1775, **Patrick Henry** pronunció su famoso discurso «**Denme la libertad o denme la muerte**» en la iglesia de San Juan de Richmond, Virginia, mientras instaba a Virginia a reunir tropas para la Revolución estadounidense. Quería que la gente se diera cuenta de que la guerra era inevitable.

159. En 1775, **Thomas Paine** empezó a escribir su famoso panfleto titulado *Common Sense* (Sentido común). Esta obra abogaba por la independencia de Estados Unidos de Gran Bretaña. No se publicó hasta enero de 1776. *Common Sense* se convirtió en uno de los documentos más leídos de la época. Se calcula que al final de la guerra se habían vendido ¡500.000 ejemplares!

160. **Paul Revere realizó su famosa cabalgata de Boston a Lexington** para advertir a los colonos sobre las tropas británicas el 18 de abril de 1775.

161. **Los británicos planeaban** tomar armas y otros suministros porque temían que los colonos estuvieran a punto de rebelarse violentamente. Sus acciones **iniciaron la Revolución estadounidense.**

162. El «**disparo que dio la vuelta al mundo**» tuvo lugar en las batallas de Lexington y Concord. La batalla de Lexington fue menor. En Concord, los dos bandos se enfrentaron hasta que alguien disparó. Hoy en día, nadie sabe qué bando disparó primero.

163. Poco después de las batallas de Lexington y Concord, **se convocó el segundo Congreso Continental.** Esencialmente actuó como gobierno mientras las colonias luchaban por su independencia.

164. **George Washington fue nombrado comandante** en jefe del Ejército Continental el 15 de junio de 1755.

165. **La batalla de Bunker Hill** se libró el 17 de junio de 1775 y es una de las más famosas de la Revolución estadounidense. Aunque los británicos ganaron, sufrieron muchas bajas. Los británicos pronto se dieron cuenta de que **no podían sofocar la rebelión fácilmente.**

166. **La Declaración de Independencia** fue proclamada el 4 de julio de 1776, siendo Thomas Jefferson su principal autor. John Adams, Benjamin Franklin, Robert Livingston y Roger Sherman también redactaron o escribieron partes de ella.

167. **Thomas Jefferson** también redactó el Estatuto de Virginia para la Libertad Religiosa en 1776. Este estatuto proclamaba que nadie debía ser perseguido por motivos religiosos, por sus creencias o por la ausencia de ellas. Este documento fue precursor de la **Primera Enmienda de la Constitución de los Estados Unidos**.

168. La batalla de Trenton se libró el 26 de diciembre de 1776, cuando las fuerzas de **George Washington** cruzaron el río Delaware. **Los colonos sorprendieron a los soldados hessianos** estacionados en la ciudad. Fue una de las victorias más significativas para los estadounidenses durante su guerra de independencia. Ganar la batalla elevó enormemente la moral, que se estaba resintiendo tras las derrotas en Nueva York.

169. El 31 de julio de 1777, **un aristócrata francés llamado Lafayette se convirtió en general de división** del Ejército Continental. Lafayette desempeñó un papel fundamental a la hora de conseguir ayuda de Francia.

170. Aunque **los franceses no se implicaron realmente en la guerra hasta 1778,** Francia desempeñó un papel esencial para ayudar a los norteamericanos a ganar su libertad. Por ejemplo, las flotas francesas ayudaron a bloquear los puertos marítimos para que los soldados británicos no pudieran navegar hacia Estados Unidos. En 1780, **el ejército del general francés Rochambeau llegó** para ayudar a los colonos. Su ayuda en la batalla de Yorktown fue inestimable.

171. Los **nativos americanos** se vieron atrapados en medio de la guerra, con muchas tribus luchando para ambos bandos. Por ejemplo, **los cherokee y los choctaw se pusieron del lado de Gran Bretaña.** La confederación iroquesa estaba dividida, aunque la mayoría de las tribus apoyaban a los británicos.

172. **Las mujeres también desempeñaron un papel activo en la Revolución estadounidense** sirviendo a su país. Atendieron soldados heridos, actuaron como espías, ¡e incluso tomaron las armas contra el enemigo!

173. **Se atribuye a Betsy Ross la creación de la primera bandera de los Estados Unidos,** con estrellas y franjas que representaban a las Trece Colonias. Sin embargo, no hay pruebas firmes de que ella fuera la primera en hacer el diseño. Esta bandera **fue adoptada el 14 de junio de 1777.**

174. Durante la Revolución estadounidense, **los afroestadounidenses desempeñaron un papel crucial** en el esfuerzo bélico. Unos 100.000 afroestadounidenses esclavizados escaparon. **Muchos se unieron a las fuerzas británicas** con la esperanza de encontrar la libertad. Otros sirvieron como espías, mensajeros y exploradores. Los afroestadounidenses también sirvieron como soldados en el **Ejército Continental.**

175. En 1777, el Congreso Continental creó **los Artículos de la Confederación**. Los artículos establecieron **la primera forma de gobierno de los Estados Unidos**. Poco más de diez años después, fueron sustituidos por la Constitución de los EE. UU. tras comprobar que los estados tenían demasiado poder. ¡La Constitución creó los cimientos del **sistema federal de los EE. UU. de hoy!**

176. **Las batallas de Saratoga** se libraron entre las fuerzas británicas y estadounidenses en septiembre y octubre de 1777. Estos conflictos inclinaron la balanza de la guerra a favor de los estadounidenses y **les llevaron a conseguir el apoyo de Francia.**

177. **El sitio de Yorktown** duró del 28 de septiembre al 19 de octubre de 1781. Tropas estadounidenses y francesas sitiaron la ciudad durante tres semanas. **El general británico Cornwallis** se vio finalmente obligado a rendirse. El final del asedio puso fin a las principales operaciones militares de la Revolución estadounidense.

178. El 3 de septiembre de 1783 se firmó **el Tratado de París.** En él se reconocía oficialmente a **Estados Unidos como nación independiente.** La nueva nación obtuvo todo lo que estaba al norte de Florida, al sur de Canadá y al este del río Misisipi.

179. **Benjamin Franklin, John Adams y John Jay** ayudaron a negociar **el Tratado de París.** Francia, España y los Países Bajos firmaron tratados separados con Gran Bretaña.

180. **Tras obtener la libertad de Gran Bretaña,** Estados Unidos comenzó a establecer su gobierno y a redactar leyes y reglamentos, dando lugar a lo que hoy conocemos como los EE. UU. actuales.

La Convención Constitucional y la Constitución de Estados Unidos

Este capítulo explora la historia y los elementos clave de **la Convención Constitucional** y **la Constitución de los Estados Unidos**.

Con estos **treinta datos**, comprenderá cómo **los padres fundadores** crearon un documento para garantizar que los ciudadanos tuvieran derechos, se libraran de la opresión y del trato injusto por parte de los demás y del gobierno. También se examina **la Declaración de Derechos,** que describe libertades importantes. Por último, se da un repaso a la importancia de comprender este **documento revolucionario** para mantener fuerte a Estados Unidos.

181. **La Convención Constitucional** fue una reunión de delegados de las antiguas Trece Colonias en 1787 para discutir y formar un plan sobre cómo gobernar la nueva nación.

182. **Rhode Island no asistió** a la Convención Constitucional. Le preocupaba que el nuevo documento restara poder al estado. Rhode Island fue el último estado en ratificar la Constitución.

183. Muchos de los hombres que se reunieron en la Convención Constitucional fueron conocidos como los **padres fundadores**. Estos hombres ayudaron a establecer la nueva nación. Algunos estudiosos creen que todos los hombres de la Convención Constitucional fueron padres fundadores porque ayudaron a elaborar la Constitución de los Estados Unidos.

184. Algunos **padres fundadores** importantes no firmaron la Constitución. **Thomas Jefferson y John Adams** se encontraban en Europa durante la Convención Constitucional, por lo que no llegaron a firmar el documento.

185. Los hombres que se reunieron en la convención querían garantizar que **los ciudadanos tuvieran derechos**, entre ellos el de no sufrir opresión ni un trato injusto por parte de otras personas o gobiernos. Para ellos era importante que la nueva nación **no se pareciera a Gran Bretaña**.

186. Al principio, hubo discusiones sobre **cuánto poder debía tener cada estado** y qué tipo de leyes debían aplicarse en todos los Estados Unidos.

187. Finalmente, acordaron un sistema. **El Congreso tendría poderes específicos**, mientras que los estados individuales tendrían cierto control sobre sus asuntos. Esto se conoce como **federalismo**.

188. Los hombres de **la Convención Constitucional** tardaron cuatro meses (de mayo a septiembre) en plasmar sus ideas en un documento. Este documento se convirtió en **la Constitución de los Estados Unidos.**

189. **Jacob Shallus,** un empleado de Pensilvania, transcribió el documento. Le pagaron treinta dólares, lo que hoy equivaldría a unos 730 dólares.

190. Pasaron **diez meses antes de que suficientes estados** ratificaran la Constitución para que pudiera convertirse en Ley. A algunas personas les preocupaba que la Constitución otorgara demasiado poder al gobierno central.

191. Aunque se nombraron setenta delegados para **la Convención Constitucional**, solo se presentaron cincuenta y cinco. Y de esos cincuenta y cinco, solo firmaron treinta y nueve. Algunos enfermaron y otros se fueron. Pero algunos se negaron rotundamente a firmar el documento por la falta de una **Declaración de Derechos.**

192. **La Constitución** estableció tres poderes de gobierno: **ejecutivo** (el presidente y su equipo), **legislativo** (el Congreso) y **judicial** (la Corte Suprema).

193. Este sistema garantiza que ninguna rama tenga demasiado poder sobre otra. Se llama **separación de poderes** o sistema de pesos y contrapesos.

194. **La Constitución** también permitía enmiendas, que son cambios para adaptarla a la nación a medida que pasa el tiempo.

195. **La Constitución** original no mencionaba a las **mujeres** ni a los afroestadounidenses **esclavizados.**

196. **La Declaración de Derechos** se redactó cuatro años más tarde para garantizar que todos tuvieran acceso a los derechos básicos. Estos derechos incluyen la **libertad de expresión, religión, protesta** y más. Sin embargo, algunos grupos de personas, como las mujeres, los afroestadounidenses y los nativos americanos, no llegaron a disfrutar de estos derechos hasta más tarde. **La Declaración de Derechos comprende las diez primeras enmiendas de la Constitución.**

197. **La Constitución** sustituyó **a los Artículos de la Confederación**. Los Artículos de la Confederación daban más poder a los estados, y Estados Unidos necesitaba un gobierno central más fuerte después de la guerra.

198. La Constitución también estableció **el Colegio Electoral**. En la actualidad, los estadounidenses votan al presidente. Cada estado obtiene un determinado número de votos electorales en función de su presencia en el Congreso. El presidente se determina en función del número de votos electorales recibidos. Así, es posible que un presidente pierda el voto popular (el voto del pueblo) y aun así gane el voto electoral.

199. **La Constitución** también describe el proceso de elección de senadores y representantes al Congreso. Estas personas actúan como la voz de los estados en el gobierno central.

200. Sin embargo, **la Constitución original no establecía que todo el mundo tuviera derecho a votar.** La decisión sobre quién podía votar correspondía a los estados.

201. Este documento **protege a las personas del abuso de poder por parte del gobierno federal, estatal y local,** de modo que ninguna persona pueda gobernar sobre el pueblo sin su consentimiento.

202. **La Constitución establece** que ambas cámaras del Congreso deben aprobar las leyes antes de que se conviertan en leyes oficiales.

203. **Prohíbe a los estados** celebrar ciertos acuerdos entre sí o con países extranjeros sin el permiso previo del Congreso.

204. **La Constitución** solo puede modificarse si más de tres cuartas partes de los estados están de acuerdo. Esto se hizo para que pequeños **grupos no pudieran hacer cambios** cuando quisieran.

205. **Desde 1787 se han añadido veintisiete enmiendas** al documento original. Muchas de ellas otorgan a los estadounidenses más derechos o amplían los originales.

206. **La Constitución es la piedra angular de Estados Unidos.** Es lo que hace de la nación una democracia. También garantiza que todo el mundo tenga los mismos derechos en el país.

207. **Aunque a Estados Unidos no se le atribuye la invención de la democracia,** inventó el tipo de democracia que conocemos hoy en día. Además, EE. UU. es la democracia continua más antigua del mundo.

208. **La Constitución fue revolucionaria** cuando se redactó y sigue siéndolo hoy. Casi ninguna nación del mundo era libre cuando se firmó la Constitución.

209. El **día de la Constitución** se celebra el **17 de septiembre**, día en que se firmó.

210. En 1789, **George Washington** declaró que el **26 de noviembre** sería un día de **acción de gracias por la Constitución**. Fue la primera vez que un presidente reconoció la festividad de Acción de Gracias.

El Primer presidente de Estados Unidos

Este capítulo explora la vida y el legado de George Washington, el primer presidente de los Estados Unidos. Se presentan treinta datos interesantes sobre sus primeros años de vida, su carrera militar, su carrera política y su retiro en Mount Vernon. Además, aprenderá algunos datos curiosos sobre el hombre que era.

211. **George Washington** fue el primer presidente de Estados Unidos. Sirvió desde **1789 hasta 1797**.

212. Se le conoce como el «**Padre de la Patria**».

213. El rostro de Washington aparece en el **billete estadounidense de un dólar** y en el de 25 centavos.

214. **George Washington nació en Virginia** el 22 de febrero de 1732, en el seno de una familia rica que poseía esclavos. Vivió en una plantación llamada Mount Vernon.

215. No tenía segundo nombre. Pero tenía **tres hermanos menores**, dos de los cuales, John Augustine y Samuel, llegaron a ser oficiales en la guerra de la Independencia estadounidense. También tuvo otros hermanos y hermanastros.

216. A la edad de once años, la educación formal de Washington terminó porque su padre murió. En lugar de ir a Inglaterra para recibir una educación, **trabajó como topógrafo en los EE. UU.** antes de unirse al ejército, justo antes de que estallara la guerra franco-india.

217. Washington fue en gran parte autodidacta. En 1744 transcribió un manual de etiqueta. El ejercicio de Washington se conoció como *Rules of Civility & Decent Behavior in Company and Conversation* (Reglas de urbanidad y comportamiento decente en compañía y conversación). En él se detallan consejos sobre cómo actuar con los demás. Se cree que estas directrices desempeñaron un papel crucial en la forma en que Washington se conducía.

218. **Washington se casó con Martha Dandridge Custis** cuando tenía veintiséis años. Ella traía dos hijos de su matrimonio anterior y los criaron juntos. **Washington no tuvo hijos biológicos**.

219. **George Washington fue uno de los padres fundadores de Estados Unidos.** Otros padres fundadores populares son Thomas Jefferson, Benjamin Franklin y John Adams.

220. **Washington fue un líder crucial en la Revolución estadounidense.**

221. **Es conocido por cruzar el río Delaware** con tropas para tomar Trenton durante la guerra de la Independencia gracias a un famoso cuadro. La batalla ayudó a subir la moral.

222. Fue **nombrado comandante en jefe del Ejército Continental** en 1775. Dimitió oficialmente de su cargo en diciembre de 1783.

223. En junio de 1787, **George Washington asistió a la Convención Constitucional**. Fue nombrado presidente. Presidió los debates entre los delegados sobre la mejor manera de organizar un nuevo gobierno para los Estados Unidos de América.

224. En 1789, George Washington se convirtió en el **primer presidente de los Estados Unidos.**

225. Durante su presidencia, **sentó precedentes que aún hoy se mantienen.** Por ejemplo, nombró a miembros de su gabinete para que le asesoraran en las decisiones políticas y creó un departamento ejecutivo. Pronunció el primer discurso sobre el Estado de la Unión y **creó relaciones diplomáticas entre Estados Unidos y otros países**. Bajo su presidencia se creó un banco nacional.

226. Casi seiscientos esclavos trabajaron en Mount Vernon durante su vida. **Con el tiempo se pronunció contra la esclavitud,** calificándola de «reproche a la naturaleza humana». Sin embargo, nunca denunció la práctica en público. Abogaba por una emancipación gradual en lugar de un cambio repentino y drástico que pudiera provocar malestar social o revueltas entre los esclavos liberados que no tuvieran medios de subsistencia. George Washington liberó a todos sus esclavos en su testamento.

227. **Era masón** y ejerció como venerable maestro de su logia en Alexandria, Virginia. Los francmasones eran una orden secreta a la que solo podían pertenecer los hombres. ¡Todavía existen hoy en día!

228. **Washington poseía una gran colección de libros** sobre temas como filosofía, matemáticas, política, etc.

229. **Washington solo hablaba inglés,** por lo que necesitaba traductores cuando trataba con colonos de países extranjeros.

230. **George Washington fue miembro fundador de la Sociedad para la Promoción de la Agricultura**. Esta organización animaba a la gente que vivía en zonas rurales a convertirse en mejores agricultores compartiendo ideas sobre métodos de rotación de cultivos y otras técnicas agrícolas.

231. **Era un gran aficionado a la equitación** y tuvo muchos caballos a lo largo de su vida, incluso algunos criados especialmente para las carreras.

232. **George Washington tenía una dentadura postiza hecha de marfil** que se mantenía unida por resortes. La gente tiende a decir que tenía dientes de madera, pero eso es un mito. Sus dientes postizos a menudo le causaban un gran dolor al comer o hablar, por lo que no era raro verle sin ellos.

233. **Le encantaba pescar** y salía regularmente a Mount Vernon. El pescado era su comida favorita.

234. **A Washington le gustaba beber** y tenía varias bebidas alcohólicas favoritas. Sin embargo, bebía con moderación, ya que conocía los efectos de beber demasiado alcohol.

235. **Washington fue elegido por unanimidad para un segundo mandato**. Se retiró del cargo a la edad de sesenta y cinco años, después de servir dos mandatos como presidente. Sentó un precedente. La única persona que ocupó el cargo durante más de dos mandatos fue Franklin Delano Roosevelt. Tras la muerte de Roosevelt, una enmienda creó un límite de dos mandatos en la presidencia.

236. **Cuando Washington llegó a la presidencia**, solo había trece estados. Al final de su vida, había dieciséis estados en la unión.

237. El discurso de despedida de **Washington** de 1796 advertía a los estadounidenses de mantenerse alejados de los enredos extranjeros y **evitar la formación de partidos políticos**. También desaconsejó la acumulación de deuda por parte de individuos y gobiernos.

238. **Tras su presidencia, se trasladó de nuevo a Mount Vernon,** donde pasó el resto de su vida supervisando las operaciones comerciales de la plantación. También cultivó trigo para la exportación. Murió el 14 de diciembre de 1799, a causa de una enfermedad relacionada con una infección de garganta.

239. **George Washington es considerado uno de los mejores presidentes de Estados Unidos.** Era conocido por su integridad, honestidad y gran capacidad de liderazgo. Sus cualidades le valieron un gran respeto de ambos lados de la división política durante los primeros días de Estados Unidos como joven nación.

240. **En 1885, el Congreso creó un día festivo anual con el nombre de Washington para reconocer todo lo que logró como presidente.** Inicialmente, la fiesta se celebraba el día del cumpleaños de Washington. Más tarde, se cambió al tercer lunes de febrero y se transformó en el día de los presidentes.

La guerra de 1812

Este capítulo explora la historia y los elementos clave de **la guerra de 1812**. Esta guerra se libró **entre Estados Unidos y Gran Bretaña**. Con estos treinta datos podrá saber cómo este conflicto ayudó a consolidar la independencia de Estados Unidos del dominio británico. También conocerá **héroes estadounidenses** como **Andrew Jackson y Oliver Hazard Perry,** que dirigieron batallas durante esta guerra. Descubra los importantes resultados de la guerra de 1812, incluida una línea fronteriza que sigue vigente hoy en día.

241. La guerra de 1812 se libró **entre Estados Unidos y Gran Bretaña**.

242. Duró dos años y ocho meses, **de junio de 1812 a febrero de 1814.**

243. Ambos bandos intentaban obtener un mayor control sobre los territorios terrestres y marítimos de **América del Norte.**

244. El reclutamiento de marineros fue un gran problema. Los británicos **reclutaban a la fuerza a marineros estadounidenses para servir en barcos británicos.**

245. **Estados Unidos también estaba molesto por el bloqueo británico a Francia.** Estados Unidos era una nación nueva y necesitaba socios comerciales para mantenerse. **Las guerras napoleónicas estaban en pleno apogeo en Europa.** Se hizo evidente que Estados Unidos no podía permanecer neutral, especialmente después de que Francia bloqueara a Gran Bretaña.

246. El 18 de junio de 1812, el **presidente James Madison** firmó la declaración de guerra.

247. **Gran Bretaña estaba ocupada luchando contra Francia en Europa** al comienzo de la guerra. Envió unas cinco mil personas al principio. Al final de la guerra, luchaban casi cincuenta mil hombres.

248. **Estados Unidos contaba con unos siete mil soldados al comienzo de la guerra**. Al final, casi treinta y seis mil hombres participaban en los conflictos.

249. **La guerra de 1812 tuvo lugar en gran parte en Canadá**, aunque varias batallas clave ocurrieron en la región de los Grandes lagos de EE. UU.

250. La primera batalla de la guerra fue **el sitio del fuerte Mackinac, en julio de 1812**. «batalla» es una palabra demasiado fuerte. Los soldados de la isla Mackinac, en Michigan, ni siquiera sabían que había estallado la guerra. Se rindieron a los británicos sin luchar.

251. **Muchos nativos americanos lucharon junto a los británicos durante la guerra.** Al terminar el conflicto, se dieron cuenta de que Gran Bretaña ya no les ayudaría a protegerse de la afluencia de colonos que se dirigían hacia el oeste.

252. **Tecumseh era un jefe *shawnee* que dirigía una confederación de tribus.** Ayudó a los británicos durante la guerra y desempeñó un papel decisivo en la toma del fuerte de Detroit a los Estados Unidos.

253. **Tecumseh murió durante la batalla del Támesis en octubre de 1813.** Su muerte provocó la fragmentación de la confederación.

254. **El general Andrew Jackson dirigió algunas de las fuerzas estadounidenses en la guerra.** Obtuvo victorias cruciales, como la batalla de Nueva Orleans, en enero de 1815. En realidad, esta batalla se libró después de que se hubiera firmado el tratado de paz en ultramar.

255. **Jackson se convertiría más tarde en presidente**. Y no fue el único futuro presidente que luchó en la guerra de 1812. John Quincy Adams, James Monroe y William Henry Harrison también lucharon en esta guerra.

256. **Al principio de la guerra, ¡la marina estadounidense solo contaba con dieciséis barcos!** Sin embargo, contaba con cientos de buques más pequeños. La armada británica era mucho mayor, pero tenía que lidiar con las guerras Napoleónicas en Europa.

257. **La marina estadounidense tuvo un gran éxito en la guerra de 1812.** La *Royal Navy* británica era considerada la mejor del mundo, pero los estadounidenses derrotaron a los británicos en varias batallas clave, como la batalla del Lago Erie, en septiembre de 1813.

258. **El comodoro Oliver Hazard Perry condujo a la armada estadounidense a la victoria en la batalla del Lago Erie**. Estados Unidos mantuvo el control del lago durante el resto de la guerra. Esta victoria les permitió ganar la batalla del Támesis y acabar con la confederación de Tecumseh. Estados Unidos también pudo recuperar el fuerte de Detroit.

259. **En agosto de 1814, los británicos incendiaron la Casa Blanca, el Capitolio** y otros edificios. Se cree que la primera dama, Dolley Madison, salvó el retrato de George Washington, que aún hoy cuelga en la Casa Blanca.

260. **Cuatro días después, una gran tormenta y un tornado** arrasaron la zona, extinguiendo las llamas. Aunque el clima apagó los incendios, también causó más destrucción.

261. Durante la guerra, **Francis Scott Key** escribió un poema titulado **«Defensa del fuerte M'Henry»**. El poema se convirtió en la letra de «*The Star-Spangled Banner*», que más tarde se convirtió en el himno nacional de Estados Unidos.

262. Escribió el poema tras presenciar la **batalla de Baltimore**, que se libró en septiembre de 1814. El poema tiene cuatro estrofas. La primera estrofa es la que se canta comúnmente hoy en día.

263. Aunque ninguno de los bandos logró una victoria total, este conflicto se conoció como **la segunda guerra de la Independencia,** porque solidificó la independencia de Estados Unidos del dominio británico.

264. **El tratado de Gante** se firmó en diciembre de 1814, poniendo fin oficialmente a la guerra. Dado que ninguno de los bandos había ganado técnicamente, el tratado restableció el «*status quo ante bellum*» (lo que significa que ambos bandos acordaron devolver cualquier tierra o bien capturado durante la guerra).

265. **El tratado de Gante** estableció una línea fronteriza entre Canadá y Estados Unidos. Esta línea sigue existiendo hoy en día.

266. **Después de la guerra, el comercio norteamericano con Gran Bretaña aumentó.** Más colonos llegaron a Estados Unidos en busca de nuevas tierras y una nueva vida.

267. **En el período posterior a la guerra se produjo un rápido crecimiento de la industria y la economía** de Estados Unidos debido a la mejora de las relaciones comerciales con Gran Bretaña y otros países europeos.

268. **La guerra de 1812 también ayudó a dar forma a las fuerzas militares y navales del país.** Por ejemplo, Winfield Scott introdujo un sistema de entrenamiento que mejoró el rendimiento del ejército estadounidense.

269. Muchos monumentos dedicados a quienes sirvieron o murieron durante este conflicto siguen en pie hoy en día **para recordar lo que consiguieron** para las generaciones futuras.

270. **La guerra de 1812** contribuyó a forjar una identidad nacional más sólida y a aumentar el orgullo de ser estadounidense.

La Ley de Traslado de Indios y el Sendero de lágrimas

Este capítulo explora la **Ley de Traslado de Indios** y su devastador impacto sobre las tribus de nativos americanos en Estados Unidos. Se ve cómo esta ley condujo a traslados forzosos y al **Sendero de lágrimas**, un largo viaje en el que miles de personas sufrieron penurias.

271. **La Ley de Traslado de Indios** fue aprobada por el Congreso de Estados Unidos el **28 de mayo de 1830**, durante la presidencia de Andrew Jackson.

272. **La ley permitía expulsar por la fuerza a los nativos americanos de sus tierras** al este del río Misisipi. Debían ser reubicados en tierras al oeste del río, adquiridas mediante tratados con otras tribus.

273. El **presidente Andrew Jackson** es una de las principales figuras responsables de aprobar la Ley de Traslado de Indios y de autorizar su aplicación. La ley contó con la oposición de congresistas como **Henry Clay, Daniel Webster y Davy Crockett.**

274. **Jackson creía que la expulsión era la mejor manera de hacer crecer la economía estadounidense**. Decía que deshacerse de los nativos americanos permitía a estados como Alabama y Mississippi «avanzar rápidamente en población, riqueza y poder».

275. Tras la aprobación de la Ley de Traslado de Indios, muchos **líderes nativos americanos intentaron resistirse al traslado** apelando directamente a la Corte Suprema de Estados Unidos. También lo solicitaron al propio presidente Jackson, aunque sus súplicas cayeron en saco roto.

276. **En 1832, la Corte Suprema declaró que las «naciones indígenas» eran naciones separadas** y que EE. UU. debía tratar a los nativos americanos como trataría a cualquier otra nación. Aunque la sentencia nunca se aplicó, sentó las bases de la soberanía tribal.

277. **Más de cuarenta y seis mil nativos americanos se vieron obligados a abandonar sus hogares ancestrales debido a esta ley.** Las cinco tribus principales a las que afectó fueron **los cherokee, los muscogee (creek), los choctaw, los seminola y los chickasaw.**

278. Estos pueblos emprendieron un viaje conocido como el **Sendero de lágrimas**. Recorrieron más de cinco mil millas, aunque lo que viajaron los nativos americanos dependía de dónde vivían.

279. El sendero atravesaba terrenos escarpados. **Los nativos americanos soportaron duras condiciones con poca comida** o suministros proporcionados por los agentes del gobierno federal designados para supervisar su proceso de reubicación.

280. **Se desconoce el número de muertos en el Sendero de lágrimas.** Se estima que al menos diez mil nativos americanos murieron durante esta larga caminata debido al agotamiento, la desnutrición, las enfermedades y el clima.

281. **Solo los cherokees sufrieron al menos cuatro mil muertes.** El número de muertos total llega hasta seis mil.

282. **John Ross era el jefe de los cherokees.** Era solo un octavo Cherokee, pero creció con esta tribu. Los cherokees son matrilineales, y su madre era cherokee. Luchó mucho para que los cherokees permanecieran en su tierra natal. Su esposa murió en el Sedero de lágrimas.

283. **La mayoría de los nativos americanos viajaban a pie**, aunque algunos lo hacían en barco, en carretas o a caballo.

284. **El Sendero de lágrimas duró varios años**. La gente fue expulsada del sudeste desde 1830 hasta 1850.

285. **La Ley de Traslado de Indios condujo a una guerra**. La segunda guerra Seminola se libró porque los EE. UU. habían anulado un tratado anterior con la aprobación de la ley. Los seminolas fueron derrotados en esta guerra.

286. Tras el traslado, **las propiedades** que antes estaban en manos **de los nativos americanos** fueron confiscadas y **entregadas a los colonos blancos** o tomadas por el gobierno.

287. Este periodo de la historia sigue siendo controvertido hoy en día. **Conllevó un gran sufrimiento para los nativos americanos** y sus familias, y muchos de ellos fueron obligados a abandonar sus hogares a punta de pistola.

288. **A pesar de estas penurias, algunos nativos americanos se resistieron a la expulsión por medios legales**. Otros utilizaron tácticas de guerrilla, como el sabotaje o los intentos de fuga para enfrentarse a las tropas estadounidenses.

289. **La Ley de Traslado de Indios no expulsó a todos los indígenas del sureste**. Por ejemplo, algunos eludieron al ejército estadounidense y se perdieron en los bosques del sudeste. A algunos cherokees se les permitió permanecer en Carolina del Norte tras ayudar al ejército estadounidense.

290. Los que fueron expulsados **vivían en reservas establecidas, que en su mayoría estaban situadas en Oklahoma**. La tierra era diferente a la que estaban acostumbrados, y también tuvieron que lidiar con otras tribus que ya vivían allí.

291. **En la actualidad, hay unos cinco millones de nativos americanos en Estados Unidos**. Alrededor del 30 por ciento de ellos viven en reservas.

292. **La Ley de Traslado de Indios** tuvo consecuencias de gran alcance. Las comunidades de nativos americanos a ambos lados del río Misisipí sufrieron disparidades económicas y disputas por la tierra durante generaciones.

293. No se sabe con certeza de dónde procede el nombre de «Sendero de lágrimas». El nombre se imprimió por primera vez en 1908.

294. **La Ley de Traslado de Indios fue derogada en 1980.**

295. **El Sendero Histórico Nacional del Camino de las Lágrimas** se estableció en 1987. Se extiende por nueve estados, desde Georgia hasta Oklahoma y al norte hasta Illinois.

296. **El sendero es un monumento en memoria de quienes perdieron la vida**. También sirve como recordatorio de que la política del gobierno estadounidense hacia los nativos americanos no siempre ha sido justa.

297. **El sendero** preserva sitios culturales críticos a lo largo de la ruta, como cementerios, aldeas y lugares sagrados.

298. **Cada año, muchas personas visitan partes del camino original** que los nativos americanos se vieron obligados a recorrer cuando fueron expulsados a la fuerza de sus hogares.

299. **Muchos activistas nativos americanos han condenado la Ley de Traslado de Indios** a lo largo de los años. Los historiadores también han despreciado la ley debido a su devastador impacto sobre las poblaciones indígenas.

300. **La Ley de Traslado de Indios también se consideró una violación** de varios tratados firmados entre el gobierno estadounidense y las tribus. Se suponía que los tratados protegían sus derechos, pero provocaron su desplazamiento sin compensación ni protección.

La guerra civil

Este capítulo explorará **la historia de la guerra civil**, un conflicto que duró de 1861 a 1865. Más de tres millones de soldados lucharon por sus creencias. Examinaremos treinta datos interesantes sobre cómo lucharon **el Norte (la Unión) y el Sur (la Confederación),** qué estrategias emplearon ambos bandos y por qué el Sur decidió separarse de la Unión en primer lugar. Además, examinaremos el impacto que tuvo en los afroestadounidenses que obtuvieron la libertad durante este periodo.

301. **La guerra civil se libró entre 1861 y 1865** en los Estados Unidos de América.

302. Fue una guerra **entre el Norte** (la Unión) **y el Sur** (la Confederación).

303. La causa principal de **la guerra fue la esclavitud,** ya que muchos estaban en desacuerdo sobre si debía permitirse.

304. **Abraham Lincoln se convirtió en presidente** en 1860 y fue investido (entró en funciones) en 1861.

305. Aunque **Lincoln** nunca expresó su deseo de abolir la esclavitud por completo, al Sur le preocupaba que el nuevo gobierno republicano pudiera hacerlo. Antes de la toma de posesión de Lincoln, siete **estados del Sur ya habían abandonado la Unión.**

306. El 8 de febrero de 1861 **se fundaron oficialmente los Estados Confederados de América**. En total, once estados se separaron de la Unión.

307. La primera batalla de **la guerra civil** tuvo lugar en **Fort Sumter,** en Carolina del Sur, en abril de 1861, cuando los confederados dispararon contra las tropas estadounidenses estacionadas allí. Nadie murió en el combate y los Estados Unidos evacuaron el fuerte.

308. **La primera batalla de Bull Run tuvo lugar en Virginia** el 21 de julio de 1861. La Unión esperaba una victoria fácil; los Confederados se impusieron. Thomas J. Jackson se ganó su famoso apodo, «Stonewall», en esta batalla por mantener la línea.

309. En **la batalla de Shiloh**, que tuvo lugar en el norte de Tennessee en 1862, se produjeron aproximadamente veintitrés mil bajas en sólo dos días, lo que la convirtió en una de las batallas más sangrientas de **la guerra civil**.

310. **La batalla de Antietam** tuvo lugar en septiembre de 1862 en Maryland. Antes de esta batalla, **la Confederación acababa de conseguir una importante victoria** en la segunda batalla de Bull Run y esperaba otra victoria. La Unión pudo repeler la invasión del norte de la Confederación.

311. **La batalla de Antietam** allanó el camino para que el presidente Lincoln emitiera su famosa *Proclamación de emancipación* en enero de 1863. Liberó a todos los esclavos de los «estados rebeldes». Los estados fronterizos (estados esclavistas que no se separaron) no se vieron afectados por la *Proclamación de emancipación*.

312. En julio de 1863 tuvo lugar una de las batallas más importantes de la guerra civil: **la batalla de Gettysburg.** Esta batalla se considera el punto de inflexión de la guerra. **La Unión detuvo los planes de invasión de los Confederados** y los puso a la defensiva.

313. La famosa Carga de Pickett fue ordenada por el **general confederado Robert E. Lee.** Quería romper las líneas de la Unión en Gettysburg, pero fracasó y costó miles de bajas. Gettysburg fue la batalla más sangrienta de la guerra.

314. **Abraham Lincoln** pronunció su memorable *Discurso de Gettysburg* unos cuatro meses después de la victoria de la Unión en el sitio de aquella batalla, erigiendo su lugar en la historia.

315. En 1862, **el Congreso aprobó una ley que liberaba a los esclavos cuyos amos luchaban para el Sur.** Los voluntarios afroestadounidenses se alistaron en masa en el ejército de la Unión. Casi 180.000 afroestadounidenses sirvieron en el ejército, mientras que 19.000 lo hicieron en la marina.

316. **Las mujeres desempeñaron un papel esencial en ambos bandos.** Enfermeras como Clara Barton ayudaron a los soldados heridos en los hospitales del campo de batalla y recaudaron fondos para los esfuerzos de socorrerlos.

317. **Ambos bandos utilizaron nuevas tecnologías navales,** como los acorazados y los submarinos. Los acorazados se utilizaron por primera vez en la guerra civil estadounidense. Y un submarino Confederado fue el primero en hundir un barco enemigo.

318. **La guerra civil** también tuvo la introducción de nuevas armas, como la nueva versión de rifle de repetición Spencer y los cañones Gatling. Estas armas cambiarían la forma de la guerra para siempre.

319. **Los generales William Sherman y Philip Sheridan** son famosos por su política de tierra quemada. Quemaron pueblos del Sur para privar a las tropas confederadas de refugio y suministros.

320. El 9 de abril de 1865, el **general Robert E. Lee** se rindió en Appomattox Court House, poniendo fin a las hostilidades entre el Norte y el Sur.

321. **Aproximadamente 620.000 soldados murieron** durante los cuatro años de lucha. La guerra civil está considerada como la guerra más sangrienta de la historia de Estados Unidos.

322. Tras la derrota, **algunos confederados huyeron a través de la frontera hacia México y Brasil**, donde formaron comunidades conocidas como colonias confederadas.

323. El **presidente Lincoln** fue asesinado el 14 de abril de 1865, poco después de ganar la reelección para un segundo mandato y poco después de terminar la guerra civil.

324. Tras la muerte de Lincoln, **Andrew Johnson** se convirtió en presidente y supervisó los esfuerzos de la Reconstrucción. También concedió indultos a muchos ex confederados que habían luchado contra las fuerzas de la Unión.

325. **La era de la Reconstrucción** comenzó poco después de la conclusión de la guerra y duró hasta 1877, cuando las tropas del gobierno estadounidense se retiraron de los antiguos estados confederados.

326. **Tras cuatro años de guerra,** muchas ciudades y pueblos quedaron destruidos en todo el Sur. Algunas tardarían décadas en reconstruirse.

327. **En 1865 se aprobó la Decimotercera Enmienda,** que ilegalizaba oficialmente la esclavitud en todo el territorio de los Estados Unidos de América.

328. **En 1866, el Congreso aprobó la Decimocuarta Enmienda**, que otorgaba a los antiguos esclavos los mismos derechos que figuraban en la Declaración de Derechos. La enmienda no se aplicaba a las mujeres de ninguna raza.

329. **En 1869, se aprobó la Decimoquinta Enmienda.** Esta enmienda protegía el derecho al voto de los varones negros.

330. **Hoy en día se debate hasta qué punto la Reconstrucción ayudó al país.** El país se recompuso tras la guerra, pero los afroestadounidenses seguían sufriendo discriminación y segregación. Las cosas no empezaron a mejorar para ellos hasta la década de 1960.

El viejo Oeste

Este capítulo explorará **la historia de la vida en el viejo Oeste entre 1865 y 1895.** Echaremos un vistazo a treinta datos interesantes sobre lo que ocurrió durante este emblemático periodo de tiempo, como **la fiebre del oro, los famosos forajidos** que se ganaron su notoriedad gracias a atrevidos atracos y robos, detalles sobre **cómo vivían los vaqueros** mientras arreaban el ganado en largos viajes, ¡y mucho más! Descubra a jefes famosos como **Toro Sentado**, que luchó valientemente contra las fuerzas estadounidenses, y otros aspectos importantes de la vida en el Oeste que ayudaron a convertir a Estados Unidos en lo que es hoy.

331. **El viejo Oeste** fue un período en los Estados Unidos entre 1865 y 1895.

332. **Los *cowboys* eran hombres** que arreaban ganado en largos viajes llamados viajes de ganado. También hacían otras cosas, como cuidar caballos y reparar cercas.

333. **Los vaqueros tardaban** meses en completar sus **viajes.** A menudo se enfrentaban al peligro de los cuatreros que intentaban robarles el ganado.

334. Otros peligros como leones de montaña, serpientes de cascabel, lobos y osos acechaban en cada esquina, por lo que **los vaqueros debían tener cuidado** mientras estaban en la pradera.

335. **Los vaqueros dormían bajo las estrellas.** También llevaban una tienda de lona por si el clima no era favorable.

336. **Los vaqueros llevaban grandes sombreros** que los protegían del sol mientras arreaban el ganado durante largas jornadas de calor o lluvia.

337. **Los vaqueros comían muchas judías y ternera** mientras arreaban el ganado. También comían galletas duras y frutos secos. El café era su bebida preferida.

338. **Buffalo Bill Cody** organizó el primer gran rodeo en 1882. En los rodeos, la gente podía mostrar sus habilidades enlazando terneros o montando caballos salvajes. Estos eventos atraían a grandes multitudes de espectadores que buscaban entretenimiento de otro tipo.

339. **Los pistoleros eran expertos tiradores que podían disparar con precisión**, a veces incluso a caballo. El tiro al blanco se hizo muy popular durante esta época. Buffalo Bill incluso hizo un espectáculo itinerante que incluía trucos y jugadas con armas de fantasía. Sus espectáculos estaban protagonizados por **Annie Oakley, Toro Sentado y Wild Bill Hickok.**

340. **La gente que se trasladaba al Oeste se enfrentaba a muchos retos.** Llegar a su nuevo hogar era difícil, ya que todo tenía que ser trasladado en carreta. Y una vez que la nueva familia llegaba, tenía que construir una cabaña y un granero y luego plantar cultivos. Y eso sumaba otras tareas, como cocinar, limpiar y reparar objetos.

341. **La vida era dura en la frontera.** Había pocas tiendas o médicos, así que había que estar preparado para cualquier cosa que pudiera ocurrir.

342. **Wells Fargo** fue un importante servicio de reparto de correo establecido en California en 1852. Utilizaba diligencias en lugar de jinetes para las largas distancias.

343. **El Pony Express** era una forma de enviar cartas y noticias a través del país. Se creó en 1860. Los jinetes viajaban a caballo y **transportaban el correo largas distancias**. Las estaciones del Pony Express proporcionaban un lugar para descansar, comer y conseguir un caballo fresco para la siguiente etapa del viaje.

344. **El Ferrocarril Transcontinental** se construyó entre 1863 y 1869. Conectaba los estados del este con California, lo que facilitó mucho los viajes hacia el Oeste.

345. **Los colonos también tuvieron problemas con los nativos americanos**, que vivían de la tierra desde mucho antes de que llegaran los colonos. Las tribus cazaban, cultivaban, pescaban y recolectaban alimentos en el Oeste.

346. La afluencia de colonos provocó enfrentamientos con los nativos americanos. Se recurrió a las fuerzas estadounidenses para luchar contra los nativos. **Las tribus estaban molestas porque los colonos les estaban arrebatando sus tierras** y cazaban búfalos hasta casi extinguirlos.

347. **Antaño, millones de búfalos vagaban libremente en grandes manadas por el Oeste,** pero a medida que los colonos se desplazaban hacia el Oeste, los mataban para alimentarse y por deporte. Los búfalos también sufrieron enfermedades y sequías.

348. En 1889, **quedaban menos de seiscientos búfalos en las Grandes Llanuras.**

349. **Los nativos americanos formaron poderosas alianzas** a medida que los colonos seguían avanzando hacia el Oeste. Jefes como **Toro Sentado lucharon contra las fuerzas estadounidenses** para proteger a su pueblo.

350. **Toro Sentado era un líder Hunkpapa Lakota.** Dirigió las fuerzas nativas contra el teniente coronel George Custer en la batalla de Little Bighorn. Todos los miembros del batallón de Custer murieron.

351. **Caballo Loco también luchó en la batalla de Little Bighorn,** que tuvo lugar en 1876. Caballo Loco es más recordado por su trágica muerte. Fue asesinado por un soldado estadounidense tras resistirse a ser arrestado. Al día de hoy, no se sabe con certeza si alguna vez se resistió.

352. **Los soldados Búfalo eran unidades de caballería afroestadounidense** del ejército estadounidense que lucharon en muchas batallas contra los nativos americanos y protegieron a los colonos durante la expansión hacia el Oeste. Las guerras contra los indígenas americanos comenzaron mucho antes de la época del viejo Oeste y no terminarían hasta la década de 1920.

353. **El descubrimiento de oro** en estados como California, Montana y Colorado llevó a muchas personas a viajar hacia el Oeste para enriquecerse, desplazando a los nativos americanos en el proceso.

354. Gentes de todo el mundo acudieron a participar en la **fiebre del oro**. Alrededor de sesenta y siete mil **chinos emigraron a California** durante los años de la fiebre del oro.

355. **Las ciudades crecieron rápidamente** a medida que más gente se desplazaba hacia el Oeste en busca de tierras, aventuras y riqueza. Más de trescientas mil personas se trasladaron a California durante la fiebre del oro.

356. **Los sheriffs mantenían la ley y el orden en los pueblos** arrestando a los criminales o forajidos, a veces con ayudantes o incluso *posses* (brigadas) que rastreaban a los hombres buscados.

357. **La justicia por mano propia era común en el salvaje Oeste.** Las fuerzas del orden no podían seguir el ritmo de los criminales, por lo que las *posses* perseguían a los hombres buscados, a veces sin la autoridad legal de un juez o un jurado de pares.

358. **Jesse James fue un famoso forajido del viejo Oeste.** Lideró a los hombres en el primer robo de un banco durante el día en una época de paz.

359. Otros forajidos famosos son **Billy el Niño, Butch Cassidy y Sundance Kid**.

360. **El salvaje Oeste** estaba lleno de **aventuras, peligros y emociones**. Ha sido inmortalizado por libros, películas y programas de televisión para las generaciones venideras.

La Revolución Industrial

En este capítulo exploraremos **la historia y el impacto de la Revolución Industrial**. Examinaremos treinta hechos sobre cómo este período cambió la vida en Norte América y en todo el mundo, desde los nuevos inventos que agilizaron la producción hasta los avances en la comunicación y el transporte. **También discutiremos cómo desencadenó un boom demográfico en ciudades** de todo EE. UU. al tiempo que creaba nuevos puestos de trabajo y oportunidades para la gente.

361. **La Revolución Industrial** comenzó en Estados Unidos hacia 1790 y finalizó hacia 1870.

362. **Durante este periodo se produjeron muchos cambios** para facilitar y acelerar la producción. **Se inventaron nuevas máquinas** que permitieron producir más artículos en menos tiempo que antes.

363. **Muchos de los nuevos inventos de la Revolución Industrial facilitaron la vida de los estadounidenses.** Las máquinas de coser permitían confeccionar ropa con mayor rapidez y las desmotadoras de algodón podían separar las fibras rápidamente para convertirlas en tejidos como prendas de vestir o mantas.

364. Un invento crucial fue **la máquina de vapor, que permitía que las máquinas funcionaran con vapor.** La máquina de vapor ayudó a impulsar fábricas en ciudades de todo EE. UU. a velocidades sin precedentes.

365. Con la ayuda de estas **nuevas tecnologías**, las industrias empezaron a florecer. Los negocios florecieron como nunca antes.

366. **La Revolución Industrial** vio el surgimiento de fábricas y centros de producción a gran escala, lo que permitió la producción en masa de artículos. Esto fue especialmente importante en el desarrollo de los textiles. Las máquinas podían producir más tela y más rápido que nunca.

367. **La minería de carbón y hierro también experimentó un auge durante este periodo.** El carbón alimentaba las máquinas de vapor y el mineral de hierro era necesario para fabricar acero.

368. Surgieron nuevas industrias, como la del acero (que proporcionaba los materiales necesarios para los edificios) y la producción de petróleo (que impulsaba nuevas máquinas y vehículos).

369. Una parte importante de la Revolución Industrial fue el transporte. Se construyeron nuevas carreteras para que las mercancías pudieran transportarse rápidamente de un lugar a otro. Los barcos de vapor revolucionaron el transporte marítimo. Eran mucho más rápidos que los barcos propulsados únicamente por velas.

370. Las **nuevas vías de ferrocarril** hicieron posible que las personas recorrieran distancias más largas a mayor velocidad.

371. **La construcción del Canal de Erie** finalizó en 1852. El canal conectaba el océano Atlántico con los Grandes Lagos, lo que redujo los costos del transporte de mercancías al interior de Estados Unidos.

372. **El telégrafo también se generalizó** durante esta época. Los telégrafos permitieron a la gente comunicarse a grandes distancias sin tener que esperar días o semanas para recibir cartas como antes.

373. **Los periódicos y las revistas también se produjeron** y distribuyeron **en masa** durante la Revolución Industrial. La gente podía informarse más fácilmente de los acontecimientos mundiales.

374. Los **avances de la medicina** contribuyeron a reducir las muertes por enfermedades. Por ejemplo, en 1800, el doctor Benjamin Waterhouse administró a sus hijos la primera vacuna contra la viruela en Estados Unidos. La vacuna había sido desarrollada cuatro años antes por un médico inglés llamado Edward Jenner.

375. **Los servicios financieros crecieron rápidamente** durante esta época debido a la mayor demanda de empresas que buscaban inversiones o préstamos. En 1790, la Bolsa de Filadelfia se convirtió en la primera bolsa de valores de EE. UU.

376. **La Revolución Industrial cambió la forma de trabajar de los estadounidenses.** Facilitó la vida cotidiana de algunos al tiempo que creaba nuevos empleos y oportunidades.

377. Sin embargo, **las condiciones de trabajo no eran buenas** para los trabajadores de las fábricas o de las minas de carbón. Se trabajaba en espacios reducidos y con maquinaria pesada.

378. Aunque los ricos disfrutaban del aumento de bienes, **los más pobres trabajaban de doce a dieciséis horas diarias,** seis días a la semana, sólo para sobrevivir.

379. **Los niños también trabajaban en fábricas** y minas de carbón. Sus pequeños dedos eran perfectos para trabajar en maquinaria delicada pero peligrosa.

380. La minería del carbón era un trabajo muy peligroso. **Las minas podían derrumbarse inesperadamente** y el polvo del carbón causaba graves problemas respiratorios.

381. **Los *newsies* eran chicos jóvenes que vendían periódicos** en las esquinas de las calles más concurridas. Normalmente eran huérfanos y les pagaban peniques por vender periódicos.

382. Con el tiempo se promulgaron **leyes sobre el trabajo infantil**. Por ejemplo, la Ley de Regulación de las Fábricas de Algodón de 1819 fijaba en nueve años la edad mínima para trabajar. Los niños de la industria textil podían trabajar hasta doce horas diarias.

383. **Los trabajadores adultos lucharon por sus derechos laborales**. Empezaron a formar sindicatos, lo que les permitió luchar por mejores condiciones de trabajo, incluidos salarios más altos o jornadas más cortas.

384. **La Federación Americana del Trabajo** fue creada por Samuel Gompers en 1886. Aunque logró algunos avances, las condiciones laborales de la mayoría de los estadounidenses no mejoraron hasta principios del siglo XX.

385. **El papel de la mujer también empezó a cambiar.** Obtuvieron un mayor acceso a la educación, a trabajos fuera del hogar e incluso al derecho de voto en algunos lugares.

386. **La economía estadounidense creció significativamente** durante la Revolución Industrial, creando nueva riqueza a través del comercio y la industria.

387. También provocó un **auge demográfico en las ciudades** de toda Norte América, con gente que acudía en masa desde las zonas rurales en busca de oportunidades de trabajo.

388. **La inmigración también aumentó** durante este periodo. Muchos europeos se sintieron atraídos por las posibilidades que ofrecía la creciente economía estadounidense.

389. Algunas personas se enfadaron por la afluencia de inmigrantes. **Los inmigrantes estaban dispuestos a aceptar un trabajo peor pagado** y a soportar malas condiciones laborales. Esto provocó mucho resentimiento.

390. Estados Unidos tuvo más de una Revolución Industrial. **La segunda Revolución Industrial despegó poco después de que terminara la primera Revolución Industrial.** La tercera Revolución Industrial tuvo lugar entre mediados y finales del siglo XX. Algunos historiadores creen que ahora mismo estamos en la cuarta Revolución Industrial.

La guerra hispano-estadounidense

En este capítulo exploraremos **la guerra hispano-estadounidense**, un conflicto entre Estados Unidos y España que duró de abril a agosto de 1898.

Veremos treinta datos interesantes sobre **cómo empezó esta guerra** y por qué es un hito importante en la historia de Estados Unidos. Descubra algunos datos fascinantes sobre la unidad de caballería voluntaria de **Theodore Roosevelt** y sobre un periodista llamado **Richard Harding Davis.**

391. **La guerra hispano-estadounidense** fue un conflicto entre Estados Unidos y España que duró de abril a agosto de 1898.

392. Comenzó cuando un **buque de guerra estadounidense**, el USS Maine, estalló en el puerto de La Habana, Cuba, mientras realizaba una misión diplomática.

393. El **periodismo amarillista** (similar a los tabloides actuales) señaló a España. Exámenes recientes han determinado que el Maine explotó porque algo salió mal en el barco.

394. Más de un mes después, **el presidente William McKinley pidió al Congreso que declarara la guerra a España.** Quería apoyar a los rebeldes cubanos que luchaban por independizarse del control español. Además, el país seguía molesto por el hundimiento del Maine, y la mayoría de la gente creía que España estaba detrás.

395. **Estados Unidos quería ayudar a Cuba a conseguir su libertad.** También había muchos ciudadanos estadounidenses viviendo en la isla. Estados Unidos invertía dinero en negocios en Cuba y dependía del comercio con ella.

396. **La guerra hispano-estadounidense fue un hito importante en la historia de EE. UU.,** ya que marcó la primera vez que una gran parte de sus fuerzas militares fue utilizada en el extranjero.

397. **La batalla de la Bahía de Manila** tuvo lugar el 1 de mayo de 1898. Los estadounidenses se dirigieron a Filipinas para asegurarse de que las fuerzas navales españolas que allí se encontraban no se dirigieran a Cuba para ayudar en su esfuerzo bélico. Los españoles fueron aplastados, poniendo fin a su dominio colonial sobre las islas.

398. **La batalla de las Colinas de San Juan** tuvo lugar el 1 de julio de 1898. Los norteamericanos derrotaron a los españoles y prácticamente se aseguraron la victoria en Cuba.

399. El futuro **presidente de Estados Unidos, Theodore Roosevelt**, condujo a su unidad de caballería voluntaria, conocida como los *Rough Riders*, a la batalla de las Colinas de San Juan, cerca de Santiago de Cuba. ¡Esto ayudó a consolidarlo como héroe nacional!

400. Aunque se llamaban los **Rough Riders,** ¡sólo los oficiales montaban a caballo en la batalla!

401. **Los *Buffalo Soldiers*,** que eran unidades compuestas por afroestadounidenses, también sirvieron con distinción en el campo de batalla. Aunque se enfrentaron a tensiones raciales en su país, los mandos blancos del ejército estadounidense elogiaron la valentía de los *Buffalo Soldiers*.

402. **La batalla de El Caney** tuvo lugar el mismo día que **la batalla de las Colinas de San Juan.** Los estadounidenses ganaron técnicamente esta batalla, pero El Caney no les resultó útil, sobre todo por las bajas que sufrieron.

403. El 3 de julio de 1898 tuvo lugar la batalla de Santiago de Cuba. **Todos los barcos españoles fueron destruidos,** mientras que la US Navy permaneció intacta. Esta batalla puso fin al escenario cubano de la guerra.

404. **La guerra hispano-estadounidense tuvo un gran impacto en el periodismo.** Richard Harding Davis se convirtió en el primer corresponsal de guerra estadounidense. Fue al frente de la guerra en Cuba para dar a los lectores de su país una mejor comprensión de los acontecimientos que ocurrían tan lejos.

405. **Davis no fue el único periodista que viajó al frente**. Otros también viajaron a Cuba para obtener las últimas primicias.

406. Los propietarios de periódicos como **William Randolph Hearst** y **Joseph Pulitzer** competían por ver quién vendía más periódicos.

407. Alrededor de **tres mil estadounidenses murieron en la guerra**, aunque la mayoría de esas muertes se debieron a la fiebre amarilla. No se sabe con certeza cuántos españoles murieron, pero se estima que entre cincuenta y cinco mil y sesenta mil.

408. **La guerra terminó con la firma del Tratado de París**, en diciembre de 1898.

409. **El tratado dio a Estados Unidos el control sobre Cuba**. España cedió Guam, Puerto Rico y Filipinas a EE. UU.

410. **EE. UU. ocupó Cuba** hasta que se formó la República de Cuba en 1902.

411. **Aunque EE. UU. abandonó Cuba en 1902,** se aseguró de seguir teniendo voz en la política cubana. En 1903 se aprobó la Enmienda Platt, que permitía a EE. UU. interferir en los asuntos internacionales y nacionales cubanos si afectaban a la independencia de la isla.

412. **El Tratado de París de 1898** establecía que EE. UU. pagaría veinte millones de dólares por la adquisición de Filipinas.

413. **La guerra filipino-estadounidense** estallaría en febrero de 1902 porque los filipinos buscaban su independencia, no otra potencia colonial dominante.

414. La guerra duró más de **catorce años** y terminó con una victoria estadounidense.

415. **Filipinas** consiguió su independencia tras la Segunda Guerra Mundial.

416. **Guam y Puerto Rico siguen siendo posesiones estadounidenses en la actualidad.**

417. **La guerra hispano-estadounidense** es vista como el comienzo del Imperio norteamericano, aunque EE. UU. nunca ha anunciado sus designios de crear un imperio.

418. Como resultado de la guerra, **España dejó de tener posesiones en el hemisferio occidental**. El Imperio español estaba oficialmente en declive.

419. Unos diez años después de la guerra, **la Gran Flota Blanca,** una impresionante colección de dieciséis acorazados pintados todos de blanco, dio la vuelta al mundo para demostrar el creciente poder naval estadounidense.

420. En la época de la guerra hispano-estadounidense **se estaban desarrollando nuevas tecnologías,** como ametralladoras, buques de guerra mejorados y maniobras militares a mayor escala. Esto permitió derrotar a los enemigos mucho más rápidamente, dando forma a una nueva era de la guerra, las guerras mundiales.

La Primera Guerra Mundial

Este capítulo explorará **la historia de la Primera Guerra Mundial**. Veremos treinta datos interesantes sobre cómo Estados Unidos se involucró en el conflicto y qué aportó al esfuerzo bélico europeo.

También conoceremos los avances tecnológicos y el desarrollo de nuevas tácticas como la guerra de trincheras y los ataques submarinos.

421. **La Primera Guerra Mundial comenzó en Europa el 28 de julio de 1914** y terminó con un armisticio firmado el 11 de noviembre de 1918.

422. La guerra comenzó por varios motivos, pero el principal desencadenante fue el asesinato de **Francisco Fernando el 28 de junio de 1914** por un radical serbobosnio.

423. **Estados Unidos se unió a la guerra** después de que Alemania atacara varios barcos estadounidenses que transportaban mercancías a Inglaterra en 1917.

424. **La Nota Zimmermann** fue otra de las razones por las que Estados Unidos decidió declarar la guerra.

425. Se trataba de una **nota secreta de la inteligencia alemana** enviada a México a principios de 1917. La nota decía que si EE. UU. entraba en guerra, **Alemania entraría en una alianza con México** y le ayudaría a recuperar territorios que había perdido frente a EE. UU. El telegrama fue interceptado y provocó indignación en EE. UU.

426. **El presidente Woodrow Wilson declaró la guerra a Alemania el 6 de abril de 1917**, por sus ataques a barcos estadounidenses en el mar y violaciones de los derechos de neutralidad de EE. UU.

427. En mayo de 1917, **Wilson firmó un proyecto de ley que introducía el reclutamiento militar**, también conocido como «el draft».

428. Más de **cuatro millones de estadounidenses sirvieron en el ejército** durante la Primera Guerra Mundial.

429. **Los primeros soldados estadounidenses** que lucharon en suelo europeo durante la Primera Guerra Mundial llegaron a Francia el 26 de junio de 1917.

430. Los **soldados afroestadounidenses** constituyeron el 13 por ciento de las fuerzas estadounidenses durante la Primera Guerra Mundial. Lucharon por su país, pero en casa tenían derechos limitados.

431. **Las mujeres sirvieron como enfermeras** en las fuerzas armadas durante la Primera Guerra Mundial, pero no como oficiales o personal alistado hasta la Segunda Guerra Mundial.

432. **Los Aliados en Europa estaban agotados por los combates.** Los conflictos eran duros y sangrientos. La llegada de los soldados estadounidenses elevó enormemente la moral.

433. Quizás **el aspecto más conocido de la Primera Guerra Mundial fue la guerra de trincheras.** En lugar de luchar a campo abierto, los soldados europeos cavaron trincheras y lucharon desde allí.

434. **Las trincheras ofrecían cierta seguridad,** pero las enfermedades proliferaban. El principal asesino de los hombres en las trincheras era el fuego de artillería del enemigo. Los restos de las explosiones podían alcanzar a los hombres que estaban cerca, causándoles heridas mortales.

435. **En la Primera Guerra Mundial se utilizó la guerra química,** siendo el gas mostaza el más popular. Estados Unidos no produjo armas químicas durante la guerra.

436. **Durante la Primera Guerra Mundial, la aviación desempeñó un papel importante** en las operaciones militares. Al final de la guerra, casi treinta y tres mil hombres se habían alistado para volar en misiones de aviación.

437. **Las Fuerzas Aéreas estadounidenses no existían durante la Primera Guerra Mundial.** Se crearon después de la Segunda Guerra Mundial.

438. **Los submarinos se utilizaron de forma mucho más significativa** que en el pasado. Durante la Primera Guerra Mundial se produjeron muchas «primicias» para los submarinos, como el primer submarino que hundió un barco con un torpedo autopropulsado y el primer submarino verdadero (submarinos que se sumergían completamente en el agua).

439. **El gobierno estadounidense emitió bonos de guerra** para ayudar a financiar su participación en la Primera Guerra Mundial. El dinero de estos bonos se destinó, entre otras cosas, a la compra de armas y otros suministros necesarios para las tropas en el extranjero.

440. **La Administración de Alimentos de Estados Unidos**, dirigida por Herbert Hoover, se aseguró de que hubiera suficientes alimentos disponibles en el país y en el extranjero durante todo el esfuerzo bélico.

441. **La participación de Estados Unidos provocó un rápido crecimiento de la industria.** La producción de guerra aumentó las oportunidades de empleo, especialmente para las mujeres en el país.

442. **La Primera Guerra Mundial tuvo un impacto significativo en la producción industrial de Estados Unidos**. Los fabricantes y productores dejaron de producir bienes de consumo y se centraron más en la producción bélica, como municiones, armas y otros equipos militares.

443. Esto dio lugar a una **mayor demanda de materias primas**, lo que condujo a la rápida expansión del sector industrial de la nación y a un aumento del empleo industrial.

444. **Estados Unidos** participó en varias batallas, como Château-Thierry, Belleau Wood, Saint-Mihiel y la ofensiva del bosque de Mosa-Argonne.

445. **En noviembre de 1918, el presidente Wilson expuso sus Catorce Puntos**, que proponían un nuevo sistema internacional de paz y seguridad para todas las naciones después de la Primera Guerra Mundial.

446. **El 11 de noviembre de 1918, Alemania firmó un armisticio con las fuerzas aliadas, poniendo fin a la Primera Guerra Mundial en Europa.**

447. **El Tratado de Versalles** fue firmado el 28 de junio de 1919 por representantes de 32 países. Este tratado marcó el fin oficial de la Primera Guerra Mundial.

448. **Se estima que veinte millones de soldados murieron en la Primera Guerra Mundial**, convirtiéndola en una de las guerras más mortíferas de la historia. Estados Unidos sólo participó en la guerra durante poco más de un año. Los demás países lucharon durante más de cuatro años.

449. **Más de 116.000 estadounidenses murieron durante la Primera Guerra Mundial.**

450. **Después de la guerra, estalló la gripe española.** Alrededor de 675.000 personas murieron de gripe. Contrariamente a su nombre, la gripe española no se originó en España. Los investigadores creen que empezó en el estado de Kansas.

El movimiento sufragista femenino

En este capítulo exploraremos **la historia del movimiento por el sufragio femenino** y cómo influyó en la vida de Estados Unidos.

Analizaremos **treinta hechos** de este importante movimiento, incluyendo sus orígenes, líderes, acontecimientos clave y victorias.

451. **La lucha por el derecho al voto de la mujer** en Estados Unidos comenzó en 1848 en una convención celebrada en Seneca Falls, Nueva York.

452. **La Convención de Seneca Falls** fue la primera reunión organizada de personas dedicadas a luchar por los derechos de la mujer y a menudo se considera el inicio del movimiento por el sufragio femenino.

453. Más de trescientos hombres y mujeres se reunieron para escuchar hablar sobre **el movimiento sufragista**. Cien de ellos firmaron la Declaración de Sentimientos, que declaraba que **«todos los hombres y mujeres fueron creados iguales»**.

454. Hubo **luchadoras** anteriores **por los derechos de la mujer**, como **Mary Wollstonecraft,** que escribió libros sobre cómo las mujeres no eran inferiores a los hombres en el siglo XVIII. Ella creía que si las mujeres pudieran tener una educación adecuada, podrían lograr grandes cosas.

455. **Elizabeth Cady Stanton** y **Lucretia Mott** fueron dos líderes cruciales durante la Convención de Seneca Falls. Se pronunciaron contra la desigualdad de género y trabajaron para establecer el derecho al voto para todos los ciudadanos.

456. **La Asociación Americana por la Igualdad de Derechos** se fundó en 1866. Luchó por el derecho al voto, sin importar el género o la raza.

457. **Muchas sufragistas** eran abolicionistas y lucharon por el fin de la esclavitud.

458. Cuando **se propuso la Decimoquinta Enmienda,** algunos sufragistas se disgustaron porque no mencionaba a las mujeres.

459. **Susan B. Anthony** y **Elizabeth Cady Stanton** protestaron contra la enmienda y formaron una organización llamada Asociación Nacional del Sufragio Femenino en 1869. Esta medida causó una división en el movimiento por los derechos de la mujer.

460. **La Asociación Estadounidense por el Sufragio Femenino (AWSA)** fue fundada en 1869 por Lucy Stone y se centró en conseguir el derecho al voto a nivel estatal. Promovió el sufragio femenino y negro.

461. En 1890, el movimiento sufragista había resuelto sus diferencias y se unió para formar **la Asociación Nacional Estadounidense del Sufragio Femenino.**

462. **El movimiento por el sufragio femenino** reunió a personas de todas las clases sociales. Las mujeres blancas adineradas fueron las que más tiempo pudieron dedicar, pero las mujeres pobres también se unieron a la causa.

463. **Las sufragistas afroestadounidenses como Ida B. Wells y Sojourner Truth** lucharon por sus derechos y los de otros grupos oprimidos.

464. **Muchos hombres se opusieron ferozmente al movimiento**. Las mujeres también se unieron a los movimientos antisufragistas. Antes de 1916, más mujeres se unieron a los movimientos antisufragistas que a las organizaciones sufragistas.

465. **Muchas mujeres valientes se arriesgaron a ser detenidas** cuando participaron en protestas para exigir la igualdad de derechos. Por ejemplo, **Susan B. Anthony** fue detenida en 1872 por votar en unas elecciones.

466. **Las sufragistas crearon folletos y periódicos** para difundir su mensaje y organizaron marchas en ciudades de todo Estados Unidos.

467. **Además del derecho al voto,** las sufragistas lucharon por otros derechos de las mujeres, como el acceso a la educación superior, mejores condiciones de trabajo y leyes laborales que las protegieran de la discriminación por razón de sexo. Algunos grupos también abogaron por la discriminación por motivos de raza.

468. En 1913, **Alice Paul y Lucy Burns encabezaron el primer desfile por los derechos de la mujer en D.C.** Miles de personas marcharon por la capital exigiendo el derecho al voto para las mujeres.

469. **Durante la Primera Guerra Mundial,** muchas sufragistas hicieron campaña por el derecho al voto. Woodrow Wilson anunció públicamente su apoyo al sufragio femenino en 1918, convirtiéndose en el primer presidente en hacerlo.

470. **Las mujeres desempeñaron un papel esencial en la Primera Guerra Mundial.** Muchos historiadores creen que su ayuda en el esfuerzo bélico llevó a la gran mayoría de las mujeres a darse cuenta de que merecían el derecho al voto.

471. **Jeannette Rankin, de Montana**, fue la primera mujer elegida para el Congreso en 1916, cuatro años antes de que la Decimonovena Enmienda entrara en vigor en 1920.

472. **La Decimonovena Enmienda** fue aprobada en 1919 y ratificada en 1920. Decía: «El derecho al voto de los ciudadanos de los Estados Unidos no será denegado ni coartado por los Estados Unidos ni por ningún Estado en razón del sexo».

473. La Decimonovena Enmienda se conoce a veces como **la Enmienda Susan B. Anthony** debido a su incansable trabajo y dedicación en pro de los derechos de la mujer.

474. **Varios estados ya permitían el voto femenino antes de 1920**, como Arkansas, Nueva York, Michigan y Oklahoma, por nombrar algunos.

475. **La Liga de Mujeres Votantes se formó en 1920.** Sucedió a la Asociación Nacional Americana del Sufragio Femenino. En lugar de luchar por el derecho al voto, la Liga de Mujeres Votantes intentaba educar a la gente sobre las próximas elecciones. Registraba a los votantes y promovía el derecho al voto, así como otras cuestiones.

476. **La Enmienda de Igualdad de Derechos (ERA)** se propuso en 1923, pero no fue aprobada por el Congreso hasta 1972. La ERA prohibía la discriminación por razón de sexo e invalidaba leyes obsoletas relativas a la mujer.

477. **La ERA** no recibió suficientes votos para su ratificación, incluso después de que se ampliara el plazo hasta 1982. En 2020, Virginia ratificó la ERA. Si el Congreso decide aprobar la enmienda, se convertirá en la Vigésimo Octava Enmienda de la Constitución.

478. En 2020, **Kamala Harris** se convirtió en la primera mujer vicepresidenta de Estados Unidos. Este momento histórico no habría sido posible sin el movimiento sufragista, que permitió a las mujeres la plena ciudadanía y el derecho al voto.

479. A día de hoy, **las mujeres de países de todo el mundo pueden votar, excepto en la Ciudad del Vaticano**, que solo permite que el Colegio Cardenalicio vote al líder (el papa).

480. Aunque **las mujeres** pueden votar en todo el mundo, **todavía sufren discriminación** y restricciones para votar en muchos países.

Los locos años veinte

Este capítulo explora **los locos años veinte**, una década de **crecimiento económico** y entusiasmo **en Estados Unidos**.

Descubra treinta datos interesantes sobre la música popular, los nuevos inventos y la Ley Seca. Conozca a otras figuras emblemáticas que dejaron su huella durante este periodo, como **Babe Ruth** y **Al Capone**.

481. **Los locos años veinte duraron de 1920 a 1929.** Fue un periodo de crecimiento económico y prosperidad.

482. **Los automóviles se hicieron más asequibles** para los estadounidenses de clase media. A principios de 1920, había ocho millones de conductores. Ese número casi se triplicó al final de la década.

483. **Muchas marcas famosas** que hoy conocemos y amamos aparecieron por primera vez en la década de 1920, como Wonder Bread, Kool-Aid, Rubbermaid y Reese's peanut butter cups.

484. **La televisión se inventó** en los años 20, pero no se popularizó hasta después de la Segunda Guerra Mundial.

485. **El primer programa comercial de noticias por radio** en EE. UU. se emitió en 1920. La popularidad de la radio creció durante los locos años veinte. La gente podía sentarse en casa y escuchar música, programas de variedades y las noticias.

486. **Los científicos descubrieron la insulina** en 1921. Se utilizó por primera vez en Estados Unidos en 1922. Antes de este descubrimiento, las personas con diabetes grave solían vivir como mucho unos meses.

487. **La primera llamada telefónica transatlántica** se realizó entre el presidente de AT&T, Walter Gifford, y el jefe de la oficina de correos británica, Evelyn Murray, en 1927.

488. **El primer libro de crucigramas** fue publicado en 1924 por Simon & Schuster, aumentando la popularidad de esta actividad.

489. **El Juicio Scopes tuvo lugar en 1925** cuando John T. Scopes fue acusado de violar la ley del estado de Tennessee. Scopes enseñaba la evolución en su clase. Finalmente fue declarado culpable, aunque el veredicto fue anulado.

490. **Las mujeres obtuvieron el derecho al voto** con la ratificación de la Decimonovena Enmienda en 1920.

491. **Las mujeres empezaron a trabajar fuera de casa** en mayor número que nunca. Asistieron a la universidad y disfrutaron de más libertad.

492. **Las *Flappers* eran jóvenes con estilo** que llevaban el pelo corto. Les gustaba bailar, beber alcohol, fumar cigarrillos y llevar maquillaje y faldas cortas. Iban en contra de la idea de cómo debía vestir y actuar una mujer.

493. **La moda femenina cambió significativamente** durante esta época. Los dobladillos se elevaron por encima de la rodilla y aparecieron nuevos tejidos.

494. **El estilo Art Déco de arquitectura** y diseño definió el aspecto de esta época con sus atrevidas formas geométricas y colores brillantes.

495. **La gente disfrutaba de nuevos bailes** como el Charleston y el Lindy Hop en fiestas y clubes nocturnos de todo el país.

496. Las modas como sentarse en **el asta de la bandera** y las **maratones de baile** se hicieron populares entre los jóvenes adultos que buscaban emociones.

497. El **Renacimiento de Harlem** fue un periodo de gran expresión cultural y artística para los afroestadounidenses.

498. Algunos autores **afroestadounidenses** conocidos son Zora Neale Hurston, Langston Hughes y Claude McKay.

499. La **música jazz** se popularizó en Estados Unidos, con músicos como Louis Armstrong y Duke Ellington a la cabeza.

500. El **Ku Klux Klan**, un violento grupo de odio, creció en tamaño a lo largo de esta década debido al sentimiento de antiinmigración. En los años veinte, el KKK creía que los blancos protestantes nativos debían ser los únicos que vivieran en Estados Unidos. Aunque el KKK se fundó inicialmente en el Sur, se hizo muy popular en el Oeste durante esta época.

501. **Las condiciones de trabajo empezaron a mejorar** durante la década de 1920. En 1926, Ford introdujo la semana laboral de cinco días.

502. En 1927, **Charles Lindbergh** se convirtió en el primer hombre en cruzar el Océano Atlántico en solitario y sin escalas. Pilotó su avión llamado Spirit of St. Louis.

503. Charles Lindbergh también es **conocido por el secuestro de su hijo** en 1932, que desencadenó una búsqueda nacional. El bebé fue asesinado. Abundan las teorías sobre quién lo mató realmente.

504. **Babe Ruth** batió récords de béisbol, como el de los sesenta jonrones en una te mporada. Se convirtió en uno de los deportistas más queridos de Estados Unidos.

505. **En 1926, la estadounidense Gertrude Ederle** cruzó a nado el Canal de la Mancha, convirtiéndose en la primera mujer en hacerlo. Fue campeona olímpica y ostentó múltiples récords mundiales. Fue una de las muchas heroínas deportivas de los años veinte.

506. **La Ley Seca comenzó cuando el Congreso ratificó la Decimoctava Enmienda** en 1919, prohibiendo la producción y distribución de alcohol dentro de las fronteras de Estados Unidos.

507. **Los bares clandestinos vendían licor ilegalmente**. Se hicieron populares durante los locos años 20. A finales de los años 20, ¡sólo en Nueva York había unos treinta y dos mil bares clandestinos!

508. **Al Capone se convirtió en uno de los gánsteres más famosos de Estados Unidos** durante esta época. Formaba parte del negocio del contrabando, lo que significa que distribuía alcohol ilegalmente a los bares clandestinos. Capone dirigió un sindicato del crimen organizado desde Chicago.

509. El 24 de octubre de 1929, **el mercado de valores estadounidense se desplomó.** Este día, conocido como el Jueves Negro, marcó el mayor número de acciones vendidas en la historia de Estados Unidos. El Martes Negro (29 de octubre de 1929), el mercado de valores se desplomó de nuevo, y los inversores vendieron millones de acciones en un solo día.

510. **El crack bursátil marca el final de los locos años veinte** y el comienzo de **la Gran Depresión.**

La Gran Depresión

Este capítulo explorará **la historia de la Gran Depresión en Estados Unidos**. Veremos treinta datos interesantes sobre cómo comenzó este periodo de dificultades económicas, lo que significó para las personas que lo vivieron y cómo diversas iniciativas gubernamentales intentaron aliviar el sufrimiento durante esta difícil época.

Conozca las **nuevas formas de entretenimiento** que se desarrollaron durante esta época y otras cuestiones, como los **patrones de migración** y **los derechos laborales**.

511. **La Gran Depresión** fue una época de **dificultades económicas** en Estados Unidos que duró de 1929 a 1939.

512. Comenzó tras el **desplome del mercado de valores** el 29 de octubre de 1929, que se llamó como el martes negro.

513. Durante esta época, **millones de personas perdieron sus empleos y sus hogares** debido a la quiebra de empresas y al cierre de bancos.

514. Se cree que entre un tercio y la mitad de los bancos cerraron durante la Gran Depresión.

515. Casi el **25 por ciento de los trabajadores estadounidenses estaban desempleados** en 1933.

516. Muchos **vagabundos** viajaban en trenes de mercancías de una ciudad a otra **en busca de trabajo**.

517. **El *Dust Bowl*** intensificó aún más los efectos de la Depresión sobre los agricultores del **Medio Oeste y las Grandes Llanuras** de Estados Unidos. La sequía y las fuertes tormentas de polvo dañaron las cosechas y la salud de la gente.

518. Muchas personas huyeron de las **regiones afectadas por el *Dust Bowl***. Se estima que 2,5 millones de personas abandonaron las Grandes Llanuras en 1940.

519. Para contrarrestar los efectos de la prolongada sequía causada por el *Dust Bowl*, en 1935 se creó **el Servicio de Conservación del Suelo**.

520. **Herbert Hoover** fue presidente de 1929 a 1933. Al principio creía que la recuperación económica debía dejarse en manos del sector privado, pero finalmente puso en marcha programas y políticas. Aunque algunas de sus políticas eran acertadas, tardaron demasiado en ser útiles.

521. Uno de los símbolos más emblemáticos de la Gran Depresión es los **Hoovervilles**. Los desempleados construyeron barrios de chabolas que bautizaron con el nombre del presidente.

522. **La delincuencia aumentó** después de la Gran Depresión, pero disminuyó una vez que se pusieron en marcha programas exitosos.

523. En 1933 **se ratificó la Vigesimoprimera Enmienda**. Derogaba la Decimoctava Enmienda, que hacía de la Prohibición una ley del país.

524. El crimen organizado siguió siendo un problema incluso después de la aprobación de la Vigésimo Primera Enmienda. En lugar del contrabando, **los sindicatos del crimen se dedicaron al juego y al crimen organizado.**

525. El **presidente Franklin D. Roosevelt** fue elegido en 1932 con una plataforma de alivio y reforma.

526. **Con el *New Deal* y el *Second New Deal*,** FDR creó oportunidades de empleo para millones de estadounidenses. Estos trabajadores construyeron proyectos de infraestructura, como carreteras y presas.

527. **La Autoridad del Valle del Tennessee** se creó en 1933. Proporcionó producción de energía hidroeléctrica y control de inundaciones a siete estados.

528. En 1935 se aprobó la **Ley de Seguridad Social**, que proporcionaba seguridad financiera a las personas mayores.

529. **La Administración para el Progreso de las Obras** (WPA) devolvió el trabajo a los desempleados ofreciéndoles empleos en la construcción.

530. **La WPA también empleó** a personas relacionadas con **el arte y el teatro,** asegurando que la cultura estadounidense pudiera seguir creciendo durante esta época difícil.

531. **Los artistas crearon obras que reflejaban las penurias estadounidenses**. Algunos de los artistas más famosos de este periodo son los fotógrafos **Dorothea Lange** y **Walker Evans** y el pintor **Jackson Pollack.**

532. Algunas personas se inspiraron en libros de autoayuda como *Piense y hágase rico*, que hacían hincapié en la responsabilidad personal por encima de la intervención del gobierno en tiempos difíciles.

533. A pesar de las dificultades económicas, **el béisbol era un pasatiempo popular**. Los New York Yankees ganaron un campeonato de las Series Mundiales en 1932.

534. **Las mujeres tuvieron una presencia más significativa en la mano de obra durante esta época** debido a la necesidad. Algunas mujeres trabajaban en fábricas. Muchas trabajaban en el ámbito doméstico o en empleos gubernamentales o administrativos.

535. **Las mujeres también suelen asumir el papel de cuidadoras de ancianos y niños** mientras sus maridos trabajan. Las mujeres asumían la responsabilidad de gestionar el presupuesto doméstico y encontrar la manera de llegar a fin de mes.

536. **Durante la Gran Depresión se produjo un descenso de la natalidad** debido a las dificultades económicas y a la falta de recursos disponibles.

537. **En 1935, el presidente Roosevelt promulgó la Ley Nacional de Relaciones Laborales,** que otorgaba a los trabajadores más derechos, incluida la libertad de negociación colectiva con los empresarios.

538. **En 1938 se aprobó la Ley de Normas Laborales Justas**. Establecía un salario mínimo nacional e imponía restricciones al trabajo infantil. **Muchos niños trabajaban** en fábricas peligrosas.

539. A pesar de los intentos de recuperación de varias iniciativas gubernamentales durante la década de 1930, **la economía estadounidense no se recuperó totalmente hasta la Segunda Guerra Mundial.**

540. **La Segunda Guerra Mundial tuvo un impacto significativo sobre la Gran Depresión en EE. UU**. Proporcionó un resurgimiento de la actividad económica, de las oportunidades de empleo y de los salarios. Además, la guerra proporcionó una gran afluencia de capital, que permitió al gobierno financiar obras públicas y programas de bienestar social que ayudaron a crear la próspera economía actual.

La Segunda Guerra Mundial

Este capítulo explorará **la historia de la Segunda Guerra Mundial,** una de las guerras más devastadoras de la historia de la humanidad. Repasaremos treinta **hechos interesantes sobre por qué comenzó** y cuáles fueron sus repercusiones duraderas.

Conozca las batallas que cambiaron el curso de la historia, la tecnología desarrollada durante esta época y el costo humano de la guerra.

541. **La Segunda Guerra Mundial** se libró **entre 1939 y 1945** y en ella participaron más de cincuenta países, entre ellos **los Estados Unidos de América, Gran Bretaña, Japón y Alemania.**

542. **El presidente Franklin Delano Roosevelt (FDR)** quería unirse a la guerra, pero sabía que el público no apoyaría la idea. Muchos creían que no debían unirse a una guerra que no involucraba a los Estados Unidos.

543. **En 1941, FDR firmó la Ley de Préstamo y Arriendo.** Esta ley permitía a Estados Unidos suministrar materiales a los Aliados que luchaban contra el Eje (Alemania, Italia y Japón).

544. **La ayuda se entregó a los Aliados de forma gratuita.** Estados Unidos gastó algo más de 50.000 millones de dólares (unos 720.000 millones de dólares actuales) para ayudar a los Aliados a ganar la guerra.

545. **Estados Unidos suministró más tanques y aviones** a los Aliados que ningún otro país en la Segunda Guerra Mundial.

546. **El ataque de Japón a Pearl Harbor, Hawái**, el 7 de diciembre de 1941, llevó a Estados Unidos a unirse a la Segunda Guerra Mundial contra las potencias del Eje.

547. **Después de que los japoneses atacaran** Pearl Harbor, **FDR emitió la Orden Ejecutiva nº 9066,** que permitía a los militares internar en campos de internamiento a las personas de ascendencia japonesa que vivían en la Costa Oeste.

548. Más de dieciséis millones de estadounidenses sirvieron en las Fuerzas Armadas durante la Segunda Guerra Mundial. Más de 400.000 de ellos murieron en combate o por otras causas, como enfermedades o lesiones.

549. En 1940, el Congreso aprobó la Ley de Formación y Servicio Selectivos. Fue el primer servicio militar obligatorio en tiempos de paz en Estados Unidos. Cuando estalló la Segunda Guerra Mundial, se modificaron los términos del reclutamiento. Más de diez millones de hombres habían sido reclutados para el servicio militar en 1945.

550. Más de un millón de afroestadounidenses sirvieron durante la Segunda Guerra Mundial. La guerra también vio a los primeros oficiales afroestadounidenses.

551. A partir de 1942, **las mujeres empezaron a contribuir con toda su fuerza al esfuerzo bélico**. Se unieron al Cuerpo de Enfermeras del Ejército, al Cuerpo Auxiliar de Mujeres (WAC), a las reservas de los Marines y a la unidad WAVES de la Marina durante la Segunda Guerra Mundial.

552. **Durante la Segunda Guerra Mundial, las mujeres empezaron a asumir funciones tradicionalmente masculinas.** Las mujeres trabajaron en fábricas, astilleros y minas. Durante la guerra, las mujeres aseguraron que la economía estadounidense siguiera floreciendo y crearon equipamiento militar para el esfuerzo bélico.

553. Durante la guerra, el público estadounidense sintió un gran patriotismo y el deseo de ayudar en el esfuerzo bélico. **Se racionaron los alimentos y la gasolina**. La gente plantó «jardines de la victoria» para cultivar sus propios alimentos. Las películas de propaganda aumentaron la necesidad de la gente de apoyar a su país durante la guerra.

554. En diciembre de 1943, las tres principales potencias aliadas (Estados Unidos, Reino Unido y China) **celebraron en Egipto la Conferencia de El Cairo**. Las tres potencias acordaron que la Alemania nazi debía ser destruida para que la guerra terminara. Los Aliados también necesitaban la rendición incondicional de Japón.

555. El 6 de junio de 1944 (Día D), 133.000 soldados aliados **desembarcaron en las playas de Normandía, Francia**, iniciando la liberación de Europa de la Alemania nazi.

556. **El general Dwight Eisenhower** era el comandante supremo de las fuerzas aliadas en Europa. Estuvo a cargo de la exitosa **operación del Día D**, que cambió las tornas en contra de los alemanes. Más tarde llegaría a ser presidente de los Estados Unidos.

557. **La Ley G.I.** se aprobó en 1944. Proporcionaba a los veteranos que regresaban, fondos para cursar estudios universitarios o emprender negocios una vez finalizada la guerra.

558. **El Holocausto tuvo lugar durante la Segunda Guerra Mundial**. Seis millones de judíos europeos fueron asesinados bajo el régimen nazi. Otros cinco millones de otras minorías y prisioneros de guerra soviéticos fueron asesinados por los alemanes durante la guerra.

559. **Los soldados estadounidenses liberaron varios campos de concentración,** donde los judíos y otras minorías eran enviados a trabajar y morir. Uno de los campos de concentración más infames que liberaron fue Dachau. La liberación de estos campos hizo que los soldados se dieran cuenta del verdadero horror de la guerra.

560. **El 12 de abril de 1945, FDR** falleció de una hemorragia cerebral en Warm Springs, Georgia, dejando que el **vicepresidente Harry S. Truman** asumiera el cargo de trigésimo tercer presidente de los Estados Unidos.

561. **Eisenhower** aceptó la rendición incondicional de Alemania poniendo fin a la Segunda Guerra Mundial en Europa el 7 de mayo de 1945.

562. **Aunque la guerra en Europa había terminado**, la guerra en el Pacífico seguía su curso. **La Armada estadounidense desempeñó un gran papel en** el teatro de **operaciones del Pacífico,** ganando importantes batallas como la **batalla de Midway** y la **batalla del Golfo de Leyte.**

563. Una de las batallas más famosas del Pacífico fue **la batalla de Iwo Jima.** Fue una lucha brutal entre las fuerzas estadounidenses y japonesas en la isla de Iwo Jima, en el Pacífico. La batalla duró del 19 de febrero al 26 de marzo de 1945. Estados Unidos ganó esta batalla.

564. **El Proyecto Manhattan** fue un programa ultrasecreto del gobierno estadounidense para construir la primera bomba atómica. Fue llevado a cabo por decenas de miles de científicos e ingenieros entre 1939 y 1945. Sin embargo, no comenzó oficialmente hasta 1942.

565. El 16 de julio de 1945, EE. UU. realizó la primera **prueba** exitosa de una **bomba atómica** en Nuevo México.

566. Poco más de un mes después, el 6 de agosto de 1945, las fuerzas militares estadounidenses lanzaron una **bomba atómica** sobre **Hiroshima (Japón).**

567. **Como Japón no se rindió,** las fuerzas estadounidenses lanzaron otra **bomba atómica sobre Nagasaki,** tres días después. Es difícil saber cuántos murieron a causa de las secuelas de las bombas. Cientos de miles murieron a causa de los efectos de la radiación y de la explosión.

568. El 14 de agosto de 1945, **Japón anunció su rendición**. El 2 de septiembre de 1945, Japón firmó el Instrumento de Rendición, poniendo fin oficialmente a la guerra.

569. Casi **quinientas Medallas de Honor** fueron concedidas a soldados estadounidenses que lucharon durante la Segunda Guerra Mundial. La Medalla de Honor es la máxima condecoración que puede recibir un soldado.

570. Tras el **fin de la Segunda Guerra Mundial en 1945**, se fundaron las Naciones Unidas para ayudar a mantener la paz entre los países.

La Guerra Fría y la carrera espacial

Este capítulo explorará **la historia de la Guerra Fría y la carrera espacial**. Examinaremos treinta datos interesantes sobre cómo este periodo influyó en las relaciones mundiales, la exploración espacial, los avances científicos, ¡y mucho más! Aprenderá sobre figuras importantes como **Neil Armstrong** y **Yuri Gagarin**, que desempeñaron un papel fundamental en la exploración del espacio exterior. También hablaremos de momentos clave como **la crisis de los misiles de Cuba** y la construcción del **Muro de Berlín**.

571. **Tras el final de la Segunda Guerra Mundial en 1945**, personas de toda Europa vinieron a vivir a grandes ciudades estadounidenses como Nueva York, Chicago y Los Ángeles. Estos inmigrantes trajeron sus culturas, que dieron forma a las generaciones futuras.

572. **La Guerra Fría** fue un periodo de la historia en el que se intensificaron las tensiones entre los **Estados Unidos** democráticos y la **Unión Soviética** comunista.

573. **La Guerra Fría duró de 1945 a 1991**, es decir, unos cuarenta y seis años.

574. Durante este periodo, se inventaron o mejoraron muchas tecnologías nuevas. **Los computadores se hicieron más potentes**, permitiendo a los funcionarios acceder a la información con mayor rapidez. **Las televisiones se hicieron más populares** y permitieron a la gente ver las noticias que ocurrían en lugares lejanos como si estuvieran allí mismo.

575. A lo largo de **la Guerra Fría**, los científicos estadounidenses hicieron muchos avances, como el lanzamiento de **satélites** de comunicaciones **como el Telstar 1 en julio de 1962**.

576. **Durante la Guerra Fría, Estados Unidos y la Unión Soviética compitieron** para demostrar quién era más poderoso desarrollando nuevas tecnologías como misiles y cohetes más rápido que el otro.

577. **Esta competición llevó a la exploración espacial,** con el lanzamiento de cohetes al espacio por parte de ambos países.

578. **En 1957, la Unión Soviética lanzó el Sputnik 1,** el primer satélite artificial puesto en órbita alrededor de la Tierra. Durante su ascenso emitió pitidos que los estadounidenses pudieron oír por radio.

579. **Esto conmocionó a los estadounidenses** porque se habían quedado rezagados respecto a los comunistas. Así que, en 1958, el presidente Dwight D. Eisenhower **creó la NASA** (Por sus siglas en inglés. Administración Nacional de la Aeronáutica y del Espacio).

580. **El 12 de abril de 1961, Rusia envió a Yuri Gagarin al espacio.** Fue el primer ser humano en llegar al espacio, a bordo del Vostok 1.

581. **Unas semanas más tarde, el 5 de mayo de 1961, Estados Unidos envió a Alan Shepard** como primer estadounidense al espacio a bordo del Freedom 7.

582. **Aunque durante la carrera espacial se consiguieron muchos logros,** es importante recordar que lo que esta gente estaba haciendo era muy peligroso. En 1967, los astronautas estadounidenses Gus Grissom, Roger Chaffee y Ed White murieron durante una prueba previa al lanzamiento al desatarse un incendio.

583. En 1969, el estadounidense **Neil Armstrong** se convirtió en la primera persona en pisar la Luna al salir del Apolo 11. Fue un gran hito para la exploración espacial estadounidense y puso fin oficialmente a la carrera espacial.

584. Aunque **la carrera espacial terminó en 1969,** hay otros logros importantes de los que hablar en relación con la exploración espacial estadounidense. En 1975, EE. UU. envió una sonda llamada **Voyager 1** al espacio para estudiar el sistema solar exterior y descubrir los límites exteriores del campo magnético del sol.

585. En 1983, **Sally Ride se convirtió en la primera mujer astronauta estadounidense** en el espacio cuando subió al Challenger. Esta hazaña demuestra lo lejos que habían llegado las mujeres desde que terminó la Segunda Guerra Mundial.

586. Además, en 1984, el **presidente Ronald Reagan** propuso su Iniciativa de Defensa Estratégica (IDE), también conocida como «guerra de las Galaxias», que preveía la construcción de un campo de fuerza impenetrable alrededor de la Tierra utilizando láseres, satélites y otras armas. El plan era demasiado complicado para la tecnología de la época y fue desechado en 1993.

587. **Tras la Segunda Guerra Mundial, Alemania quedó dividida entre el Occidente democrático y la Rusia comunista.** El Muro de Berlín fue construido en 1961 por Alemania Oriental para separar a su pueblo de Alemania Occidental. En 1987, el presidente Reagan pronunció su famoso discurso: «¡Señor Gorbachov, derribe este muro!». El Muro de Berlín sería desmantelado unos dos años después.

588. **La Guerra Fría dio lugar a una carrera armamentística** (una competición entre países para construir armas más grandes y mejores) entre Estados Unidos y la Unión Soviética. Cada uno quería proteger a su pueblo de un ataque del enemigo.

589. Aunque hubo una carrera armamentística, **EE. UU. y la Unión Soviética** no entraron directamente en guerra.

590. En su lugar, lucharon **guerras indirectas (una guerra en la que las grandes potencias utilizan a otro país para que luche por ellos).** Una de ellas fue la guerra de Corea. Se considera la primera guerra por poderes entre potencias democráticas y comunistas. La guerra de Corea se libró entre 1950 y 1953. El resultado fue la división de Corea.

591. **Otra guerra por poderes fue la de Vietnam,** que tuvo lugar entre 1955 y 1975. Los combates fueron brutales y murieron muchas personas. Al final, los vietnamitas consiguieron reunificar el país bajo un régimen comunista.

592. **La crisis de los misiles de Cuba** es uno de los acontecimientos más famosos de la Guerra Fría. Fue un enfrentamiento de trece días en el que Cuba permitió la presencia de misiles de la URSS en su territorio. Estados Unidos amenazó con una acción militar si los misiles permanecían allí. La crisis llevó la Guerra Fría a las puertas de Estados Unidos. Afortunadamente, se evitó la guerra.

593. **Muchos años, durante la Guerra Fría**, el gobierno estadounidense creó escondites en caso de un ataque nuclear, almacenando alimentos y provisiones que podían durar meses.

594. **La Unión Soviética** tenía un plan similar. Su gobierno construyó ciudades secretas, algunas subterráneas, diseñadas para albergar a millones de personas si alguna vez ocurría algo entre EE. UU. y Rusia.

595. **Durante la Guerra Fría, ambos bandos utilizaron la propaganda** (información destinada a influir en la opinión de la gente) para sembrar el miedo y la desconfianza entre los ciudadanos que vivían dentro de sus fronteras.

596. A partir de finales de la década de 1940, el **senador Joseph McCarthy** emprendió una caza de brujas para encontrar comunistas y socialistas en Estados Unidos. Se lanzaron muchas acusaciones falsas y se puso en el punto de mira a personas notables. Algunos personajes famosos que fueron víctimas del macartismo son **Helen Keller, Charlie Chaplin, Leonard Bernstein, Orson Welles y Lucille Ball.**

597. Durante esta época también hubo una intensa **rivalidad en los Juegos Olímpicos** entre los atletas estadounidenses y los rusos. En **1980, los Juegos Olímpicos se celebraron en Moscú.** Estados Unidos y otras sesenta y cuatro naciones se negaron a participar.

598. En 1969 y 1979, **Estados Unidos y Rusia firmaron los tratados denominados SALT I y II** (Conversaciones sobre Limitación de Armas Estratégicas). El tratado limitaba el número de armas nucleares que podía tener cada país.

599. Aunque las relaciones podían ser tensas en un momento y mejores al siguiente, la Guerra Fría se descongeló bajo el liderazgo de **Mijaíl Gorbachov**. La Guerra Fría terminó en 1991 con **el colapso de la Unión Soviética.** Este cambio en el orden internacional permitió una mayor cooperación entre los dos países, que dio lugar a la Estación Espacial Internacional en 1998. **El final de la Guerra Fría** también abrió la puerta al intercambio de recursos y nuevas tecnologías.

600. **Tras el fin de la Guerra Fría en 1991, Estados Unidos se convirtió en la única superpotencia del mundo.** Había logrado grandes éxitos en la exploración espacial y experimentado muchos avances tecnológicos, demostrando ser una nación poderosa en comparación con el resto de países del mundo.

El movimiento por los derechos civiles

Este capítulo explorará **la historia del movimiento por los derechos civiles en Estados Unidos**. Repasaremos treinta hechos interesantes sobre cómo los afroestadounidenses y otros grupos minoritarios lucharon por su derecho a la igualdad de trato ante la ley.

Descubriremos héroes inspiradores como **Rosa Parks** y **Martin Luther King Jr.** También aprenderemos más sobre organizaciones como la NAACP y el SNCC, que ayudaron a promover los derechos civiles mediante protestas pacíficas y acciones legales.

601. **El movimiento por los derechos civiles** fue una lucha por la justicia social que comenzó en la década de 1950 y duró hasta finales de la década de 1960.

602. Su objetivo principal era **acabar con la discriminación racial** de los afroestadounidenses. Otros grupos minoritarios, como los nativos americanos y los hispanos, también lucharon por la igualdad de derechos.

603. La **NAACP** (Asociación Nacional para el Progreso de las Personas de Color) se creó en 1909. Sigue siendo una organización activa hoy en día y aboga por los derechos civiles y la justicia racial a través de acciones legales, educación y programas de divulgación.

604. **Los Cuatro de Greensboro** organizaron sentadas en comedores segregados por toda Carolina del Norte.

605. **Las sentadas** fueron una parte integral del **movimiento por los derechos civiles**, ya que ayudaron a eliminar la segregación en espacios públicos como restaurantes y cines mediante protestas pacíficas. Decenas de miles de personas participaron en sentadas durante esta época.

606. En abril de 1960 se formó el **Comité Coordinador Estudiantil No Violento** (SNCC). Comenzó a organizar sentadas en comedores segregados en todo el Sur en la década de 1960.

607. **Los *Freedom Riders*** fueron grupos de personas que viajaron en autobús por todo el Sur en 1961. Desafiaron las leyes de Jim Crow. Estos viajantes se enfrentaron incluso a amenazas de muerte y violencia mientras protestaban por la igualdad de derechos.

608. **Las leyes Jim Crow** comenzaron a finales del siglo XIX y predominaban en el Sur. Estas leyes discriminaban a los afroestadounidenses. Por ejemplo, los niños afroestadounidenses tenían que asistir a la escuela separados de los niños blancos. Los afroestadounidenses tenían bebederos separados y vivían en barrios diferentes a los de los blancos.

609. En 1896, en el caso **Plessy contra Ferguson,** el Tribunal Supremo de EE. UU. dictaminó que las leyes Jim Crow no iban en contra de la Constitución siempre que las cosas estuvieran «separadas pero iguales».

610. Esta ley fue anulada en su mayor parte por la decisión del caso **Brown contra el Consejo de Educación**. En 1954, el Tribunal Supremo dictaminó que la segregación racial en las escuelas públicas iba en contra de la Constitución.

611. En 1957, nueve estudiantes afroestadounidenses, conocidos como los Nueve de Little Rock, intentaron crear el **Little Rock Central High School de Arkansas**. Recibieron amenazas de muerte y malos tratos físicos. La Guardia Nacional se negó a dejar entrar a los estudiantes hasta que intervino el presidente Eisenhower.

612. **Ruby Bridges, de seis años,** se convirtió en un símbolo de valentía cuando en 1960 se convirtió en alumna afroestadounidense de la escuela primaria William Frantz de Nueva Orleans (Luisiana). A pesar de enfrentarse a un racismo extremo, se mantuvo fuerte durante toda su trayectoria de lucha por la igualdad en el sistema educativo de Estados Unidos.

613. **Las Panteras Negras** fue fundado por Huey Newton y Bobby Seale en Oakland, California, en 1966. Los miembros de este grupo pretendían proteger a los afroestadounidenses de la brutalidad policial mediante la organización de base y tácticas de autodefensa, como patrullas armadas en los barrios.

614. Casi todos los Panteras Negras creían que **el movimiento *Black Power*** podía cambiar la forma en que se trataba a los afroestadounidenses. En lugar de depender del gobierno para realizar cambios, el movimiento *Black Power* creía que los negros debían ser autosuficientes, lo que incluía tomarse la justicia por su mano.

615. **Malcolm X** fue un gran defensor del movimiento *Black Power*. Defendió la justicia social a través de su ideología radical y sus discursos sin paliativos que pretendían empoderar a los afroestadounidenses y a otras personas de color.

616. **Martin Luther King Jr.** fue un activista que buscó una solución más pacífica. Aunque no formaba parte del movimiento *Black Power*, comprendía su dolor y frustración. King pronunció su emblemático discurso ***Tengo un sueño*** en la Marcha sobre Washington de 1963, en el que pedía la igualdad entre todas las razas y pueblos del mundo.

617. **Rosa Parks es conocida por negarse a ceder su asiento en un autobús a una persona blanca,** lo que desencadenó el boicot a los autobuses de Montgomery, que duró más de un año.

618. En 1962, César Chávez fundó el sindicato **United Farm Workers of America** para luchar contra los salarios y las condiciones laborales injustas de los trabajadores agrícolas, especialmente los de ascendencia hispana que vivían en California. Chávez formaba parte del movimiento chicano, que era similar al movimiento *Black Power* en cuanto a ideas de nacionalismo y empoderamiento de la comunidad.

619. **El atentado contra la iglesia de Birmingham** en 1963 fue un punto de inflexión para el movimiento por los derechos civiles. Cuatro niñas afroestadounidenses murieron, provocando la indignación de todo el país y empujando finalmente al presidente Lyndon B. Johnson a firmar la Ley de Derechos Civiles de 1964.

620. **La Ley de Derechos Civiles de 1964** ilegalizó la segregación en todo el país al prohibir la discriminación por motivos de raza o color en lugares públicos como escuelas, parques y comercios.

621. **En el Verano de la Libertad de 1964,** miles de activistas de todas las clases sociales viajaron a Mississippi para registrar a los votantes afroestadounidenses. En 1962, poco más del 5 % de los negros estaban registrados para votar. El proyecto Verano de la Libertad no logró finalmente su objetivo, pero sí llamó la atención sobre el problema al que se enfrentaban los negros en las urnas.

622. En febrero de 1965, Malcolm X fue asesinado. Había renunciado a la Nación del Islam, un grupo estadounidense diferente del islam tradicional, y formado un nuevo grupo para musulmanes. A la Nación del Islam no le hizo ninguna gracia y tres miembros del grupo le dispararon durante una asamblea. La gente todavía se pregunta si el gobierno estuvo implicado de algún modo en su muerte.

623. **La marcha de Selma a Montgomery** de 1965 fue un acontecimiento histórico que demostró el poder de la protesta pacífica. En última instancia, llevó a que el Congreso aprobara la Ley del Derecho al Voto, que prohibía la discriminación a la hora de votar.

624. En agosto de 1965, el Congreso aprobó la Ley del Derecho al Voto. **Los afroestadounidenses pudieron por fin votar** sin tener que enfrentarse a obstáculos injustos como pruebas de alfabetización o impuestos de capitación. La Ley del Derecho al Voto fue un hito legislativo que prohibió la discriminación por motivos de raza o color a la hora de votar.

625. **El 4 de abril de 1968 fue asesinado Martin Luther King Jr**. Su muerte provocó luto e indignación en todo el país. Su mensaje inspiró a muchos a seguir luchando por los derechos civiles hasta que se hiciera justicia.

626. **En 1968, el Congreso aprobó la Ley de Vivienda Justa**, que prohibía la discriminación por motivos de raza o etnia a la hora de alquilar, vender o financiar una vivienda en Estados Unidos.

627. En 1969, los disturbios de Stonewall marcaron el inicio del **movimiento LGBTQ**. Los disturbios se desencadenaron cuando la policía hizo una redada en un popular bar gay de Nueva York. Los activistas LGBTQ se unieron para protestar contra la discriminación y luchar por la igualdad de derechos para todos, independientemente de su orientación sexual.

628. **En 1969, cientos de activistas y simpatizantes nativos americanos ocuparon la isla de Alcatraz** durante diecinueve meses. Querían que se les devolviera la isla, que había pertenecido a los lakota. Alcatraz había albergado una famosa prisión, pero cerró en 1964. La protesta no tuvo éxito, pero sentó un precedente para el activismo de los nativos americanos.

629. **El caso Swann contra el Consejo de Educación de Charlotte-Mecklenburg, del Tribunal Supremo, falló en 1971** contra la segregación racial en los autobuses. El Tribunal Supremo dictaminó que el transporte en autobús de estudiantes de distintas razas a través de los distritos fomentaba la integración.

630. **La elección de Barack Obama** como cuadragésimo cuarto presidente de Estados Unidos demostró lo lejos que había llegado Estados Unidos desde el movimiento por los derechos civiles. Como primer presidente afroestadounidense, la elección de Obama supuso un gran paso adelante en términos de igualdad racial en la nación.

La guerra del Golfo y la guerra contra el terrorismo

Este capítulo explorará **la historia de la guerra del Golfo y la guerra contra el terrorismo,** dos conflictos significativos que siguen teniendo repercusiones en el mundo actual. Analizaremos algunos acontecimientos clave, como la invasión de **Kuwait** por Irak en 1990 y la **Operación Tormenta del Desierto.**

Además, trataremos otros temas relacionados como los **ataques con drones** y las violaciones de los **derechos humanos** causadas durante las intervenciones militares.

631. **La guerra del Golfo** fue un conflicto entre Irak y una coalición internacional liderada por Estados Unidos que duró de 1990 a 1991.

632. Comenzó cuando **Irak invadió Kuwait** el 2 de agosto de 1990 y terminó con la liberación de Kuwait el 28 de febrero de 1991.

633. **Saddam Hussein** ordenó la invasión de Irak a Kuwait. Quería controlar sus yacimientos petrolíferos y sus puertos con fines comerciales, para expandir el poder de Irak.

634. **Irak tenía un ejército poderoso**. Sus soldados tomaron Kuwait en sólo dos días.

635. **La Operación Tormenta del Desierto** fue la intervención militar dirigida por Estados Unidos para liberar Kuwait de la ocupación iraquí durante la guerra del Golfo a principios de 1991.

636. Casi **un millón de soldados** de la coalición lucharon en la guerra del Golfo. La mayoría de ellos procedían de Estados Unidos. Irak envió más de 650.000 soldados.

637. Tras cuarenta y dos días de incesantes campañas de bombardeos, el **presidente George H. W. Bush** ordenó un alto el fuego, ya que para entonces la mayoría de los iraquíes se habían rendido o habían muerto.

638. **El Consejo de Seguridad de la ONU** declaró que Irak debía pagar por los daños causados durante la guerra y renunciar a todas las armas de destrucción masiva (ADM). Irak acabó accediendo. Su poder militar se redujo considerablemente.

639. **La guerra causó numerosas víctimas entre la población civil** y la destrucción de infraestructuras en Irak y Kuwait. Se calcula que murieron hasta 100.000 civiles. Millones de personas tuvieron que desplazarse a causa de los combates. Algo **más de doscientos soldados estadounidenses** murieron en la guerra.

640. Durante la guerra del Golfo, los estadounidenses **vieron** por primera vez **noticias en directo** desde el frente.

641. **La guerra contra el terrorismo** es un término utilizado para referirse a la campaña militar global contra organizaciones e individuos terroristas, especialmente **Osama bin Laden** y su red Al Qaeda.

642. La guerra contra el terrorismo comenzó poco después de **los atentados del 11 de septiembre de 2001.** Los atentados cobraron cerca de tres mil vidas.

643. Cuatro aviones fueron secuestrados. **Dos se estrellaron contra el World Trade Center de Nueva York. Uno impactó contra el Pentágono.** Y otro fue tomado por los pasajeros y se estrelló en Pennsylvania. Probablemente se dirigía al Capitolio.

644. En octubre de 2001, la **OTAN** invocó por primera vez su cláusula de defensa colectiva debido al 11 de septiembre. Esta cláusula establece que un país de la OTAN que sea atacado debe ser tratado como si todos los países de la OTAN estuvieran bajo ataque.

645. La guerra contra el terrorismo ha dado lugar a numerosas intervenciones militares **en Afganistán, Irak, Pakistán y Somalia**. En su mayor parte, estas intervenciones han sido dirigidas por EE. UU.

646. **Las fuerzas estadounidenses han llevado a cabo ataques aéreos** dirigidos contra grupos militantes en estas y otras regiones de Oriente Próximo.

647. **Las fuerzas de la coalición internacional** han llevado a cabo con éxito varias misiones. Las fuerzas ayudan a los gobiernos locales a contrarrestar las actividades terroristas.

648. **En 2003, las fuerzas estadounidenses entraron en Irak** en busca de armas de destrucción masiva y para llevar la democracia al pueblo iraquí. Al día de hoy, no se ha encontrado ningún almacén importante de armas de destrucción masiva en Irak.

649. **Saddam Hussein** fue derrocado y asesinado en 2006, poniendo fin a su reinado de terror.

650. En 2011, **Osama bin Laden** fue abatido tras ser encontrado escondido en Abbottabad (Pakistán) por los Navy Seals estadounidenses durante una operación de asalto. Osama bin Laden orquestó el 11-S y era el líder de la organización terrorista llamada Al Qaeda.

651. Cada día, miles de soldados se enfrentan a los peligros que suponen los **artefactos explosivos improvisados** (IED) y los **terroristas suicidas.**

652. El uso de **aviones no tripulados para atacar a terroristas** ha sido muy debatido debido a las víctimas civiles que se derivan de esta práctica. Se calcula que solo en Pakistán, los ataques con drones mataron a más de dos mil civiles entre 2004 y 2014.

653. Las guerras asociadas a este conflicto han recibido **críticas generalizadas por las violaciones de derechos humanos** y las víctimas civiles. Ambos bandos son culpables de cometer crímenes de guerra.

654. En 2014, **la OTAN declaró terminada la guerra en Afganistán**. Muchas tropas estadounidenses permanecieron en el país. En 2021, los soldados estadounidenses se marcharon. Los talibanes se hicieron con el gobierno afgano.

655. **La guerra contra el terrorismo** ha causado casi **un millón de muertos** y decenas de millones de desplazados. Hasta ahora, Estados Unidos ha gastado unos ocho billones de dólares en la lucha contra el terrorismo.

656. Se cree que los países con una fuerte **presencia militar estadounidense** han reducido significativamente las actividades relacionadas con el terrorismo desde 2001.

657. Este conflicto tuvo un **impacto** significativo **en las relaciones internacionales** entre las distintas naciones, especialmente en aquellas directamente implicadas o afectadas.

658. Desde 2001, **la guerra contra el terrorismo** ha hecho que los gobiernos establezcan leyes de vigilancia más estrictas, lo que ha llevado a restricciones de las libertades civiles en muchos países.

659. **Las Fuerzas Especiales estadounidenses** continúan sus operaciones en Irak, proporcionando formación y apoyo al personal de seguridad local encargado de contrarrestar las amenazas terroristas.

660. Tras dos décadas de conflicto entre las fuerzas de la coalición y facciones terroristas, como **Al Qaeda y el ISIS,** sigue habiendo conflictos activos en muchas regiones de todo el mundo. Actualmente **no se ha fijado una fecha precisa para el fin de esta guerra.** Muchos creen que es poco probable que el terrorismo termine algún día.

Estados Unidos de América en el siglo XXI

Este capítulo explorará los muchos acontecimientos importantes que han tenido lugar **en Estados Unidos en el siglo XXI**. Con estos treinta hechos, conocerá cómo se ha desarrollado esta nación hasta convertirse en una gran potencia mundial. Descubriremos sus avances en tecnología, relaciones globales, reforma sanitaria y mucho más. ¡Descubra por qué comprender **la historia reciente de este país es tan fundamental para entender su futuro**!

661. **En 2003, Estados Unidos invadió Irak** y derrocó a Sadam Husein en poco más de un mes.

662. **Estados Unidos ha participado en múltiples conflictos internacionales** en el siglo XXI en lugares como Siria y Libia como parte de sus esfuerzos hacia la estabilidad y la paz mundial.

663. **Tras el paso del huracán Katrina** por Nueva Orleans en 2005, el presidente George W. Bush firmó la concesión de ayudas por valor de 10.500 millones de dólares para las víctimas afectadas por este desastre.

664. En 2005, los estadounidenses fueron azotados por tres grandes huracanes en pocas semanas: **Katrina** (agosto), **Rita** (septiembre) y **Wilma** (octubre).

665. **Estados Unidos eligió** su primer presidente afroestadounidense, **Barack Obama**, en 2008.

666. En 2009, **el gobierno de EE. UU. aprobó un paquete de estímulo económico** para ayudar a reactivar la economía de una crisis financiera que había causado enormes tasas de desempleo en todo Estados Unidos y graves caídas del mercado de valores.

667. En 2009, **el presidente Obama ganó su Premio Nobel de la Paz** por promover el desarme nuclear mientras lideraba negociaciones con líderes extranjeros sobre asuntos internacionales de gran importancia.

668. En 2010, **el Gobierno de Obama aprobó una ley de reforma sanitaria** de **vital** importancia, conocida comúnmente como «Obamacare», que aumentó el acceso a la cobertura médica en todo Estados Unidos.

669. En 2010, científicos estadounidenses crearon el primer organismo sintético del mundo a partir de cadenas de ADN en un laboratorio.

670. El movimiento «**Occupy Wall Street**» fue una protesta contra la avaricia empresarial y la desigualdad económica. Se extendió rápidamente por ciudades de Estados Unidos, incluida Nueva York, donde comenzó.

671. **El rover Curiosity de la NASA aterrizó en Marte** para su exploración en 2012. El proyecto tuvo un coste estimado de 2.500 millones de dólares, lo que la convierte en una de las misiones espaciales más caras jamás emprendidas.

672. En 2013, **Edward Snowden** filtró documentos gubernamentales que revelaban información sobre los programas de vigilancia de Estados Unidos contra ciudadanos y países extranjeros.

673. **La igualdad matrimonial fue finalmente aprobada en todo el país** tras batallas legales que duraron casi diez años. El Tribunal Supremo dictó sentencia en el caso Obergefell contra Hodges, declarando que el matrimonio entre personas del mismo sexo era un derecho constitucional desde junio de 2015.

674. **Tras varios años** de negociaciones entre varias partes, Irán alcanzó un acuerdo nuclear con las potencias mundiales, incluida Estados Unidos, en 2015. **Irán aceptó reducir sus reservas de uranio.**

675. El 21 de agosto de 2017, **un eclipse solar total cubrió catorce estados,** proporcionando a millones de personas una visión única de este fenómeno natural.

676. **EE. UU. ha visto avances significativos en tecnología** durante este siglo, desde smartphones hasta carros autoconducidos. En todo el país se están desarrollando aplicaciones de inteligencia artificial (IA).

677. **Apple Inc. fue fundada por Steve Jobs** y otros en 1976. En 2010, valía más de 65.000 millones de dólares. Dos años después, valía 156.000 millones de dólares.

678. **Las redes sociales,** como **Twitter** y **Facebook**, se han vuelto omnipresentes en el mundo desde su lanzamiento a principios del siglo XXI. Estas plataformas permiten a

miles de millones de personas conectarse instantáneamente a través de continentes sin barreras.

679. **En 2014, Google compró Nest Labs**, convirtiéndose en una de las primeras grandes empresas en invertir fuertemente en tecnologías de automatización del hogar como termostatos inteligentes, sistemas de seguridad y otros dispositivos.

680. A partir de 2022, **Estados Unidos albergará la mayor economía del mundo**, con más del 15 % del PIB (producto interior bruto) mundial.

681. En 2019, casi **165.5 millones de personas visitaron Estados Unidos**, lo que lo convierte en uno de los destinos turísticos más populares del mundo.

682. **El PIB per cápita de Estados Unidos es uno de los más altos del mundo.** Se estima que rondaba los 65.000 dólares en 2020, lo que lo convierte en un destino atractivo para quienes buscan oportunidades económicas en el extranjero.

683. **Estados Unidos ha sido testigo de un aumento de tiroteos masivos** en todo el país desde 2007, lo que ha dado lugar a numerosos debates y discusiones sobre la legislación en materia de armas.

684. **Estados Unidos es uno de los principales contribuyentes a las emisiones de gases de efecto invernadero**. Como parte del Acuerdo de París sobre el Clima, Estados Unidos se comprometió a reducir sus emisiones entre un 26 % y un 28 % respecto a los niveles de 2005 para 2025. Aunque EE. UU. tenía previsto abandonar el Acuerdo de París, Biden volvió a comprometerse con el acuerdo cuando asumió la presidencia.

685. En 2016, **Estados Unidos por primera vez eligió una candidata a la presidencia, Clinton**, aunque finalmente perdió frente a Donald Trump.

686. En 2020, **la NASA lanzó el vehículo explorador Perseverance,** que aterrizó en Marte en 2021. Mientras se escriben estas líneas, está recogiendo con éxito datos del planeta rojo para ayudar a estudiar su entorno.

687. En 2020, **Estados Unidos experimentó** un número inusualmente alto de casos y muertes debido a un **brote de virus**. En respuesta a esta pandemia, Estados Unidos tomó medidas en 2021 para proporcionar alivio a los ciudadanos en términos de salud y estabilidad económica.

688. En 2022, **Estados Unidos había distribuido 613 millones de dosis**. El país también promulgó en 2021 el Plan de Rescate Estadounidense un paquete de estímulo económico de 1.9 billones de dólares. El gobierno también aprobó iniciativas adicionales destinadas a proporcionar alivio durante estos tiempos difíciles.

689. El 6 de enero de 2021, **los partidarios de Trump irrumpieron en el Capitolio para protestar** y detener la certificación de la victoria de Joe Biden contra Trump. En el momento de escribir estas líneas, se está investigando si el presidente Trump los alentó.

690. En 2022, **EE. UU. continuó abordando grandes desafíos** como el cambio climático mientras trabajaba para restablecer las relaciones internacionales a través de inversiones en fuentes de energía renovables y proyectos de ciberseguridad, entre otros.

Sección 2: Descubriendo más hechos fascinantes de la historia de Estados Unidos

Principales acontecimientos políticos que dieron forma a la política actual

Este capítulo profundizará en **los principales acontecimientos políticos del mundo y de Estados Unidos.** Estos treinta hechos explorarán momentos clave de la historia, como **la Revolución estadounidense, la guerra civil** y acontecimientos más recientes como el **movimiento MeToo.** También veremos cómo estos acontecimientos influyeron en la política exterior, los movimientos por los derechos civiles y el poder económico de Estados Unidos. Mediante la comprensión de estos momentos cruciales en el tiempo, tendremos una mayor apreciación de su papel en la configuración del panorama político actual.

691. **La Carta Magna** de 1215 fue un importante documento de la historia de Inglaterra que limitó el poder del rey y estableció derechos fundamentales para todas las personas, incluidos los nobles. **La Carta Magna** influyó en gran medida en la Constitución estadounidense.

692. **En 1776, Estados Unidos declaró su independencia de Gran Bretaña** y se convirtió en una nueva nación con sus propias leyes y sistema de gobierno.

693. **La Constitución estadounidense fue redactada en 1787** y es la ley suprema de Estados Unidos. Es la constitución escrita más antigua que se sigue utilizando en la actualidad y esboza la estructura del gobierno federal.

694. **La Revolución francesa comenzó en 1789** con el objetivo de derrocar la monarquía y establecer una república democrática. Siguieron otras revoluciones, muchas de las cuales se inspiraron en las revoluciones estadounidense y francesa.

695. **La compra de Luisiana** fue una importante transacción de tierras en 1803. Estados Unidos pagó a Francia 15 millones de dólares por 828.000 millas cuadradas al oeste del río Misisipi. Esta compra duplicó con creces el tamaño de Estados Unidos y abrió la expansión del país hacia el oeste.

696. **La guerra de 1812** se libró para obtener el control de los Grandes Lagos y la frontera canadiense. El conflicto acabó en tablas. Sin embargo, estableció a Estados Unidos como una nación poderosa, ya que el país pudo mostrar su fuerza al resto del mundo.

697. **La guerra mexicano-estadounidense** duró de 1846 a 1848. Como resultado de la guerra, EE. UU. ganó más de 500.000 millas cuadradas de tierra, incluyendo partes de las actuales California, Arizona, Nuevo México y Nevada, entre otras.

698. **El Manifiesto comunista** fue escrito por Karl Marx y Friedrich Engels en 1848. El texto abogaba por una sociedad sin clases basada en la propiedad común de las fuerzas de producción, lo que acabó provocando revueltas en toda Europa en el siglo XIX.

699. **Durante la Revolución Industrial** (1760-1850), las máquinas sustituyeron al trabajo manual en todo el mundo, lo que condujo a un mayor crecimiento económico y a la pobreza de ciertos grupos de trabajadores.

700. **La esclavitud fue abolida en muchos países** en el siglo XIX, ya que la gente empezó a considerarla moralmente incorrecta.

701. **La guerra civil** se libró **entre los estados del norte y del sur** de Estados Unidos entre 1861 y 1865. La guerra se libró por la cuestión de la esclavitud, y tuvo como resultado la abolición de la esclavitud y la reunificación de Estados Unidos.

702. En **la Conferencia de Berlín** de 1884/85, las naciones europeas se repartieron África en beneficio de sus intereses, lo que dio lugar a un largo periodo de colonización y explotación del continente por parte de potencias extranjeras. Aunque Estados Unidos no colonizó África, sí desempeñó un papel en el continente con la formación de Liberia.

703. **La guerra hispano-estadounidense** se libró por la independencia de Cuba en 1898. Como resultado, Estados Unidos se hizo con el control de varios territorios españoles, entre ellos Puerto Rico y Filipinas.

704. **La Primera Guerra Mundial** (1914-1918) se libró entre las potencias centrales (Alemania, Austria-Hungría, Turquía y Bulgaria) y las fuerzas aliadas (Gran Bretaña, Francia, Rusia y Estados Unidos). Provocó millones de muertos y cambió muchas fronteras, creando el mapa que hoy conocemos.

705. **La Gran Depresión** fue una grave recesión económica que comenzó en 1929 y duró hasta principios de la década de 1940. La Gran Depresión tuvo un efecto devastador en la economía mundial y provocó desempleo y pobreza generalizados.

706. En 1963, **el presidente John F. Kennedy fue asesinado.** La noticia conmocionó a Estados Unidos. Otras tres personas notables serían asesinadas en la década de 1960: Malcolm X, Martin Luther King Jr. y Bobby Kennedy (hermano de JFK), que se presentaba a las elecciones presidenciales.

707. **La guerra de Vietnam** fue un conflicto entre Vietnam del Norte y Vietnam del Sur. Duró de 1955 a 1975. Estados Unidos se involucró en la guerra en 1965, y su participación fue muy controvertida. La guerra tuvo un impacto duradero en la economía, la política y la política exterior de Estados Unidos.

708. **El escándalo Watergate** fue un escándalo político de la década de 1970. Un grupo de hombres irrumpió en la sede del Comité Nacional Demócrata en el edificio de oficinas y hotel Watergate de Washington D.C. El escándalo provocó **la dimisión del presidente republicano Richard Nixon** e influyó en la política estadounidense durante décadas.

709. **La crisis de los rehenes iraníes** fue una crisis diplomática que duró de 1979 a 1981. Militantes iraníes tomaron la embajada de Estados Unidos en Teherán y mantuvieron secuestrados a cincuenta y dos diplomáticos y civiles durante 444 días. Cuando Irak invadió Irán en 1980, Irán pidió ayuda a Estados Unidos. Todos los rehenes serían liberados en 1981, aunque los militantes comenzaron a liberar grupos de rehenes en 1979.

710. *Reaganomics* **es el término utilizado para referirse a las políticas económicas del presidente Ronald Reagan.** Puso en práctica varias políticas conservadoras, como recortes fiscales, desregulación y una firme política exterior anticomunista. Reaganomics tuvo un impacto duradero en la política y la economía estadounidenses.

711. **La guerra de Irak** fue un conflicto entre Estados Unidos e Irak que duró desde 2003 hasta 2011. La guerra se libró por las armas de destrucción masiva de Irak y el brutal régimen de Sadam Husein. La guerra resultó en el derrocamiento de Saddam Hussein y el establecimiento de un gobierno democrático en Irak.

712. **La Primavera Árabe** fue una serie de protestas y levantamientos en Oriente Medio y el Norte de África que tuvieron lugar entre 2010 y 2012. Las protestas desembocaron en el derrocamiento de varias dictaduras y tuvieron un profundo impacto en la política exterior de Estados Unidos en la región.

713. **Las elecciones presidenciales** de 2012 **enfrentaron al presidente Barack Obama y al aspirante republicano Mitt Romney**. Las elecciones fueron muy reñidas, pero el presidente Obama fue reelegido, convirtiéndose en el primer presidente afroestadounidense en cumplir dos mandatos.

714. **En 2015, la decisión del Tribunal Supremo de Estados Unidos sobre el matrimonio entre personas del mismo sexo supuso una victoria histórica para los derechos LGBTQ** y sirvió de trampolín para nuevos avances en el ámbito de los derechos civiles.

715. **En las elecciones presidenciales de 2016 se enfrentaron la candidata demócrata Hillary Clinton y el candidato republicano Donald Trump**. Este último fue elegido presidente, convirtiéndose en el primer presidente de la historia de EE. UU. elegido sin experiencia política o militar previa.

716. **Las elecciones presidenciales de 2016 destacaron por el papel de las redes sociales.** Ambas campañas utilizaron ampliamente plataformas de redes sociales, como **Twitter y Facebook,** y la elección ha sido descrita como la «primera elección de redes sociales» en la historia de Estados Unidos.

717. **El movimiento #MeToo es un movimiento internacional que pretende acabar con la violencia y el acoso sexual.** El movimiento comenzó en 2006, pero cobró impulso en 2017. MeToo ha generado conciencia sobre los problemas cotidianos a los que se enfrentan niñas y mujeres.

718. **La Ley de Recortes y Empleos Fiscales de 2017 fue un amplio paquete de reformas fiscales** aprobado por el Congreso y promulgado por el presidente Trump en diciembre de 2017. El paquete fue muy controvertido, pero tuvo un impacto significativo en la economía estadounidense y condujo a una gran reducción de impuestos para muchos estadounidenses.

719. **En 2018, Estados Unidos se convirtió en el mayor productor mundial de crudo** y mantuvo su posición hasta 2021, revolucionando el mercado energético mundial y aumentando el peso financiero y político de Estados Unidos en el escenario mundial.

720. **Las elecciones presidenciales de 2020 enfrentaron al actual presidente Donald Trump y al aspirante demócrata Joe Biden**. La elección fue muy disputada, pero Joe Biden fue elegido presidente, convirtiéndose en la persona de más edad en ser elegido presidente en la historia de Estados Unidos.

Logros deportivos en la historia de Estados Unidos

En este capítulo exploraremos algunos de **los increíbles logros deportivos conseguidos por atletas estadounidenses a lo largo de la historia.** Repasaremos treinta hechos para comprender cómo **los estadounidenses han dominado las competiciones olímpicas y mundiales** y han batido récords en béisbol, baloncesto y boxeo.

Descubra **por qué los equipos estadounidenses siguen teniendo tanto éxito hoy en día** gracias a su compromiso con la excelencia a través de la dedicación y el trabajo duro.

721. **Estados Unidos** ha sido uno de los países con más éxito en los Juegos Olímpicos modernos. En el momento de escribir estas líneas, ¡ha ganado más de mil medallas de oro!

722. **El deporte femenino** ha tenido un gran impacto en la historia de Estados Unidos. Babe Didrikson Zaharias se convirtió en una de las más grandes atletas estadounidenses, ganando dos medallas de oro en atletismo. Wilma Rudolph también triunfó en la misma categoría en los Juegos Olímpicos de Roma 1960, donde ganó tres medallas de oro.

723. **Bob Beamon batió su récord mundial de salto de longitud** y actual marca olímpica con un salto de 8,90 metros (29 pies, 2,5 pulgadas) en los Juegos Olímpicos de Ciudad de México en 1968, estableciendo un récord que no se batiría hasta 1991.

724. **Dan Gable** es considerado uno de los **mejores atletas de lucha libre** tras **ganar los Juegos Olímpicos de Verano de 1972** sin ceder un solo punto. Inmovilizó a todos sus oponentes y se colgó la medalla de oro, siendo el primer luchador estadounidense en conseguirlo en doce años.

725. En 1980 se produjo un partido de hockey llamado **«Milagro sobre hielo».** Fue una de las mayores sorpresas de la historia del deporte. **El equipo masculino de hockey de Estados Unidos, compuesto en su mayoría por aficionados, venció a los soviéticos,** que eran los grandes favoritos para los Juegos Olímpicos de ese año. El «Milagro sobre hielo» se convirtió en un ícono de la historia de los perdedores.

726. **Los Juegos Olímpicos de Los Ángeles 1984 fueron sensacionales para Estados Unidos.** Los atletas estadounidenses ganaron 174 medallas, 83 de oro, 61 de plata y 30 de bronce, convirtiéndose en una de las actuaciones olímpicas más exitosas de Estados Unidos.

727. **Tonya Harding** hizo historia al convertirse en la primera patinadora artística estadounidense en realizar un triple salto axel en los campeonatos estadounidenses de patinaje artístico de 1991. Sus logros sobre el hielo suelen quedar eclipsados por sus polémicas fuera de la pista.

728. En 1992 **se creó el Dream Team estadounidense**. Este equipo estaba formado por jugadores activos de la NBA (Asociación Nacional de Baloncesto). Algunos de sus miembros eran **Larry Bird, Michael Jordan, Magic Johnson, Charles Barkley, Patrick Ewing y Scottie Pippen**. Lo han llamado el mejor equipo deportivo jamás reunido.

729. En 1996, **Michael Johnson** se convirtió en un atleta emblemático por su actuación en los Juegos Olímpicos de Atlanta, cuando ganó las carreras de 200 y 400 metros. Es el único atleta masculino que lo ha conseguido hasta la fecha en las mismas Olimpiadas.

730. **La Maratón de Boston** es una maratón anual que comenzó el 19 de abril de 1897. Tradicionalmente se celebra el Día del Patriota, que conmemora la cabalgata de Paul Revere.

731. **Jack Johnson** se convirtió en 1908 en el primer afroestadounidense campeón del mundo de boxeo de los pesos pesados.

732. **Joe Louis** fue **campeón mundial de boxeo** de los pesos pesados **durante doce años,** de 1937 a 1949, convirtiéndose en una figura emblemática para los afroestadounidenses. Defendió su título veinticinco veces.

733. **El primer partido de fútbol profesional** se jugó en 1892. Se enfrentaron la Allegheny Athletic Association y el Pittsburgh Athletic Club.

734. La Asociación Estadounidense de Fútbol Profesional se creó en 1920. Dos años más tarde, cambió su nombre por el de National Football League (NFL). El fútbol americano se considera el deporte más visto en Estados Unidos.

735. El Super Bowl es la final de los playoffs entre los mejores equipos de fútbol americano. Es uno de los programas de televisión más vistos en la historia de EE. UU. y sólo es superado por Acción de Gracias en cuanto a consumo de comida.

736. El equipo de béisbol de los New York Yankees es uno de los equipos deportivos más laureados de Estados Unidos. El equipo ha ganado veintisiete campeonatos de las Series Mundiales. Algunos de los jugadores más emblemáticos de la historia del béisbol jugaron para los Yankees, como **Babe Ruth, Joe DiMaggio, Mickey Mantle** y **Lou Gehring.**

737. Willie Mays es considerado uno de los mejores jugadores de béisbol, con 660 jonrones en su carrera, un premio al Jugador más valioso en 1954 y 23 selecciones para el All-Star a lo largo de sus 22 años de carrera.

738. La leyenda del béisbol Hank Aaron logró 755 jonrones en 21 temporadas, lo que impuso el récord de la época. Se le conoce como el «Rey del jonrón» de la Major League Baseball (MLB).

739. En 2004, **los Medias Rojas de Boston** pusieron fin a una sequía de ochenta y seis años cuando finalmente ganaron su primer título de la Serie Mundial desde 1918 al barrer a los Cardenales de San Luis en cuatro partidos, dando a los aficionados una razón para celebrar después de tantos años de miseria.

740. El baloncesto fue inventado por James Naismith en Springfield, Massachusetts, en 1891, y hoy es un deporte popular en todo el mundo.

741. En 1996, **los Chicago Bulls** ganaron setenta y dos de los ochenta y dos partidos de la temporada regular, estableciendo el récord de victorias de la NBA en un año. Los Golden State Warriors batieron ese récord en la temporada 2015/16, ganando setenta y tres partidos.

742. Michael Jordan jugó en los Chicago Bulls y es uno de los deportistas estadounidenses más célebres de la actualidad. Tiene muchos logros, dos de los cuales son ganar el campeonato de la NBA seis veces y ser el MVP de la NBA cinco veces.

743. La Asociación Nacional de Baloncesto Femenino de Estados Unidos ha tenido un éxito increíble desde su creación en 1996. En el momento de escribir estas líneas, la selección femenina de Estados Unidos tiene uno de los mejores récords de los Juegos Olímpicos, sin conocer la derrota desde 1992. También ocupa el primer puesto en la clasificación de la FIBA.

744. Los deportes de equipo femeninos han crecido significativamente en la historia de Estados Unidos, especialmente tras la aprobación en 1972 de la legislación Title IX, que permitió a las atletas femeninas acceder con igualdad a oportunidades educativas y de financiación en el deporte.

745. La selección nacional femenina de fútbol de Estados Unidos (USWNT) ha cosechado un éxito increíble desde su formación en 1985, ganando cuatro medallas de oro olímpicas de 1996 a 2012. También ha ganado cuatro Mundiales femeninos en 1991, 1999, 2015 y 2019.

746. Billie Jean King se convirtió en una de las tenistas más icónicas después de ganar un legendario partido contra Bobby Riggs en el Astrodome de Houston en 1973, conocido como la «Batalla de los sexos».

747. Venus y Serena Williams hicieron historia al convertirse en las dos tenistas femeninas mejor clasificadas en 2002. Las hermanas han logrado cosas asombrosas en la pista. Venus Williams ha ganado cuatro medallas de oro olímpicas, siete Grand Slams y cinco campeonatos de Wimbledon. Serena Williams también tiene cuatro medallas de oro olímpicas y treinta y nueve Grand Slams. Las hermanas son un ejemplo para las jóvenes de todo el mundo.

748. Aunque el **hockey (la NHL)** no es tan popular como el fútbol o el baloncesto, sigue siendo una de las principales franquicias deportivas de Estados Unidos. En la temporada 1995/96, **los Detroit Red Wings consiguieron** el mayor número de victorias en una sola temporada. Los Tampa Bay Lightning empataron las sesenta y dos victorias de los Wings en la temporada 2018/19.

749. **Tiger Woods** estableció varios récords durante su histórica victoria en el Torneo Masters de 1997 al convertirse no solo en el ganador más joven, sino también en el primer golfista afroestadounidense en lograrlo. En 2001, se convirtió en el jugador más joven en completar un Grand Slam (ganar los cuatro principales torneos profesionales de golf en su carrera).

750. **Lance Armstrong** hizo historia al convertirse en la única persona en ganar siete títulos consecutivos del Tour de Francia entre 1999 y 2005 antes de ser despojado de todas sus victorias debido a acusaciones de dopaje en 2012.

Conflictos militares librados por estadounidenses

Este capítulo explorará **los diversos conflictos militares librados por los estadounidenses** a lo largo de la historia. Echaremos un vistazo a treinta datos sobre conflictos, desde la **guerra de la Independencia** hasta la actual **guerra en Siria.**

751. **La guerra de la Revolución estadounidense** se libró entre Gran Bretaña y las colonias americanas entre 1775 y 1783. La guerra se libró después de que las colonias americanas declararan su independencia de Gran Bretaña y trataran de establecer una nueva nación.

752. Los británicos acabaron siendo derrotados por las fuerzas estadounidenses en **la batalla de Yorktown en 1781**. La guerra terminó con la firma del Tratado de París en 1783, que reconocía oficialmente a los Estados Unidos de América como nación independiente.

753. **Las guerras Berberiscas** fueron una serie de conflictos librados entre Estados Unidos y los estados berberiscos del norte de África entre 1801 y 1815.

754. Las guerras se libraron después de que **los Estados Berberiscos comenzaran a atacar a los barcos mercantes estadounidenses** en el Mediterráneo y a exigir tributos a Estados Unidos. Finalmente, Estados Unidos se hizo con el control de la región. La Primera guerra Berberisca terminó con la firma del Tratado de Trípoli en 1805. La Segunda guerra Berberisca duró sólo tres días y también terminó con una victoria estadounidense.

755. **La guerra de 1812** fue un conflicto librado entre Gran Bretaña y Estados Unidos entre 1812 y 1815. La guerra fue desencadenada por varias disputas entre los dos países, incluyendo la ira estadounidense por la interferencia británica con el transporte marítimo estadounidense y el reclutamiento de marineros estadounidenses para la armada británica.

756. **Los británicos fueron finalmente derrotados en la guerra de 1812.** Una de las mayores victorias de los estadounidenses fue la batalla de Nueva Orleans, que tuvo lugar una vez finalizada la guerra. El conflicto terminó oficialmente con la firma del Tratado de Gante en 1815.

757. **Las guerras contra los indígenas norteamericanos** fueron una serie de conflictos librados entre las tribus nativas y el gobierno de los Estados Unidos desde principios del siglo XVII hasta principios del siglo XX.

758. Las guerras se libraron principalmente para obtener el control de las tierras tribales de **los nativos americanos y para expulsarlos de sus tierras ancestrales**. Muchas tribus diferentes se vieron implicadas en los conflictos, pero Estados Unidos acabó haciéndose con el control de gran parte del occidente del continente.

759. **Las guerras Seminolas** fueron una serie de conflictos librados entre Estados Unidos y la tribu Seminola entre 1816 y 1858. Las guerras se libraron después de que los seminolas se negaran a abandonar sus tierras tribales en Florida, que Estados Unidos quería utilizar para expandir su territorio. Finalmente, Estados Unidos se hizo con el control de la región.

760. **La guerra mexicano-estadounidense** se libró entre Estados Unidos y México de 1846 a 1848.
761. La guerra se desencadenó por una disputa sobre la frontera entre ambos países. Finalmente, Estados Unidos se alzó con la victoria y obtuvo el control de gran parte de lo que hoy es el suroeste de Estados Unidos. La guerra terminó con la firma del **Tratado de Guadalupe Hidalgo en 1848**.

762. **La guerra civil estadounidense** se libró entre la Unión y los Estados Confederados de 1861 a 1865.
763. **La guerra se libró después de que los Estados Confederados se separaran de la Unión para establecer una nueva nación.** La guerra fue sangrienta y ambos bandos sufrieron muchas bajas. La guerra terminó con la rendición del ejército confederado en Appomattox Court House en 1865.
764. **La guerra hispano-estadounidense** se libró entre España y Estados Unidos en 1898. La guerra fue desencadenada por el hundimiento del USS Maine en el puerto de La Habana, Cuba, en febrero de 1898.
765. **Estados Unidos se proclamó vencedor de la guerra** y obtuvo el control de las islas del Caribe y el Pacífico. La guerra terminó con el Tratado de París en 1898.

766. **La guerra filipino-estadounidense** fue un conflicto librado entre Estados Unidos y los revolucionarios filipinos entre 1899 y 1902.

767. El deseo de **los revolucionarios filipinos** de independizarse del control estadounidense desencadenó la guerra. Los soldados estadounidenses lograron finalmente ocupar las islas y acabar con los revolucionarios en su mayor parte.

768. **La Primera Guerra Mundial** se libró entre las potencias aliadas y centrales **de 1914 a 1918.** La guerra se desencadenó a raíz del asesinato del archiduque Francisco Fernando de Austria-Hungría en junio de 1914, y las potencias aliadas acabaron alzándose con la victoria y haciéndose con el control de gran parte de Europa. La Primera Guerra Mundial cambió la forma de luchar y terminó con la firma del Tratado de Versalles en 1919.

769. **La Segunda Guerra Mundial** se libró entre las potencias Aliadas y del Eje **entre 1939 y 1945**. La guerra se desencadenó por la invasión de Polonia por la Alemania nazi en septiembre de 1939, aunque las potencias aliadas acabaron proclamando la victoria. La guerra terminó con la rendición de Japón en 1945.

770. **La guerra de Corea** fue un conflicto librado entre Corea del Norte y Corea del Sur **entre 1950 y 1953**. La guerra fue desencadenada por la invasión de Corea del Sur por parte de Corea del Norte en junio de 1950.

771. Aunque Corea del Norte obtuvo algunos logros, Corea no se unió. Tras la guerra, Corea siguió dividida. Se firmó un acuerdo de armisticio, por lo que técnicamente la guerra nunca terminó.

772. **La guerra de Vietnam** se libró entre Vietnam del Norte y Vietnam del Sur entre **1955 y 1975**. La guerra fue desencadenada por la invasión norvietnamita de Vietnam del Sur en 1955.

773. Otras naciones entraron en la guerra de Vietnam, y Estados Unidos envió cientos de miles de tropas a la zona. **Los Acuerdos de Paz de París se firmaron en 1973**, y dos años después, Vietnam del Norte tomó Vietnam del Sur.

774. **La guerra del Golfo** se libró entre Irak y una coalición de fuerzas, entre las que se encontraba Estados Unidos, entre 1990 y 1991.

775. **La invasión iraquí de Kuwait** desencadenó la primera guerra del Golfo en agosto de 1990, en la que las fuerzas de la coalición acabaron proclamando la victoria y haciéndose con el control de la región. La guerra terminó con un acuerdo de alto el fuego en 1991.

776. **La guerra de Irak** se libró entre Estados Unidos e Irak **entre 2003 y 2011**. La guerra fue desencadenada por la invasión estadounidense de Irak en 2003.

777. **Estados Unidos ganó la guerra** y derrocó al régimen de Sadam Husein. En 2011, las últimas tropas estadounidenses abandonaron Irak.

778. **La guerra de Afganistán** es un conflicto que duró desde 2001 hasta 2021.

779. La guerra fue desencadenada por la invasión estadounidense de Afganistán en 2001 **después de que los talibanes se negaran a entregar a Osama bin Laden**. Estados Unidos acabó encontrando a Osama bin Laden, pero no tuvo éxito en la guerra, ya que los talibanes se hicieron con el control del país.

780. **La guerra civil siria** es un conflicto que estalló en 2011 entre el gobierno sirio y varios grupos rebeldes. La guerra fue desencadenada por la represión del gobierno sirio contra los disidentes. En el momento de escribir este artículo, el conflicto sigue abierto.

Revolución tecnológica en Estados Unidos

Este capítulo explorará las increíbles y revolucionarias tecnologías que han revolucionado nuestras vidas en los últimos dos siglos. A través de estos treinta datos, conocerá algunos de **los inventos más importantes de la historia**, como **los teléfonos, los automóviles y los computadores**. Investigaremos cómo estos productos cambiaron para siempre la comunicación y el transporte. Comprender esta fascinante revolución tecnológica es esencial para mantenerse al día en un mundo que cambia rápidamente.

781. **La revolución tecnológica comenzó en EE. UU.** a finales del siglo XIX, con el desarrollo de nuevas tecnologías como el teléfono y el automóvil.

782. **A Alexander Graham Bell** se le atribuye la invención del teléfono en 1876. El teléfono cambió la forma en que la gente se comunicaba.

783. En 1877, **Thomas Edison** inventó el fonógrafo, que podía grabar y reproducir sonidos.

784. **Thomas Edison fue un prolífico inventor estadounidense.** También inventó la máquina llamada Kinetoscopio, ¡que podía mostrar imágenes en movimiento!

785. A **los hermanos Wright** se les atribuye la invención del vuelo propulsado tras su exitoso primer vuelo en aeroplano el 17 de diciembre de 1903, cerca de Kitty Hawk, Carolina del Norte.

786. **El coche Modelo-T de Henry Ford** salió al mercado en 1908, revolucionando el transporte en EE. UU. y haciendo que viajar fuera más fácil que nunca.

787. **Los computadores se introdujeron por primera vez en el lugar de trabajo** en las décadas de 1950 y 1960, haciendo que tareas como el cálculo de números fueran mucho más rápidas. Los computadores se popularizaron realmente en la década de 1980.

788. **El inventor germano-estadounidense Ralph Baer** creó en 1967 el primer videojuego digital llamado «Brown Box», que le permitía enfrentarse a dos jugadores. El juego se transformó más tarde en el primer juego de consola llamado Magnavox Odyssey.

789. En 1968, ARPANET (**Red de la Agencia de Proyectos de Investigación Avanzada**) envió el primer mensaje a través de computadores conectados en red; ¡este fue el comienzo de lo que hoy conocemos como Internet!

790. **Los teléfonos móviles** fueron inventados por Martin Cooper en 1973. Con el tiempo, los teléfonos móviles permitirían a la gente hacer llamadas sobre la marcha sin estar atados a teléfonos fijos o de pago.

791. **Apple lanzó su primer computador personal,** el Apple I, en 1976, revolucionando el uso de los computadores en casa y en el trabajo.

792. En los años 80 se produjo una explosión de productos tecnológicos, con empresas como **Nintendo** (con sede en Japón) lanzando su icónica consola de videojuegos conocida como NES (**Nintendo Entertainment System**).

793. **IBM introdujo el Computador Personal** en 1981, permitiendo a la gente utilizar los computadores para tareas cotidianas y entretenimiento.

794. En 1994 se lanzó el popular navegador web **Netscape Navigator**, que facilitó enormemente la navegación por Internet.

795. En 1997, una empresa surcoreana presentó los **reproductores MP3,** que cambiaron radicalmente la forma de escuchar música. Hoy en día nos sigue gustando escuchar música sobre la marcha.

796. En el año 2000, **Google** se convirtió en el motor de búsqueda más utilizado del mundo.

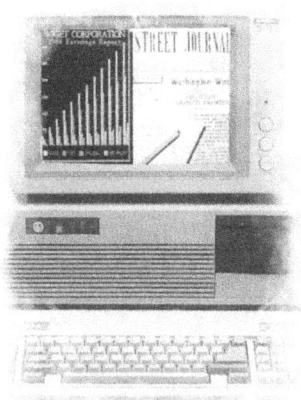

797. La tecnología **Wi-Fi (Wireless Fidelity)** se puso a disposición de los consumidores en 1997, pero no se generalizó hasta 2003, cuando empezó a aparecer en cada vez más lugares, como escuelas, empresas y hogares.

798. Los sitios de **redes sociales**, como **Facebook**, empezaron a aparecer a finales de los 90; ahora, casi todo el mundo tiene una cuenta en una o más plataformas de redes sociales.

799. **El iPhone de Apple** salió al mercado en 2007, introduciendo la revolucionaria tecnología de pantalla táctil en la vida de las personas y simplificando aún más la comunicación.

800. Poco después del iPhone aparecieron **teléfonos inteligentes** con funciones avanzadas, que revolucionaron la forma en que nos relacionamos hoy en día.

801. Aunque las *apps* (**aplicaciones**) existen desde finales de los 90, no se popularizaron hasta 2008. Hoy usamos *apps* para jugar y pedir comida.

802. La **impresión en 3D** existe desde los años 80, pero desde hace poco es mucho más asequible y accesible. Ahora se puede utilizar la impresión 3D para imprimir casi cualquier cosa.

803. En la última década se ha popularizado la **tecnología portátil**, como las pulseras de *fitness*. Estos dispositivos ayudan a controlar la actividad física y la salud.

804. Los cascos de **realidad virtual (RV)** existen desde 1975, pero no se pusieron a disposición del público hasta mediados de la década de 2010. La RV sitúa a los usuarios en entornos digitales que parecen reales.

805. La **inteligencia artificial (IA)** se utiliza hoy en día en muchos aspectos de la vida, como los autos automáticos y los asistentes de voz.

806. La **realidad aumentada (RA),** con la que se experimentó por primera vez en 1994, se ha hecho cada vez más popular en los últimos años. Combina la vida real con el mundo virtual. Pokémon Go es un gran ejemplo de aplicación de realidad aumentada.

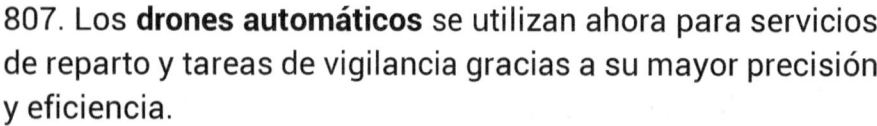

807. Los **drones automáticos** se utilizan ahora para servicios de reparto y tareas de vigilancia gracias a su mayor precisión y eficiencia.

808. La **computación cuántica** es un campo relativamente nuevo de la informática que está ampliando los límites de lo que los computadores pueden hacer basándose en la teoría cuántica.

809. Las **tecnologías robóticas** han avanzado significativamente en los últimos años. Los robots son ahora capaces de completar tareas complejas con precisión.

810. La **computación en nube** permite a las personas almacenar sus datos en línea para acceder a ellos desde cualquier lugar sin preocuparse de perderlos.

El movimiento por los derechos de la mujer en Estados Unidos

Este capítulo explora la historia y el progreso del **movimiento por los derechos de la mujer en Estados Unidos**. Se analizan treinta datos para descubrir cómo figuras influyentes como **Susan B. Anthony, Alice Paul y Gloria Steinem** consiguieron cambios importantes para las mujeres a lo largo de la historia de Estados Unidos.

Descubra cómo organizaciones como NOW (**Organización Nacional de Mujeres**, por sus siglas en inglés), plataformas de medios sociales y protestas continúan esta lucha hoy en día.

811. **El movimiento por los derechos de la mujer en Estados Unidos** dio un gran paso adelante en 1848 en Seneca Falls, Nueva York.

812. **La Convención de Seneca Falls** fue organizada por Elizabeth Cady Stanton y Lucretia Mott, que querían conseguir la igualdad de derechos para todas las mujeres.

813. En 1869, **Susan B. Anthony y Elizabeth Cady Stanton** crearon la Asociación Nacional por el Sufragio Femenino, que impulsó una enmienda constitucional para otorgar a las mujeres el derecho al voto.

814. En 1890, **Wyoming** se convirtió en el primer estado en conceder el pleno derecho de voto a las mujeres.

815. Un hito importante se produjo en 1920, cuando el Congreso ratificó **la Decimonovena Enmienda**, concediendo el sufragio a las mujeres en todo el país tras décadas de activismo.

816. En 1960, la FDA aprobó **la primera píldora anticonceptiva**, dando a las mujeres más libertad en sus decisiones sobre el embarazo y el sexo.

817. Las mujeres ganaron más libertad en la década de 1960 cuando pudieron abrir cuentas bancarias a su nombre.

818. En 1963, **Betty Friedan publicó *La mística de la feminidad***, que contribuyó a dar a conocer el movimiento por los derechos de la mujer y provocó un resurgimiento de la lucha por la igualdad.

819. En 1963, el presidente John F. Kennedy firmó **la Ley de Igualdad Salarial**, destinada a acabar con la discriminación salarial.

820. **Tras conseguir el sufragio, se crearon muchas organizaciones.** Una de ellas fue NOW (Organización Nacional de Mujeres), fundada en 1966.

821. California fue el primer estado en aprobar **una ley de divorcio sin culpa,** en 1969. Las leyes de divorcio sin culpa implican que ninguna de las partes tiene que aportar una prueba de mala conducta. Como consecuencia, aumentó el número de divorcios.

822. **Gloria Steinem** fue una de las fundadoras de la revista Ms. en 1971. La revista trataba temas relacionados con la mujer y publicaba artículos feministas.

823. En 1972 **se aprobó el Título IX,** que prohibía la discriminación de niñas y mujeres en los programas educativos que recibían financiación federal.

824. En 1973 se dictó la sentencia **Roe contra Wade**. La Corte Suprema decidió que las mujeres tenían derecho a decidir si querían abortar.

825. En 1974 se aprobó la **Ley de Igualdad de Oportunidades de Crédito**. Esta ley declaraba ilegal que los acreedores discriminaran a los solicitantes por motivos de sexo, raza, religión o estado civil.

826. **La Ley de Discriminación por Embarazo** de 1978 protege a las mujeres embarazadas de la discriminación en el lugar de trabajo. La ley obliga a los empresarios a tratar a las mujeres embarazadas igual que a los demás empleados y a no discriminarlas.

827. **Alice Paul** sentó las bases de la Enmienda para la Igualdad de Derechos (ERA, por sus siglas en inglés). La enmienda fue aprobada por el Congreso en 1972. Sin embargo, no consiguió la ratificación de suficientes estados para su adopción en la Constitución debido a la fuerte oposición de grupos conservadores, como la campaña STOP ERA de Phyllis Schlafly.

828. Aunque muchas mujeres lucharon por la igualdad, muchas otras no querían que las cosas cambiaran. STOP (*«Stop Taking Our Privileges»* o «Basta de llevarse nuestros privilegios») luchó contra cosas como la ERA porque les preocupaba que les quitara ciertos privilegios, como los baños separados para hombres y mujeres.

829. En 1981, **Sandra Day O'Connor** se convirtió en la primera mujer en formar parte de la Corte Suprema.

830. En 1992, **EE. UU. aprobó la Ley de Permisos Médicos y Familiares** (FMLA, por sus siglas en inglés), que permite a mujeres y hombres disfrutar de hasta doce semanas de permiso no remunerado al año para determinadas situaciones (como el cuidado de un recién nacido) sin temor a perder el empleo o la cobertura del seguro médico. Esto supuso un hito importante en la **protección de los derechos de los trabajadore**s en el ámbito laboral.

831. Otro cambio clave se produjo en 1994, cuando **el presidente Bill Clinton creó la Ley de Violencia contra la Mujer**. Además, se creó una oficina que trabaja para acabar con la violencia contra las mujeres y las niñas en todo Estados Unidos, apoyando a las víctimas y responsabilizando a los agresores.

832. **La Ley Lilly Ledbetter de Remuneración Justa** se aprobó en 2009 para reforzar las leyes existentes sobre igualdad de retribución. También permite a los empleados presentar quejas por discriminación si han sido mal pagados debido a su género o raza, independientemente de cuándo haya sucedido.

833. En 2012 se aprobó **la Ley de Violencia contra las Mujeres,** que amplió la protección de las víctimas de violencia doméstica y agresión sexual. Esta fue una gran victoria para el movimiento por los derechos de las mujeres en Estados Unidos, ya que amplió la protección a más víctimas y proporcionó más recursos a las supervivientes de abusos.

834. En 2016 se aprobó **la Ley Éxito de Todos los Estudiantes**, que sustituyó a la Ley Que ningún niño se quede atrás. La ley responsabiliza a las escuelas del aprendizaje de todos los estudiantes, independientemente de su sexo, raza o discapacidades.

835. En 2009, **se creó el Consejo de la Casa Blanca sobre Mujeres y Niñas** para asesorar al presidente sobre cuestiones importantes para las mujeres y las niñas de todo el país, como la educación, las oportunidades económicas y la atención sanitaria.

836. **El consejo se disolvió durante la presidencia de Trump,** pero el presidente Joe Biden lo restableció, llamándolo esta vez Consejo de Política de Género de la Casa Blanca.

837. **En 2020 se produjo un hito** cuando el Congreso aprobó una ley que garantizaba doce semanas de permiso parental retribuido a todos los empleados federales, independientemente de su sexo.

838. **En el año 2021 se produjeron avances** aún mayores hacia la igualdad salarial a través de la legislación introducida a nivel estatal en todos los Estados Unidos para cerrar las brechas salariales de género dentro de industrias específicas, como las finanzas y la atención sanitaria.

839. En 2022, **la Corte Suprema de Estados Unidos anuló el caso Roe contra Wade**. Por el momento, el derecho al aborto reside en el ámbito estatal. Incluso estados conservadores como Kentucky tuvieron suficiente apoyo para derrotar la legislación estatal destinada a prohibir el aborto.

840. En la actualidad, **organizaciones y activistas siguen impulsando cambios en los derechos de la mujer** a escala mundial a través de protestas y plataformas de medios sociales como Twitter e Instagram.

Movimientos musicales, artísticos y literarios durante la historia de Estados Unidos

Este capítulo explora **los fascinantes movimientos de la música, el arte y la literatura estadounidenses** desde 1920 hasta nuestros días. Se presentan treinta datos sobre tendencias como el renacimiento de Harlem, la música folk de la Gran Depresión, el jazz y el expresionismo abstracto. Conozca algunos datos interesantes sobre el punk rock y el hip-hop. Descubra cómo **varios artistas utilizaron su obra para reflejar acontecimientos históricos** o expresar opiniones sobre temas sociales al tiempo que desafiaban las convenciones tradicionales.

841. **El renacimiento de Harlem** en la década de 1920 fue una época de gran arte, música y literatura afroestadounidense.

842. La **música folk**, como el blues y el country, fue popular durante la Gran Depresión.

843. El **expresionismo abstracto** fue un importante movimiento artístico que comenzó en la ciudad de Nueva York durante las décadas de 1940 y 1950. Los artistas se centraron en expresar emociones a través de formas y colores abstractos sobre lienzo o papel sin utilizar patrones o imágenes reconocibles.

844. El *rock and roll* surgió a partir de la música *rhythm and blues* (R&B) a finales de la década de 1940. La popularidad del género despegó gracias a artistas como Chuck Berry.

845. Los **músicos de jazz**, como **Miles Davis** y **John Coltrane**, crearon nuevos sonidos en la década de 1950, apartándose de la música de banda de swing que era popular décadas antes.

846. **El movimiento *Beatnik*** fue una subcultura artística de escritores, poetas y artistas que se rebelaron contra la sociedad convencional a finales de los años 50 y principios de los 60.

847. El arte pop surgió en las décadas de 1950 y 1960 como reacción al expresionismo abstracto. Estos artistas utilizaron imágenes cotidianas reconocibles de la cultura pop como cómics, anuncios y envases de productos.

848. El **arte minimalista** se popularizó a finales de los años cincuenta y principios de los sesenta. Este estilo de arte presenta formas geométricas simples que pretenden desviar la atención de las formas físicas hacia ideas sobre el espacio o el color.

849. **La invasión británica se produjo** a mediados de los años 60 y trajo a Estados Unidos a grupos famosos como los Beatles, los Rolling Stones y The Who, por nombrar algunos.

850. Las canciones de protesta se hicieron muy populares en los años sesenta. Muchos **compositores se manifestaron en contra de la guerra de Vietnam**.

851. El **movimiento artístico feminista** de finales de la década de 1960 trató de crear igualdad de género a través de obras de arte destacando los problemas a los que se enfrentaban las mujeres en aquella época, como la violencia doméstica y la desigualdad salarial.

852. La **literatura posmoderna** fue popular en los años sesenta. Utiliza elementos de ironía y parodia a la vez que cuestiona el papel de los textos tradicionales dentro de la sociedad.

853. Otro **tipo de literatura popular fue el realismo**, que describe la realidad sin adornos. Estos textos suelen tratar de personas corrientes que luchan con problemas de la vida cotidiana.

854. La **literatura surrealista** utiliza imágenes y símbolos oníricos para explorar ideas complejas sobre la vida y la realidad sin la estructura ni las normas tradicionales de la sociedad.

855. El **movimiento de las artes negras** duró de 1965 a 1975. Fue un movimiento literario y artístico afroestadounidense que buscaba crear obras que abordaran temas de racismo y opresión.

856. El **punk rock** surgió a mediados de la década de 1970 con ritmos enérgicos y letras rebeldes que denunciaban injusticias sociales como el racismo y la pobreza.

857. **Los punks abrazaron los principios del bricolaje** animando a la gente a crear su propia música en lugar de depender de las grandes discográficas o de las emisoras de radio para darse a conocer.

858. **El hip-hop nació en Nueva York** en la década de 1970, cuando los DJ empezaron a mezclar muestras de diferentes grabaciones, creando algo totalmente nuevo en el proceso.

859. **La arquitectura posmoderna** se popularizó a finales de los años setenta. Se basa en gran medida en formas abstractas y curvas en lugar de las líneas y ángulos tradicionales, creando edificios visualmente impresionantes.

860. Los **concursos de poesía** se hicieron populares en Chicago a mediados de los ochenta. Los poetas recitan poesía ante multitudes y son juzgados no solo por sus poemas, sino también por su actuación.

861. La **música *grunge*** surgió en Seattle a mediados de los ochenta. Este tipo de música es conocida por sus guitarras estridentes, sonidos distorsionados y letras sobre la alienación o la desafección de la sociedad.

862. La **música blues** gozó de nueva popularidad en la década de 1990, cuando la música, la literatura y el arte afroestadounidenses volvieron a florecer tras décadas de lucha y opresión.

863. La **música *country*** ha sido popular desde la década de 1920, pero experimentó un resurgimiento en popularidad durante la década de 1990 gracias a artistas como **Tim McGraw**.

864. La **música pop** es popular desde mediados de los años 50 y ha evolucionado mucho a lo largo de las décadas.

865. Los **escritores latinos** han hecho importantes contribuciones a la literatura estadounidense escribiendo historias que reflejan su cultura y sus experiencias viviendo en Estados Unidos.

866. **Muchas culturas nativas americanas** todavía practican sus artes tradicionales, como tejido de cestas con ramas de sauce o pinturas de imágenes en pieles utilizando tintes naturales.

867. La **danza contemporánea** es un tipo de arte escénico que combina diferentes estilos como la danza moderna, el ballet y el hip-hop.

868. El **arte callejero** es un tipo de arte público que utiliza grafitis, murales y esténciles para contar historias sobre acontecimientos actuales o expresar la opinión del artista sobre temas sociales.

869. La **fotografía callejera** captura momentos cotidianos en espacios públicos como parques, calles o mercados. Estas fotos suelen representar escenas llenas de emoción.

870. El **arte contemporáneo** es un término genérico utilizado para describir cualquier obra de arte creada en la actualidad. Incluye todo tipo de estilos diferentes, como instalaciones, videoarte y medios digitales.

Los principales casos de la Corte Suprema en el siglo XX

Este capítulo explora **los principales casos de la Corte Suprema en el siglo XX** que han dado forma a las leyes de Estados Unidos. Con estos treinta hechos, descubrirá cómo estas decisiones históricas **protegieron la libertad de expresión,** el derecho a la privacidad y los procedimientos de la justicia penal.

También se examinan las cuestiones constitucionales que rodean a cada caso para entender por qué fueron tan impactantes.

871. *Lochner contra Nueva York* **(1905):** Este caso de la Corte Suprema anuló una ley de Nueva York que limitaba el número de horas que podía trabajar un panadero, dictaminando que violaba la Cláusula del Debido Proceso de la Decimocuarta Enmienda. Este caso estableció una doctrina legal que posteriormente fue muy criticada por interferir en el poder del Estado para regular a sus ciudadanos.

872. *Muller contra Oregón* **(1908):** En este caso, la Corte Suprema confirmó una ley de Oregón que imponía un máximo de horas de trabajo a las mujeres. La Corte Suprema determinó que la ley era constitucional porque respondía al interés legítimo del Estado de proteger la salud de las trabajadoras. Esta decisión sentó el precedente de que los estados podían aprobar leyes que regularan la salud y la seguridad de sus ciudadanos. Sin embargo, también obstaculizó el movimiento por los derechos de la mujer en favor de la igualdad entre los sexos.

873. *Hammer contra Dagenhart* **(1918):** En este caso la Corte Suprema anuló una ley federal que prohibía el envío interestatal de mercancías producidas por mano de obra infantil. La Corte Suprema dictaminó que la ley violaba la Cláusula de Comercio de la Constitución y constituía una intromisión en los derechos de los estados a regular a sus ciudadanos.

874. ***Casos de la Ley de Reclutamiento Selectivo* (1918):** En estos casos, la Corte Suprema confirmó la constitucionalidad del primer servicio militar obligatorio en tiempos de paz en Estados Unidos. La Corte Suprema consideró que el Congreso tenía autoridad para poner en marcha el servicio militar obligatorio con el fin de formar y mantener ejércitos.

875. ***Schenck contra Estados Unidos* (1919):** Este caso de la Corte Suprema confirmó la condena de un hombre acusado de violar la Ley de Espionaje de 1917 por distribuir literatura que criticaba el servicio militar obligatorio. La Corte Suprema sostuvo que sus acciones constituían un «peligro claro y presente» para la seguridad de la nación. El caso determinó esencialmente que Schenck no tenía derecho a expresar sus opiniones en contra del servicio militar obligatorio, lo que violaba la Primera Enmienda.

876. ***Adkins contra el Hospital Infantil* (1923):** En este caso, La Corte Suprema anuló una ley del distrito de Columbia que establecía un salario mínimo para las mujeres. La Corte Suprema sostuvo que la ley violaba la Cláusula del Debido Proceso de la Quinta Enmienda porque interfería con el derecho a contratar libremente.

877. ***Estados Unidos contra Schwimmer* (1929):** En este caso, la Corte Suprema sostuvo que una mujer que había solicitado la ciudadanía no era elegible porque se había negado a prestar juramento de servicio militar. La Corte Suprema consideró que la decisión de denegar su solicitud era razonable en virtud de la Ley de Naturalización de 1906.

878. ***Schechter Poultry Corp. contra Estados Unidos* (1935):** Este caso de la Corte Suprema anuló una ley federal que regulaba la venta de aves de corral y otros productos básicos. La Corte Suprema consideró que la ley excedía las competencias del Congreso en virtud de la Cláusula de Comercio y constituía una delegación de competencias inconstitucional.

879. ***Estados Unidos contra Miller* (1939):** En este caso, la Corte Suprema sostuvo que una ley federal que prohibía el transporte interestatal de una escopeta recortada era constitucional. La Corte Suprema consideró que la ley estaba dentro de las competencias del Congreso, en virtud de la Cláusula de Comercio, para regular las actividades que afectan sustancialmente al comercio interestatal.

880. ***Estados Unidos contra Carolene Products Co.* (1938):**
Este caso de la Corte Suprema estableció la doctrina de la
«nota a pie de página número cuatro», que establece que los
tribunales deben respetar las leyes aprobadas por el poder
legislativo a menos que exista una razón de peso para no
hacerlo. Esta decisión ha sido ampliamente citada en casos
posteriores.

881. ***Consejo de Educación del Estado de Virginia Occidental
contra Barnette* (1943):** En este caso, la Corte Suprema
sostuvo que una ley de Virginia Occidental que obligaba a los
escolares a saludar a la bandera estadounidense violaba la
protección de la libertad de expresión de la Primera
Enmienda. Esta decisión ha sido ampliamente citada como
ejemplo de la protección de la libertad individual por parte de
la Corte Suprema.

882. ***Korematsu contra Estados Unidos* (1944):** Este caso de la Corte Suprema confirmó
el internamiento de japoneses-estadounidenses durante la Segunda Guerra Mundial. La
Corte Suprema consideró que el internamiento era un ejercicio razonable del poder del
gobierno para proteger la seguridad nacional. Esta decisión ha sido muy criticada por su
violación de las libertades civiles.

883. ***Brown contra el Consejo de Educación* (1954):** Este caso de la Corte Suprema
anuló la doctrina de «iguales, pero separados» en la educación pública. La Corte
Suprema sostuvo que la segregación racial en las escuelas públicas violaba la
Cláusula de Igual Protección de la Decimocuarta Enmienda. Esta decisión marcó un
cambio importante en el enfoque del tribunal sobre los derechos civiles.

884. ***Mapp contra Ohio* (1961):** En este caso, la Corte Suprema
sostuvo que las pruebas obtenidas en violación de la protección de
la Cuarta Enmienda contra registros e incautaciones irrazonables
eran inadmisibles en un proceso penal. Esta decisión ha sido
ampliamente citada como una importante protección de los
derechos individuales contra la intrusión gubernamental.

885. ***Engel contra Vitale* (1962):** La Corte Suprema sostuvo que una
ley de Nueva York que obligaba a los alumnos de las escuelas
públicas a recitar una oración no confesional violaba la Cláusula de
Establecimiento de la Primera Enmienda. Este caso ha sido
ampliamente citado como ejemplo de la protección de la libertad
religiosa por parte de la Corte Suprema.

886. *Gideon contra Wainwright* (1963): Este caso de la Corte Suprema sostuvo que los gobiernos estatal y federal debían proporcionar asistencia letrada a los acusados de un delito que no pudieran permitirse contratar a su propio abogado. Esta decisión marcó un cambio importante en el enfoque de la Corte Suprema sobre la justicia penal y ha sido ampliamente citada en casos posteriores.

887. *Griswold contra Connecticut* (1965): Este caso de la Corte Suprema anuló una ley de Connecticut que prohibía el uso de anticonceptivos, al considerar que la ley violaba el derecho a la intimidad implícito en la Carta de Derechos. Esta decisión marcó un cambio importante en el enfoque de la Corte Suprema sobre la protección de los derechos individuales.

888. *Miranda contra Arizona* (1966): En este caso, la Corte Suprema sostuvo que las personas detenidas por la policía deben ser informadas de su derecho a permanecer en silencio y a tener un abogado presente durante el interrogatorio. Este caso ha sido ampliamente citado como una importante protección de los derechos individuales.

889. *Brandenburg contra Ohio* (1969): Este caso de la Corte Suprema sostuvo que el gobierno no podía castigar a las personas por sus expresiones, a menos que estas pudieran incitar a la violencia inminente. Esta decisión ha sido ampliamente citada como una importante protección del derecho a la libertad de expresión.

890. *New York Times Co. contra Estados Unidos* (1971): La Corte Suprema sostuvo que la protección de la libertad de prensa de la Primera Enmienda anulaba el intento del Gobierno de impedir la publicación de documentos clasificados. Esta decisión ha sido ampliamente citada como una importante protección de la libertad de la prensa para informar al público.

891. *Furman contra Georgia* (1972): En este caso, la Corte Suprema sostuvo que las leyes de pena de muerte existentes en Estados Unidos eran inconstitucionales porque se aplicaban de forma arbitraria y discriminatoria. Esta decisión marcó un cambio importante en el enfoque de la Corte Suprema sobre la pena capital.

892. ***Roe contra Wade* (1973):** Este caso de la Corte Suprema sostuvo que el derecho de la mujer a la intimidad incluye el derecho a interrumpir un embarazo. Esta decisión marcó un cambio importante en el enfoque de la Corte Suprema sobre los derechos reproductivos y ha sido ampliamente citada en casos posteriores.

893. ***Estados Unidos contra Nixon* (1974):** En este caso, la Corte Suprema sostuvo que el presidente Richard Nixon tenía que cumplir una citación judicial en la que se solicitaban cintas de su despacho en la Casa Blanca. Esta decisión ha sido ampliamente citada como una importante protección del equilibrio de poder entre los poderes del Estado.

894. ***Regentes de la Universidad de California contra Bakke* (1978):** Este caso de la Corte Suprema anuló una ley de California que establecía un programa de admisiones separado para los solicitantes pertenecientes a minorías, al considerar que violaba la Cláusula de Igual Protección de la Decimocuarta Enmienda. Esta decisión ha sido ampliamente citada en casos posteriores.

895. ***Texas contra Johnson* (1989):** En este caso, la Corte Suprema sostuvo que la quema de una bandera estadounidense estaba protegida por la libertad de expresión de la Primera Enmienda. Esta decisión ha sido ampliamente citada como ejemplo de la protección de la libertad individual por parte de la Corte Suprema.

896. ***Webster contra Servicios de Salud Reproductiva* (1989):** La Corte Suprema confirmó una ley de Missouri que imponía restricciones al aborto, considerando que la ley no violaba el derecho a la intimidad implícito en la Decimocuarta Enmienda.

897. ***Estados Unidos contra Williams* (1992):** La Corte Suprema sostuvo que la capacidad del gobierno para procesar a individuos por conspiración para cometer un delito (en este caso, intercambiar o vender pornografía infantil) no violaba la Primera Enmienda, ya que la persona estaría haciendo algo ilegal de todos modos.

898. ***Reno contra American Civil Liberties Union*** **(1997):** La Corte Suprema determinó que las comunicaciones en Internet tienen una protección de la Primera Enmienda similar a otras formas de expresión, lo que significa que los ciudadanos no pueden ser censurados en línea sin el debido proceso.

899. ***Reno contra American Civil Liberties Union*** **(1997):** La Corte Suprema determinó que las comunicaciones en Internet tienen una protección de la Primera Enmienda similar a otras formas de expresión, lo que significa que los ciudadanos no pueden ser censurados en línea sin el debido proceso.

900. ***Obergefell v. Hodges*** **(2000):** En este caso, la Corte Suprema declaró que las parejas del mismo sexo tenían derecho a contraer matrimonio en virtud de la Cláusula del Debido Proceso y la Cláusula de Igual Protección de la Decimocuarta Enmienda. Este caso estableció el derecho al matrimonio entre personas del mismo sexo a nivel federal.

Historia y cultura afroamericana en Estados Unidos

Este capítulo explora la fascinante **historia y cultura de los afroamericanos** en Estados Unidos. Se presentan treinta datos interesantes para descubrir cómo llegaron los africanos esclavizados a Norteamérica, importantes reformas de los derechos civiles y figuras influyentes como **Martin Luther King Jr.** y **Oprah Winfrey**, que rompieron barreras para las generaciones futuras.

También **están presentes famosos** inventores, artistas y músicos **afroestadounidenses** que influyeron en la cultura actual. Al comprender estos elementos de la historia afroestadounidense, apreciará mejor sus inmensas contribuciones a esta nación.

901. **Los primeros africanos esclavizados llegaron a Jamestown, Virginia, en 1619** a bordo de un barco comercial holandés llamado León Blanco.

902. **Entre 1525 y 1866**, 12.5 millones de personas esclavizadas fueron llevadas a Norteamérica, Sudamérica y el Caribe desde África.

903. **El ferrocarril subterráneo** permitió a decenas de miles de afroestadounidenses encontrar la libertad a través de una red secreta que les ponía en contacto con abolicionistas dispuestos a ayudarles a escapar de la esclavitud.

904. **El infame caso Dred Scott de 1857** supuso el fallo de la Corte Suprema según el cual los afroestadounidenses no gozaban de los derechos establecidos en la Constitución.

905. **La guerra civil se libró entre 1861 y 1865.** Aunque la guerra civil se libró por múltiples cuestiones, la más acuciante era mantener intacta la institución de la esclavitud en el Sur. Durante la guerra, el presidente Abraham Lincoln aprobó la Proclamación de Emancipación, liberando a las personas esclavizadas en los estados que se habían separado.

906. En 1865, **la guerra civil fue ganada por el norte.** Se aprobaron varias enmiendas, la Decimotercera, la Decimocuarta y la Decimoquinta, que concedían y protegían los derechos de los afroestadounidenses.

907. **El periodo de la Reconstrucción tuvo lugar después de la guerra civil**. La Reconstrucción tenía varios propósitos, entre ellos reunificar el país y proporcionar un sistema para que los afroestadounidenses pudieran salir adelante.

908. Aunque se dieron algunos pasos en la dirección correcta, **las Leyes Jim Crow** supusieron un gran retroceso. Debido a estas leyes, los afroestadounidenses sufrían discriminación en la vivienda, la educación, el empleo y los alojamientos públicos.

909. **La NAACP fue fundada** en febrero de 1909 por W. E. B. Du Bois, Ida B. Wells y otros activistas para trabajar por la reforma de los derechos civiles.

910. **El renacimiento de Harlem** fue un periodo artístico, literario y musical que floreció en las décadas de 1920 y 1930. Langston Hughes, Zora Neale Hurston y Jacob Lawrence son algunas de las figuras más conocidas de esta época.

911. **Los aviadores de Tuskegee** fueron los primeros pilotos negros en servir en el ejército estadounidense. Sirvieron durante la Segunda Guerra Mundial. Su valentía y destreza ayudaron a redefinir el papel de los afroestadounidenses en las fuerzas armadas estadounidenses.

912. En 1954, **la Corte Suprema dictaminó que la segregación racial** en las escuelas era inconstitucional en el caso Brown contra el Consejo de Educación. Este caso allanó el camino para la integración de la educación, lo que finalmente condujo a una mayor diversidad en las aulas de todo Estados Unidos.

913. **El boicot a los autobuses de Montgomery** se produjo después de que Rosa Parks se negara a ceder su asiento a los pasajeros blancos. Este acontecimiento condujo a la decisión de que los autobuses segregados de Alabama eran inconstitucionales.

914. **La iglesia bautista de la calle 16 de Birmingham**, Alabama, fue bombardeada por miembros del KKK en 1963, matando a cuatro niñas que asistían a la escuela dominical. El KKK es un conocido grupo de odio que ha pasado por múltiples iteraciones. El grupo sigue existiendo hoy en día.

915. En 1964, **Martin Luther King Jr. recibió el Premio Nobel de la Paz** por sus protestas no violentas contra la injusticia racial.

916. En 1965, el **presidente Lyndon Johnson** firmó la Ley del Derecho al Voto, que prohibía muchas de las prácticas electorales discriminatorias utilizadas para impedir el voto de los afroestadounidenses, como los exámenes de alfabetización y los impuestos de capitación.

917. **Los Panteras Negras se fundaron en 1966** para proteger a las comunidades afroestadounidenses de la brutalidad policial mediante tácticas militares de autodefensa. Querían garantizar que los afroestadounidenses pudieran vivir sin miedo a la brutalidad policial.

918. En 1968, los atletas **John Carlos y Tommie Smith protestaron durante la ceremonia de entrega de medallas de los Juegos Olímpicos de Verano de Ciudad de México** levantando los puños enguantados de negro durante el himno nacional estadounidense para mostrar su solidaridad con el movimiento por los derechos civiles.

919. En 1968, **Martin Luther King Jr.,** líder del movimiento por los derechos civiles, fue asesinado a la edad de treinta y nueve años mientras se encontraba en el balcón de su hotel en Memphis, Tennessee.

920. A partir de 1983, **el Día de Martin Luther King** se convirtió en fiesta nacional oficial en todo el país.

921. En 1984, **Byllye Avery,** junto con otras personas, puso en marcha el Proyecto Nacional de Salud de la Mujer Negra para educar a las mujeres sobre las disparidades sanitarias en las comunidades afroestadounidenses.

922. **La Marcha del Millón de Hombres** tuvo lugar el 16 de octubre de 1995. Casi un millón de personas de todos los orígenes viajaron a Washington, D.C., para manifestarse contra el racismo y la brutalidad policial.

923. El primer presidente negro de Estados Unidos fue **Barack Obama**, que ocupó el cargo entre 2009 y 2017.

924. **El movimiento *Black Lives Matter*** comenzó tras la muerte de Trayvon Martin, cuando su asesino, George Zimmerman, fue absuelto en julio de 2013. El movimiento explotó con las muertes de Michael Brown y Eric Garner en 2014. Desde entonces, la organización ha trabajado para poner fin a la violencia infligida a las personas negras en todo el mundo.

925. La **cultura afroestadounidense** sigue muy viva hoy en día, con música como el jazz, el blues y el hip-hop como géneros populares entre todas las razas.

926. Entre los inventores **afroestadounidenses famosos** se encuentran **Elijah McCoy** (lubricador automático para máquinas de vapor), **George Washington Carver** (rotación de cultivos) y **Garrett Morgan** (un tipo de semáforo).

927. Entre los **afroestadounidenses famosos** que han roto barreras se encuentran **Oprah Winfrey** (magnate de los medios de comunicación), **Colin Powell** (el primer secretario de Estado negro de EE. UU.) y **Madam C. J. Walker** (la primera mujer millonaria hecha a sí misma en EE. UU.).

928. **Autores afroestadounidenses**, como Toni Morrison, Zora Neale Hurston y Maya Angelou han tenido un impacto significativo en la literatura.

929. Los **afroestadounidenses** también son conocidos por su arte y creatividad en las artes visuales, desde la pintura a la escultura, pasando por la fotografía.

930. **La cocina afroestadounidense ha evolucionado** a lo largo de los años y platos como la jambalaya, el gumbo y el pollo frito son comidas reconfortantes muy populares.

Exploradores famosos que fundaron los primeros asentamientos en Estados Unidos

En este capítulo se recorre la fascinante **historia de los exploradores famosos** que fundaron los primeros asentamientos en Estados Unidos. Se presentan treinta datos interesantes sobre sus viajes, descubrimientos y contribuciones a la historia de Estados Unidos. Además, se incluye cómo utilizaron la naturaleza para sobrevivir en condiciones duras y desarrollaron complejas redes comerciales entre **diferentes tribus por toda Norteamérica.**

931. **Leif Erikson** descubrió Norteamérica siglos antes que Colón, llegando a Terranova hacia el año 1000 de nuestra era.

932. **Colón** dio el pistoletazo de salida a la colonización del Nuevo Mundo tras tropezar con las Bahamas en 1492.

933. **John Cabot** reclamó para Inglaterra la mayor parte de Norteamérica cuando desembarcó en Terranova en 1497.

934. **Américo Vespucio** exploró el Nuevo Mundo a finales del siglo XV y principios del XVI. De su nombre procede el término «América».

935. **Vasco Nuñez Balboa** cruzó Panamá y avistó el Océano Pacífico, convirtiéndose en el primer europeo en verlo, en 1513.

936. **Ponce de León descubrió Florida** mientras buscaba la Fuente de la Juventud en 1513. Reclamó Florida para España y se convirtió en el primer explorador europeo conocido en descubrir lo que hoy es Estados Unidos.

937. **Giovanni da Verrazzano** navegó desde Francia hasta el este de Norteamérica en busca de una ruta hacia el Pacífico en la década de 1520. Exploró parte de la costa oriental y desembarcó cerca de Cape Fear (Carolina del Norte).

938. En 1524, **Estevão Gomes**, explorador portugués, fue el primer europeo en descubrir el río Hudson. Henry Hudson exploró más de este río unos noventa años después.

939. **Estevanico** fue un esclavo marroquí que acompañó a Cabeza de Vaca en su expedición al sur de EE. UU., en 1527.

940. **Jacques Cartier** exploró Canadá. Recorrió el golfo de San Lorenzo y el río Lawrence entre 1534 y 1542.

941. **Hernando de Soto** se convirtió en el primer europeo en cruzar el río Misisipi en 1541.

942. **Francisco Vázquez de Coronado** dirigió una expedición desde México a lo que hoy es el suroeste estadounidense en 1540 y 1542.

943. En 1542 y 1543, **Juan Rodríguez Cabrillo** se convirtió en el primer europeo en investigar la actual California.

944. **Pedro Menéndez de Avilés** estableció San Agustín como asentamiento español el 28 de agosto de 1565. Es la ciudad habitada más antigua de Estados Unidos.

945. **Juan Pardo** estableció el primer asentamiento europeo en Carolina del Norte con el Fuerte San Juan, cerca de la actual Morganton, en el siglo XVI.

946. **Los ingleses** intentaron establecer un asentamiento permanente en la costa de Carolina del Norte en 1585. Se llamó **Roanoke**.

947. En 1590, **la colonia de Roanoke** fue abandonada. Hasta el día de hoy, nadie sabe con certeza qué ocurrió con los colonos, aunque la teoría más probable es que se trasladaron a la isla de Croatoan.

948. **Jamestown, Virginia,** se convierte en el primer asentamiento inglés permanente en Estados Unidos el 14 de mayo de 1607.

949. **Samuel de Champlain** fundó la ciudad de Quebec y otros asentamientos a lo largo del lago Ontario y el lago Champlain entre 1608 y 1635.

950. **Henry Hudson** exploró la zona de lo que hoy es Nueva York y Canadá en 1609 y 1610. Los hombres de Hudson fueron los primeros europeos en visitar la bahía de Hudson en 1611.

951. **Hudson** buscaba el Paso del noroeste, una vía fluvial que conectaba **el Atlántico con el Pacífico.** El Paso del noroeste no fue completamente navegado hasta principios del siglo XX.

952. **En 1614, los holandeses establecieron Nueva Holanda en lo que hoy es Nueva Jersey y Nueva York**. Los ingleses tomaron el control de esta colonia sesenta años más tarde y la rebautizaron como Nueva York.

953. **En 1620, los peregrinos cruzaron el Atlántico** en el Mayflower y desembarcaron en la actual Massachusetts. Allí establecieron una pequeña colonia.

954. **Louis Joliet y Jacques Marquette** exploraron una gran parte de Norteamérica en su misión de 1673. Ambos recorrieron desde la región de los Grandes Lagos hasta el golfo de México.

955. **Marquette y Joliet** fueron también los primeros europeos en explorar la parte norte del valle del río Misisipi.

956. **René Robert Cavelier Sieur de La Salle** viajó a lo largo del río Mississippi, reclamando gran parte de su cuenca para Francia durante 1682 y 1683.

957. De 1697 a 1702, **Eusebio Kino**, misionero jesuita y explorador, investigó Sonora, México, y el sur de Arizona. También descubrió que la Baja California no era una isla, sino una península.

958. En 1773 se creó **la última de las Trece Colonias británicas**. Ese año se estableció oficialmente la colonia de Georgia. Es notable que prohibió la esclavitud y el alcohol.

959. **El capitán James Cook zarpó hacia Inglaterra**. Fue el primer europeo que descubrió las islas Hawái en 1778. En su tercera visita a las islas, en 1779, fue asesinado por los nativos.

960. **Alexander Mackenzie fue el primer europeo en cruzar América del Norte** por su punto más ancho, atravesando el continente desde el Pacífico hasta la costa atlántica por el punto más septentrional de Canadá. Logró esta hazaña en 1793.

Evolución económica de Estados Unidos

Este capítulo **explora la evolución económica de Estados Unidos.** Con estos datos, se entiende cómo los estadounidenses han podido alcanzar una de las rentas per cápita más altas del mundo. Se examina la explosión de crecimiento económico de Estados Unidos y su declive debido al aumento de los precios del petróleo, el desempleo y la inflación.

Por último, se descubren las causas de las burbujas que estallaron durante la recesión de 2008-09 y se analizan algunos de los retos a los que se enfrenta la economía hoy en día.

961. **Estados Unidos es una potencia económica desde finales del siglo XIX**, aunque su economía se mantuvo casi siempre estable desde finales del siglo XVIII.

962. Durante el periodo de 1790 a 1860, la industria manufacturera impulsó gran parte del **crecimiento económico de Estados Unidos**. Se abrieron más fábricas y se desarrollaron nuevas tecnologías, como la desmotadora de algodón de Eli Whitney y el sistema de producción de piezas intercambiables.

963. A finales del siglo XIX, **después de la guerra de Secesión, Estados Unidos experimentó su primera explosión real de crecimiento económico** con una importante expansión de las infraestructuras de transporte y comunicaciones, como los ferrocarriles y las líneas telegráficas. Estas ayudaron a conectar los mercados de toda la nación de forma más eficiente.

964. **En 1916, el PIB estadounidense superó al británico** gracias a los avances tecnológicos de Estados Unidos en agricultura e industria, que permitieron una producción en masa eficiente de productos como el automóvil y el acero. La economía británica se estancó, mientras que la estadounidense siguió creciendo.

965. **En la década de 1920, la economía estadounidense experimentó un auge gracias a los nuevos inventos y avances tecnológicos.** Las cadenas de montaje, las radios, la producción masiva de automóviles y el comienzo de la industria aeronáutica contribuyeron al crecimiento económico de la época.

966. **Tras el fin de la Segunda Guerra Mundial en 1945, se produjo un auge económico** desde 1946 hasta 1959 llamado la «**Edad de Oro**». El desempleo alcanzó un mínimo histórico del 2,5 % en 1953. Los ingresos aumentaron rápidamente y hubo una mayor demanda de bienes de consumo ahora que la guerra había terminado.

967. **En la década de 1950, la economía estadounidense continuó expandiéndose** con el aumento de la producción manufacturera y los avances tecnológicos. Los electrodomésticos como los frigoríficos, se hicieron más asequibles para las familias de clase media, dando lugar a un mercado de consumo en auge.

968. **En la década de 1970 se produjo una recesión económica debido al aumento de los precios del petróleo**, el desempleo y la inflación, que provocaron un estancamiento en la creación de empleo y los salarios. Al mismo tiempo, otras naciones desarrolladas se pusieron al día tecnológicamente, lo que perjudicó a las exportaciones estadounidenses a nivel mundial en aquella época.

969. **En la década de 1980, el presidente Ronald Reagan promulgó un conjunto de políticas llamadas «*Reaganomics*».** El gobierno se centró en bajar los impuestos a las empresas y a los individuos ricos y también desreguló muchas industrias (como la banca), lo que contribuyó significativamente a elevar las tasas de crecimiento económico a principios de los noventa.

970. **La década de 1990 fue considerada uno de los periodos de expansión económica ininterrumpida más largos de la historia de Estados Unidos,** gracias sobre todo a las nuevas tecnologías, como Internet, los teléfonos móviles y los computadores. Estos elementos permitieron acceder a los mercados más rápido que nunca y crearon enormes oportunidades de riqueza.

971. **A principios de la década de 2000 se produjo un rápido aumento de los precios de la vivienda,** impulsado por los bajos tipos de interés y el acceso al crédito para personas con un historial crediticio pobre. Esto condujo a la creación de burbujas que estallaron durante la recesión de 2008-2009. La recesión provocó desempleo y dificultades financieras.

972. **Tras la Gran Recesión, la economía estadounidense se ha ido recuperando,** pero aún se enfrenta a muchos problemas. Por ejemplo, EE. UU. se enfrenta a la desigualdad de ingresos, el estancamiento de los salarios, el aumento de los costos sanitarios y el incremento de los niveles de deuda nacional, lo que impide que la economía alcance todo su potencial.

973. **En la actualidad, Estados Unidos tiene la octava renta per cápita más alta del mundo.** En promedio, los estadounidenses ganan unos setenta mil dólares al año.

Acontecimientos culturales que influyeron en la historia de Estados Unidos

En este capítulo se analizan los acontecimientos culturales que han marcado e **influido en la historia de Estados Unidos**. Estos datos curiosos permiten conocer mejor **el primer Día de Acción de Gracias en Estados Unidos**, el primer desfile del **Día de San Patricio en Nueva York** y mucho más.

Descubra cómo surgieron ciertos símbolos, como **la bandera estadounidense y la Estatua de la Libertad**, y examine momentos emblemáticos, como **el primer partido de béisbol**.

974. **El primer Día de Acción de Gracias se celebró en 1621** entre los *wampanoag* y los colonos ingleses de la colonia de Plymouth, Massachusetts.

975. **El desfile del Día de San Patricio comenzó en Nueva York** el 17 de marzo de 1762, como una celebración irlandesa-estadounidense. Hoy en día, la fiesta se celebra en todo el mundo con desfiles, música, bailes y comida tradicional.

976. **La Declaración de Independencia fue ratificada el 4 de julio de 1776**, declarando la independencia de Estados Unidos de Gran Bretaña y formando una nueva nación. Cada 4 de julio, los estadounidenses celebran el Día de la Independencia con comida y fuegos artificiales.

977. **La emblemática bandera estadounidense, las barras y estrellas, fue supuestamente diseñada por Betsy Ross en 1776** y adoptada oficialmente el 14 de junio de 1777.

978. Se cree que **el primer partido de béisbol jugado en Estados Unidos** tuvo lugar entre los equipos del Knickerbocker Club de Nueva York y el New York Baseball Club en Elysian Fields en Hoboken, Nueva Jersey, el 19 de junio de 1846.

979. **El ferrocarril transcontinental conectó la Costa Este con los puertos de la Costa Oeste**. Se completó el 10 de mayo de 1869, tras seis años de construcción.

980. **La batalla de Gettysburg (1-3 de julio de 1863) entre** el Ejército de **la Unión y el Confederado** marcó un punto de inflexión en la guerra de Secesión. La guerra condujo finalmente a la abolición de la esclavitud en Estados Unidos.

981. **El primer desfile del Día del Trabajo se celebró en Nueva York** el 5 de septiembre de 1882. Hoy en día, el primer lunes de septiembre es el Día del Trabajo y se celebra con desfiles, conciertos y otros eventos.

982. **La Estatua de la Libertad es un símbolo monumental de libertad y democracia.** Fue donada a Estados Unidos por Francia en 1885. Con sus 305 pies de altura, es un recordatorio del compromiso de Estados Unidos con la libertad, la justicia y la igualdad. Se ha convertido en un ícono de esperanza e inspiración para millones de personas en todo el mundo.

983. **La Estatua de la Libertad fue bautizada con el nombre de Lady Liberty por el escultor francés Frederic Auguste Bartholdi,** que diseñó la estatua, hecha de cobre.

984. **La música jazz se originó en Nueva Orleans** a finales del siglo XIX como una combinación de tradiciones musicales afroestadounidenses con influencias de estilos musicales europeos como el *ragtime* y la música de bandas.

985. **La isla de Ellis sirvió como estación de inmigración** para millones de inmigrantes que llegaban a Estados Unidos desde Europa a través del puerto de Nueva York a partir de 1892. Cerró sus puertas en 1954.

986. **El sufragio femenino se convirtió en ley** cuando se ratificó la Decimonovena Enmienda el 18 de agosto de 1920.

987. **La *National Football League* (NFL)** comenzó a jugar el 3 de octubre de 1920, convirtiéndose en una de las ligas deportivas profesionales más antiguas del mundo (la Major League Baseball fue la primera).

988. **El primer desfile estadounidense del Día de Acción de Gracias** se celebró en Filadelfia en 1920. El emblemático Macy's Thanksgiving Day Parade de Nueva York comenzó a celebrarse en 1924.

989. **El primer portaaviones de la Armada estadounidense**, el USS Langley, entró en servicio en 1922, marcando el comienzo de una nueva era de desarrollo de la tecnología militar.

990. **El Renacimiento de Harlem** fue una época dorada de expresión artística y despertar cultural afroestadounidense que comenzó en la década de 1920 y duró hasta mediados de la década de 1930.

991. **Los locos años 20** fueron una época apasionante en la historia de Estados Unidos. Todo, desde la política hasta la música y el baile, experimentó cambios.

992. El 3 de marzo de 1932, **el presidente Herbert Hoover** declaró «**The Star-Spangled Banner**» de Francis Scott Key himno nacional de Estados Unidos.

993. La legislación del *New Deal* del **presidente Franklin D. Roosevelt** durante la década de 1930 proporcionó fondos para proyectos de obras públicas, reformas del bienestar y regulación bancaria, entre otras medidas, para ayudar a Estados Unidos a recuperarse de la Gran Depresión.

994. En 1947 se inauguró **el primer autoservicio de Estados Unidos**: Red's Giant Hamburg en Missouri. Hoy hay más de 200.000 autoservicios en el país.

995- En 1955, **Rosa Parks se negó a ceder su asiento en el autobús a un pasajero blanco**, lo que desencadenó el boicot a los autobuses de Montgomery.

996. **Hawái pasó a formar parte de EE. UU.** el 21 de agosto de 1959. Hawái se convirtió en el quincuagésimo estado de EE. UU.

997. El 28 de agosto de 1963, **Martin Luther King Jr. pronunció su famoso discurso «Tengo un sueño»** al final de la Marcha sobre Washington por el Trabajo y la Libertad. La marcha y el discurso se convirtieron en un momento decisivo del movimiento por los derechos civiles, inspirando a personas de todo el mundo.

998. El 28 de junio de 1969, **las redadas policiales contra miembros de la comunidad LGBTQ en el Stonewall Inn de Nueva York** desencadenaron protestas y disturbios que iniciaron el movimiento moderno por los derechos de los homosexuales en la historia de Estados Unidos.

999. En julio de 1969, **Neil Armstrong se convirtió en el primer hombre en pisar la Luna**, poniendo fin a la carrera espacial. Fue una hazaña increíble, y gente de todo el mundo sintonizó para ver el trascendental acontecimiento.

1000. **Woodstock fue un concierto de tres días que promovió la paz y el amor. Músicos icónicos como Jimi Hendrix, Janis Joplin y Jefferson Airplane, entre** otros, actuaron cerca de Bethel, Nueva York, a mediados de agosto de 1969, y atrajeron a casi 500.000 personas.

Segunda Parte: Historias estadounidenses

101 historias fascinantes sobre eventos importantes y personas del pasado de los Estados Unidos

Introducción

Adéntrese en el fascinante tapiz de la historia de los Estados Unidos, una crónica que entrelaza triunfos, tribulaciones, momentos de cambio explosivo y coraje silencioso. Cada capítulo de esta extraordinaria narración revela eventos fundamentales que han dado forma a los Estados Unidos tal como los conocemos hoy, desde los duros comienzos de la era colonial hasta el amanecer de una nueva nación y la implacable marcha hacia el progreso. Adéntrese en fascinantes historias de exploración, guerras que remodelaron continentes, movimientos sociales que desafiaron el statu quo y avances innovadores que impulsaron a la nación hacia la era moderna.

Prepárate para un viaje a través del tiempo donde descubrirá una intrigante colección de hechos, historias interesantes y personajes fascinantes de la historia de los Estados Unidos.

Sección 1: Del misterio de Roanoke a una nueva nación; viaje a través de la historia temprana de Estados Unidos

A finales del siglo XVI y principios del XVII, América fue testigo de importantes acontecimientos históricos que sentaron las bases de su futuro. Estos momentos relevantes, desde la misteriosa desaparición de la colonia de Roanoke hasta el establecimiento de Jamestown en Virginia, dieron forma a la historia de Estados Unidos. Estas historias sobre las Trece Colonias arrojarán nueva luz sobre una parte de la historia estadounidense que tiende a descartarse por parecer aburrida. Descubra por qué estos eventos formativos marcan el camino de Estados Unidos para convertirse en una nación independiente.

1. La colonia de Roanoke fue fundada en 1585. Fue el primer asentamiento inglés en América del Norte, pero esta colonia frente a la costa de Carolina del Norte fue de corta duración. Cuando llegó el siguiente barco cinco años después, la gente que vivía allí había desaparecido misteriosamente.

   Dirigida por el gobernador John White, la colonia tenía como objetivo convertirse en el primer asentamiento inglés permanente en el Nuevo Mundo. White se dio cuenta de que los colonos no podrían sobrevivir sin suministros adicionales. En 1587, White regresó a Inglaterra. El viaje fue duro para su tripulación, y varios hombres murieron en el viaje. Al regresar a Inglaterra, se encontraron con más problemas. Inglaterra y España estaban en guerra entre sí. White no volvería a Roanoke en el corto plazo.

   Cuando White regresó a Roanoke en 1590, encontró la colonia completamente abandonada. Las únicas pistas sobre su destino eran las palabras "CROATOAN" talladas en un árbol y "CRO" grabadas en el poste de la puerta del fuerte.

   Lo que le sucedió a la colonia es un misterio hasta el día de hoy. El destino de los colonos de Roanoke fascina a los historiadores y ha alimentado especulaciones durante siglos.

   Algunos sugieren que los colonos se trasladaron a la isla de Croatoan (actual isla de Hatteras). Esta hipótesis está respaldada por las inscripciones dejadas en Roanoke y la existencia de una tribu conocida como los croatanes que habitaban la isla en ese momento. Otros proponen que los colonos se fusionaron con las tribus nativas americanas locales, asimilando sus culturas y abandonando su identidad inglesa. Otros creen que los colonos fueron aniquilados por los ataques de los nativos americanos. ¡Y algunas de las teorías más inverosímiles hablan de extraterrestres!

Además de este misterio, la colonia de Roanoke es conocida por otra razón. Virginia Dare nació en Roanoke en 1587, la primera niña nacida en Inglaterra. Era nieta de John White. Por supuesto, no se sabe nada sobre su vida desde que los colonos desaparecieron misteriosamente, pero muchos lugares en los Estados Unidos, especialmente en Carolina del Norte, han recibido su nombre.

2. ¿Sabía que los primeros colonos de Jamestown tuvieron que recurrir al canibalismo para poder sobrevivir?

Jamestown se estableció en 1607 y se convirtió en el primer asentamiento inglés permanente de América del Norte. Jamestown fue fundada en la actual Virginia por la Virginia Company of London, una sociedad anónima que buscaba oportunidades económicas y un punto de apoyo en el Nuevo Mundo.

Cuando los colonos llegaron a Jamestown, era demasiado tarde para plantar cultivos. La región también estaba experimentando una de las peores sequías de su historia. Era tan grave que incluso afectó a la tribu local Powhatan. Sin embargo, hicieron un intento de ganarse la vida. Al año siguiente, llegaron barcos de suministros con ayuda y más bocas hambrientas para alimentar.

Al comienzo del largo invierno de 1609, había alrededor de quinientos colonos en Jamestown. Para cuando terminó el invierno, solo quedaron sesenta y uno. ¿Qué pasó? Simplemente no había suficiente comida para toda la gente. El plan había sido intercambiar alimentos con los nativos americanos, y habían cultivado un pequeño número de cultivos. Aunque establecieron un contacto amistoso con los nativos americanos, eso terminó cuando John Smith fue enviado de regreso a Inglaterra después de resultar herido en un accidente con pólvora.

La gente comía gatos, perros, ratas, e incluso se comían entre sí para sobrevivir al invierno. George Percy, un colono en Jamestown, declaró: "Los vivos desenterraron y comieron cadáveres, y un marido mató a su esposa y luego la masacró, la preservó con sal y se comió partes de ella antes de ser atrapado". La evidencia arqueológica confirma que el canibalismo tuvo lugar durante lo que ahora se conoce como el Tiempo del Hambre.

Aunque ese invierno fue increíblemente duro y diezmó la población de la colonia, en 1610 llegó más gente. Una vez que el tabaco comenzó a exportarse en 1612, más personas acudieron a la colonia para obtener beneficios de esta empresa rentable. Jamestown fue la piedra angular de la colonización británica y fue fundamental en la construcción de la historia estadounidense.

3. Los primeros esclavos africanos fueron llevados a Virginia en agosto de 1619. Un barco holandés trajo a unas veinte personas esclavizadas a Jamestown, convirtiéndose en uno de los primeros casos de trabajo forzoso y esclavitud dentro de lo que sería Estados Unidos. La esclavitud se arraigaría profundamente en la economía del Sur, dando forma a sus prácticas agrícolas, dinámicas sociales y panorama político.

El Pasaje del medio era la segunda etapa del comercio transatlántico de esclavos. Los africanos eran sacados a la fuerza de sus hogares y transportados a las Américas. Su viaje se caracterizó por una crueldad y un sufrimiento inimaginables. Los africanos estaban sujetos a condiciones horrendas, y viajaban apretados en las bodegas de los barcos de esclavos. A menudo iban encadenados, desnutridos y se les negaba el saneamiento básico. El viaje estuvo plagado de enfermedades, hacinamiento y tormento psicológico, y muchos perecieron antes de llegar a su destino. Al menos dos millones de africanos murieron mientras viajaban por el Pasaje del medio.

La brutal realidad del comercio transatlántico de esclavos se retrata vívidamente en el drama histórico de 1997 *Amistad*, dirigido por Steven Spielberg. La película cuenta la historia real de un grupo de africanos esclavizados que se amotinaron a bordo del barco de esclavos *Amistad* y finalmente se encontraron en una batalla legal por su libertad. Ganaron, lo que ayudó a impulsar el movimiento abolicionista. La miniserie de televisión de 1977 *Roots*, basada en la novela de Alex Haley, ofrece una visión más amplia y completa de la experiencia de la esclavitud. La miniserie sigue la vida de Kunta Kinte, un joven mandinka de África occidental que es capturado y vendido como esclavo en los Estados Unidos. *Roots* describe las duras realidades de la vida en las plantaciones, incluyendo el brutal trabajo que los esclavos se vieron obligados a soportar, la separación de las familias y la constante amenaza de violencia. También explora la resiliencia y la fuerza de la comunidad esclavizada, su espíritu inquebrantable y su determinación de mantener su identidad cultural.

4. En 1620, un grupo conocido como "los Peregrinos" buscó la libertad religiosa y se estableció en Plymouth Rock después de su viaje a bordo del *Mayflower*. Mientras aún estaban a bordo del barco, firmaron un acuerdo de autogobierno llamado "Pacto de Mayflower". El Pacto de Mayflower marcó un punto de inflexión en la historia de Estados Unidos, estableciendo una base para el autogobierno y los ideales democráticos que darían forma al desarrollo de la nación.

Sin embargo, los primeros años para los peregrinos fueron complicados. Un invierno brutal diezmó sus filas, dejándolos débiles y al borde de la inanición. Squanto, un hombre Patuxet que hablaba inglés con fluidez y que había sido secuestrado y regresado a su tribu años antes, se convirtió en un enlace vital, enseñando a los Peregrinos a pescar, cultivar y navegar por el paisaje implacable. Después de una agotadora temporada de cosecha, el gobernador William Bradford propuso una fiesta de tres días para expresar gratitud por su nueva supervivencia y forjar un vínculo más fuerte con sus aliados Wampanoag. El jefe Massasoit y su gente se unieron a las festividades, trayendo ciervos, calabazas y bayas secas para compartir junto con el pavo salvaje, las almejas y la cerveza de sasafrás casera de los peregrinos. Las risas y las historias compartidas llenaban el aire mientras jugaban juegos y cantaban canciones en lenguas familiares y desconocidas.

Esto no fue solo una fiesta de celebración; fue un movimiento estratégico. La comida compartida simbolizaba un frágil tratado de paz basado en la dependencia mutua y la amistad cautelosa. Si bien los años futuros serían testigos de conflictos y tensiones, este momento en Plymouth ofrecía una esperanza parpadeante de coexistencia entre dos culturas que habían chocado en costas extranjeras.

Este espíritu de gratitud y unidad compartidas resonó con el presidente Abraham Lincoln durante la guerra civil, lo que lo llevó a declarar el primer Día de Acción de Gracias nacional en 1863. Casi doscientos años después, en 1942, el presidente

Franklin D. Roosevelt trasladó el Día de Acción de Gracias del último jueves de noviembre al cuarto jueves, un cambio que sigue vigente hoy. Estas proclamaciones reflejaron la importancia evolutiva del Día de Acción de Gracias, que pasó de ser una celebración local de la cosecha a una fiesta nacional que simbolizaba la unidad, la gratitud y los valores compartidos que unen a los estadounidenses.

El primer Día de Acción de Gracias en Plymouth por Jennie A. Brownscombe (1914)
https://commons.wikimedia.org/wiki/File:Thanksgiving-Brownscombe.jpg

5. En 1630, los puritanos dirigidos por John Winthrop se establecieron en una nueva colonia llamada la Colonia de la Bahía de Massachusetts, su centro era Boston . Su objetivo era crear una "ciudad en una colina", una especie de "luz guía". La colonia tuvo influencia durante la era colonial temprana.

Bajo el liderazgo de Winthrop, los puritanos establecieron una estricta orden social y religiosa basada en su interpretación de la Biblia. Creían que Dios los había elegido para crear una "Nueva Inglaterra" que sería un brillante ejemplo de virtud cristiana.

A pesar de que los puritanos salían de Inglaterra para poder adorar a su antojo, no eran muy tolerantes con los demás. A medida que llegaba más gente, algunas personas no estaban de acuerdo con sus creencias y prácticas. Los puritanos no estaban contentos con este giro de acontecimientos. Uno de los ejemplos más conocidos es la actitud y las acciones puritanas hacia la Sociedad Religiosa de Amigos, más comúnmente conocida como los cuáqueros.

La llegada de los cuáqueros a Massachusetts en la década de 1650 fue recibida con hostilidad por parte de las autoridades puritanas. Las creencias de los cuáqueros, que divergían de la estricta ortodoxia puritana, se consideraban una amenaza para el orden establecido. El pacifismo de los cuáqueros, el rechazo del clero formal y el énfasis en la experiencia interior se consideraban peligrosos y subversivos.

En respuesta, la Colonia de la Bahía de Massachusetts aprobó una serie de leyes contra los cuáqueros, prohibiéndoles entrar en la colonia, asistir a reuniones cuáqueras o publicar literatura cuáquera. Los cuáqueros que violaban estas leyes estaban sujetos a multas, azotes e incluso destierro.

El castigo más severo estaba reservado para aquellos que ingresaban a la colonia, pero que en realidad no vivían allí. En 1659, cuatro cuáqueros, Mary Dyer, Marmaduke Stephenson, William Robinson y William Leddra, fueron ejecutados en la horca por regresar a Massachusetts después de ser desterrados. Sus muertes marcaron el clímax de la persecución cuáquera en Massachusetts.

La Ley de Tolerancia de 1689 (aprobada por el Parlamento inglés) puso fin a la persecución de los cuáqueros en Massachusetts. La ley otorgó tolerancia a todos los protestantes, incluidos los cuáqueros, y prohibió al gobierno de Massachusetts aprobar leyes que interfirieran con la libertad religiosa.

6. Es posible que haya notado que los católicos no estaban incluidos en la lista al discutir la Ley de Tolerancia. La Reforma cambió muchas cosas en Inglaterra, incluida la religión del estado. En 1632, Maryland fue fundada como un refugio para los católicos, que estaban siendo perseguidos en Inglaterra.

Cecil Calvert, también conocido como Lord Baltimore, estableció Maryland como una colonia propietaria para crear un espacio seguro para que los católicos practicaran su religión libremente. Si bien los puritanos a menudo se citan como pioneros de la libertad religiosa, la Colonia de Plymouth y la Colonia de la Bahía de Massachusetts no eran tolerantes con los católicos.

En 1649, la Asamblea General de Maryland aprobó la Ley de Tolerancia de Maryland, que otorgaba libertad religiosa a todos los cristianos que creían en la Trinidad. Esta fue una legislación innovadora en ese momento, ya que la mayoría de las otras colonias estaban dominadas por puritanos, y la mayoría eran muy hostiles contra el catolicismo.

La Ley de Tolerancia de Maryland no estaba exenta de limitaciones. Solo se aplicaba a los cristianos y no garantizaba la igualdad de derechos para todos los grupos religiosos. Sin embargo, fue un paso significativo en términos de tolerancia religiosa en el Nuevo Mundo.

Muchas personas creen que Maryland, que fundada como un lugar seguro para los católicos, recibió el nombre de la Virgen María o incluso de la Reina María I, pero no fue así. Lleva el nombre de la esposa del rey Carlos I, Enriqueta María, hija del rey Enrique IV de Francia y la reina María de Médicis. Enrique IV estaba familiarizado con los conflictos religiosos en su país, y se había convertido al catolicismo para convertirse en rey durante un tiempo de extrema tensión religiosa.

7. Con el paso de los años, surgieron conflictos entre los colonos europeos y las tribus nativas americanas sobre las disputas por la tierra, la competencia por los recursos y el comercio, y las diferencias culturales. La guerra Pequot fue un claro ejemplo. Esta guerra tuvo profundas implicaciones para las relaciones entre los colonizadores y los pueblos indígenas de Nueva Inglaterra.

Por un lado estaban los colonos ingleses, representados por la Colonia de la Bahía de Massachusetts, la Colonia de Plymouth y la Colonia de Saybrook (una colonia inglesa en Connecticut). Estos colonos estaban dirigidos por figuras como John

Mason y John Endecott, y buscaban expandir su territorio y afirmar su dominio sobre la región.

Por otro lado estaban los Pequots, una poderosa tribu nativa americana que controlaba un vasto territorio en el actual sureste de Connecticut. Estaban dirigidos por los sachems (líderes tribales) Sassacus y Wequashcuk, uno de los primeros nativos americanos convertidos al cristianismo. Los Pequots buscaron proteger sus tierras ancestrales y resistir la creciente presencia colonial.

La guerra comenzó en serio en 1636 cuando los Pequot atacaron a un grupo de colonos ingleses cerca de Mystic, Connecticut. En respuesta, los colonos lanzaron una serie de ataques brutales contra las aldeas pequot, que culminaron en la infame masacre de Mystic.

El pueblo de Pequot, ubicado en el río Mystic, solo tenía dos salidas. Los ingleses y sus aliados nativos americanos, molestos con los actos de los Pequot, bloquearon ambas salidas y prendieron fuego la aldea. Los únicos sobrevivientes en Pequot fueron los guerreros que lograron escapar. Este evento, en el que fueron asesinados cientos de hombres, mujeres y niños de Pequot, marcó un punto de inflexión en la guerra.

Para finales de 1637, los Pequot habían desaparecidos en gran medida. La tribu fue diezmada. Las estimaciones sugieren que alrededor de setecientos pequots habían sido asesinados, mientras que los ingleses sufrieron alrededor de setenta bajas. Cientos de pequots fueron vendidos como esclavos, y algunos pequots fueron entregados a tribus que se habían aliado con los ingleses.

La guerra tuvo un profundo impacto en las relaciones entre los colonos ingleses y las tribus nativas americanas de Nueva Inglaterra, y preparó el escenario para nuevos conflictos y desplazamientos en la región.

Esta guerra también demuestra lo que les sucedió a muchas tribus nativas americanas. Sin embargo, a diferencia de algunas tribus, los Pequots todavía existen hoy en día. Gran parte de su cultura, incluido su idioma, había sido suplantada por el inglés. Hoy en día, los Pequot están haciendo esfuerzos para preservar su cultura, hasta llevan a cabo análisis de documentos para encontrar datos sobre su idioma.

8. La guerra del Rey Felipe, también conocida como la guerra de Metacomet, la Primera Guerra India o la Gran Guerra de Narragansett, fue el conflicto más brutal entre europeos y nativos americanos durante la era colonial. Estalló en 1675 cuando Metacomet, el sachem Wampanoag, creó una amplia alianza de tribus nativas americanas para resistir las políticas expansionistas de los colonos ingleses en Nueva Inglaterra. Metacomet era conocido como "rey Felipe" por los ingleses.

Los recuerdos de la guerra permanecen en un profundo resentimiento por parte de los nativos americanos hacia la invasión de los colonos ingleses. Los asentamientos ingleses interrumpieron sus tradicionales zonas de caza y pesca, y la imposición de prácticas religiosas y culturales chocaba con sus costumbres.

La guerra duró más de un año, de 1675 a 1676, y dejó un rastro de muerte y destrucción en ambos lados. A pesar de su potencia de fuego y número superiores, los colonos ingleses lucharon bastante por someter a la resistencia de los nativos americanos.

El punto de inflexión llegó en diciembre de 1675 cuando los ingleses lanzaron un ataque sorpresa contra la fortaleza fortificada de los Narragansetts en la Gran Lucha del Pantano. El foso del asentamiento se había congelado en el frío clima de diciembre. Los ingleses pudieron cruzar el foso fácilmente e incendiar el asentamiento.

Muchos consideran que el ataque fue una masacre, cientos de nativos americanos fueron asesinados, incluidas muchas mujeres y niños. Muchos nativos americanos corrieron hacia el pantano helado, donde morían a causa de sus heridas y el frío.

Este golpe devastador paralizó la alianza de los nativos americanos, y la guerra se volvió gradualmente a favor de los ingleses. En la primavera de 1676, la mayor parte de la resistencia de los nativos americanos había sido aplastada.

La guerra del Rey Felipe fue uno de los conflictos más brutales de la historia de Estados Unidos, con un estimado de 3000 a 6000 nativos americanos y más de 2000 colonos ingleses asesinados. La guerra también resultó en el desplazamiento de muchas tribus nativas americanas y la destrucción de sus aldeas y comunidades.

Una ilustración de la Gran Lucha del Pantano
https://commons.wikimedia.org/wiki/File:Capture_of_the_Indian_Fortress.png

9. El Caso Elizabeth Key fue un procedimiento legal histórico que tuvo lugar en la Colonia de Virginia a mediados del siglo XVII. Tuvo implicaciones significativas para el estatus legal de las personas esclavizadas y el desarrollo de la esclavitud racializada en la América colonial.

Elizabeth Key, también conocida como Elizabeth Key Grinstead, nació en la colonia de Virginia en la década de 1630, hija de un inglés llamado Thomas Key y una esclava africana llamada Joan. Inicialmente, se la consideraba una sirvienta contratada. Sin embargo, su estado cambió después de la muerte de su padre. Sus herederos dijeron que Key era una esclava y que ella pertenecía a la finca.

En 1655, Elizabeth Key presentó una demanda por su libertad. Argumentó que no debía ser esclavizada porque su padre era inglés y un hombre libre y porque había sido bautizada como cristiana. Su caso planteó complejas cuestiones legales y morales sobre el estado de las personas de raza mixta y el impacto del bautismo cristiano en la esclavitud.

En 1656, la corte de Virginia falló a favor de Elizabeth Key, declarando que debía ser liberada. El tribunal reconoció el principio del Derecho anglosajón, que no reconocía la servidumbre perpetua. Según la ley inglesa, el estado de un niño generalmente seguía al del padre. Dado que el padre de Elizabeth era un inglés libre, la corte determinó que no podía ser mantenida en servidumbre perpetua.

El bautismo de Isabel como cristiana también se consideró un factor a su favor. Algunos argumentos legales y morales de la época sugerían que los cristianos no debían ser mantenidos en estado de esclavitud.

El caso Elizabeth Key sentó un importante precedente legal en la colonia de Virginia. Estableció que el estado de los niños nacidos de madres esclavizadas podría verse influenciado por el estado de sus padres, especialmente si sus padres eran ingleses libres. Esta distinción entre los hijos de padres ingleses y madres africanas contribuyó al desarrollo gradual de un sistema racializado de esclavitud en la América colonial.

10. Algunas de las historias más interesantes de la historia involucran a piratas. ¿Le sorprendería saber que los piratas formaron parte de la historia colonial estadounidense?

Edward Teach, comúnmente conocido como Barbanegra, fue uno de los piratas más temidos y notorios de principios del siglo XVIII. En 1718, había establecido un bastión en las aguas costeras de las colonias americanas, particularmente alrededor de los Outer Banks (Bancos Externos) y la entrada al Pamlico Sound. La flota de Barbanegra incluía el *Queen Anne's Revenge*, un antiguo barco de esclavos francés que había capturado y armado a gran escala.

Las autoridades coloniales británicas, lideradas por el vicegobernador Alexander Spotswood de Virginia, estaban decididas a poner fin a la piratería de Barbanegra. Spotswood organizó una expedición naval para capturar y matar a Barbanegra y su tripulación. Nombró al teniente Robert Maynard para dirigir esta misión.

Maynard y sus hombres localizaron los barcos de Barbanegra anclados en la ensenada de Ocracoke. En la mañana del 22 de noviembre de 1718, las dos partes se enfrentaron en una feroz batalla. Barbanegra y su tripulación se defendieron con determinación, y la lucha fue brutal e intensa. Durante la batalla, Barbanegra recibió varios disparos y sufrió numerosas heridas. Finalmente, Barbanegra fue asesinado, y su barco, el *Queen Anne's Revenge*, fue capturado. Las fuerzas de Maynard tomaron prisioneros a varios de los miembros de la tripulación de Barbanegra, mientras que otros murieron en la batalla o escaparon a los pantanos cercanos.

La muerte de Barbanegra marcó una victoria significativa para las autoridades coloniales en sus esfuerzos por combatir la piratería en las aguas costeras del Atlántico. Su cabeza cortada colgaba de la proa del barco de Maynard como evidencia de su fallecimiento. Este evento tuvo un impacto duradero en la percepción de la piratería y la autoridad de los gobiernos coloniales en el Nuevo Mundo. La leyenda de Barbanegra y la historia de su última batalla continúan captando la imaginación de la gente hasta el día de hoy.

Sección 2: De las guerras a la libertad; un viaje a través de la historia de Estados Unidos de 1754 a 1791

Acompáñenos en esta emocionante aventura a través de la historia temprana de Estados Unidos. Descubra los eventos importantes que dieron forma a los Estados Unidos, desde las batallas libradas en la guerra franco-india hasta las heroicas luchas por la independencia en la Guerra Revolucionaria. Sea testigo del nacimiento de una nueva nación con una constitución basada en la libertad.

11. George Washington fue un veterano de algo más que solo la Revolución estadounidense. También luchó en la guerra franco-india entre 1754 y 1763. Aunque la guerra franco-india se considera un teatro de la guerra de los Siete Años, en realidad comenzó antes de estallar en Europa continental.

    Surgieron tensiones entre los británicos y los franceses por la tierra en el valle de Ohio. Se le concedió la tierra a la Compañía Británica de Ohio en Virginia, pero los franceses comenzaron a mudarse allí. Los virginianos estaban preocupados de que los franceses reclamaran. Enviaron a George Washington, de veintiún años, para decirle a los franceses que se fueran.

    Washington entregó el mensaje, pero los franceses se negaron a irse. Se le concedió el cargo de teniente coronel y fue enviado de regreso a la frontera con una compañía de hombres.

    Mientras tanto, los franceses enviaron a Joseph Coulon de Villiers de Jumonville con una pequeña unidad de hombres para advertir a Washington que abandonara la zona. Washington y Tanacharison, el líder del pueblo Mingo, descubrieron el campamento francés y decidieron atacarlo.

    No se sabe qué sucedió exactamente en la batalla de Jumonville Glen. Las pocas cosas que se saben son que la batalla solo duró alrededor de quince minutos y que la mayoría de los franceses fueron asesinados o tomados prisioneros. Jumonville murió en acción. Varios relatos dicen que Tanacharison mató a Jumonville aplastándole el cráneo con un hacha.

    Washington trasladó a sus hombres a Fort Necessity, donde fueron atacados por los franceses. Washington finalmente se rindió. En el documento que tuvo que firmar, Washington admitió que Jumonville y sus hombres habían sido asesinados. Jumonville fue enviado a advertir a los británicos que se fueran, no a luchar con ellos. Sin embargo, Washington no sabía leer francés, y su traductor hizo un mal trabajo explicando el documento. Sin embargo, el escenario estaba listo para una guerra.

La guerra franco-india también destacó una mayor participación de las tribus nativas americanas en los asuntos coloniales. Varias tribus, incluida la Confederación iroquesa y la Confederación algonquina, se unieron a los británicos o a los franceses. Las tribus a menudo eran impulsadas por relaciones históricas, intereses comerciales y creencias religiosas. Estas alianzas añadieron otra capa de complejidad a la guerra, influyendo en su curso y demostrando la intrincada dinámica entre las potencias europeas y las naciones nativas americanas.

Francia perdió la guerra, lo que permitió a los británicos expandir su territorio en América del Norte. La guerra también resultaría problemática en el frente económico para Gran Bretaña, que se vio obligada a aumentar los impuestos a los colonos estadounidenses. Estos impuestos no fueron bien recibidos, y los gritos de independencia eventualmente resonarían en todas las Trece Colonias.

12. El 5 de marzo de 1770, ocurrió la Masacre de Boston. Los soldados británicos mataron a cinco colonos durante un enfrentamiento en Boston; una de las víctimas, Crispus Attucks, era un marinero afroamericano que se convirtió en un símbolo de los crecientes disturbios.

En la noche del incidente, una multitud de colonos se reunió cerca de la Aduana, donde los soldados británicos hacían guardia. Varios colonos comenzaron a burlarse de ellos y a arrojarles objetos como piedras y bolas de nieve. Un soldado finalmente disparó su arma, lo que hizo que otros soldados dispararan la suya. Tres personas murieron; otras dos murieron más tarde a causa de sus heridas. Se cree que Crispus Attucks fue la primera persona asesinada en la masacre. Algunos lo consideran la primera víctima de la Revolución estadounidense.

Si bien la masacre es una historia interesante en sí misma, echemos un vistazo a las secuelas de la masacre. John Adams, un joven abogado y un abierto crítico de las políticas británicas, defendía a los soldados británicos. A pesar de la protesta pública y la abrumadora evidencia contra los soldados, Adams creía que estos hombres exigían un juicio justo.

Adams argumentó fuertemente por el derecho de los soldados a la representación legal, afirmando que "cada persona acusada de un delito debe tener el beneficio de un abogado". Aunque no era muy apoyado en ese momento, la defensa de Adams de los soldados británicos le valió el respeto de ambas partes y lo colocó como una mente legal brillante y un defensor de la justicia. Sus acciones durante el juicio solidificaron su reputación como defensor de los derechos del acusado, un legado que seguiría resonando a lo largo de su carrera política.

De los ocho soldados acusados de asesinato, seis fueron absueltos. Dos fueron condenados por homicidio involuntario y marcados en sus manos. Este resultado, aunque controvertido, demostró que incluso en una época de mayores tensiones, los principios de justicia justa podrían prevalecer. Más tarde, Adams firmaría la Declaración de Independencia y se convertiría en el segundo presidente de los Estados Unidos.

13. La Boston Tea Party (Fiesta del té de Boston) fue una protesta contra la Ley del Té Británica de 1773, que otorgó a la Compañía Británica de las Indias Orientales el monopolio de las ventas de té en las colonias americanas e impuso un impuesto al té. En un acto de desafío contra los "impuestos sin representación", los patriotas abordaron los barcos de té británicos y arrojaron el té al puerto de Boston. Más de trescientos cofres de té fueron arrojados al agua, con pérdidas que ascienden a casi dos millones de dólares en la actualidad.

La mayoría de la gente está familiarizada con la Boston Tea Party. Fue un evento famoso en la historia de Estados Unidos que desempeñó un papel fundamental en el período previo a la Revolución estadounidense. Sin embargo, no todo el mundo escuchó hablar de Sarah Bradlee Fulton.

Sarah Bradlee Fulton era la esposa de John Fulton, miembro de los Hijos de la Libertad, una organización secreta que desempeñó un papel clave en la protesta contra los impuestos y las políticas británicas en las colonias americanas. En la noche del 16 de diciembre de 1773, cuando tuvo lugar la Boston Tea Party, Sarah Bradlee Fulton apoyó la causa ayudando a los patriotas en su protesta contra la Ley del Té británica. Se cree que a Sarah se le ocurrió la idea de que los manifestantes se disfrazaran de mohawks. Sarah y otras mujeres ayudaron a crear los disfraces de los hombres. Cosían estos disfraces con mantas y plumas. También ayudaron a pintar las caras de los hombres. Esta brillante idea aseguró que los patriotas pudieran llevar a cabo su acto de desafío sin ser fácilmente reconocidos.

La participación de Sarah Bradlee Fulton en la protesta con la creación de disfraces destaca las contribuciones significativas de las mujeres a la Revolución estadounidense y la causa de la independencia colonial. Sus roles se extendían más allá de las esferas domésticas tradicionales y desempeñaban un papel crucial en los acontecimientos que condujeron a la Revolución estadounidense.

Una litografía del Boston Tea Party
https://commons.wikimedia.org/wiki/File:Boston_Tea_Party_Currier_colored.jpg

14. El 19 de abril de 1775, estallaron los combates en Lexington y Concord en Massachusetts, marcando el comienzo del conflicto armado entre los milicianos estadounidenses (Minutemen) y las tropas británicas. El famoso escritor Ralph Waldo Emerson describiría más tarde los combates. Llamó a los primeros disparos de la batalla "el disparo que resonó en el mundo". La frase pretende transmitir la idea de que estos disparos no fueron solo una escaramuza aleatoria, sino más bien un evento trascendental que tendría consecuencias de largo alcance.

Las batallas de Lexington y Concord no fueron meras escaramuzas; fueron las salvas iniciales de la guerra de independencia de los Estados Unidos. Bajo el mando del general Thomas Gage, los británicos trataron de apoderarse de los suministros militares de los colonos en Concord. Sin embargo, se encontraron con una feroz resistencia de los Minutemen, un grupo de colonos armados preparados para luchar por su independencia.

Los combates en Lexington y Concord fueron intensos y sangrientos. Los británicos sufrieron grandes bajas: 73 soldados muertos y 174 heridos. Aunque los superaban en número y armamento, los colonos lucharon valientemente, y sufrieron cuarenta y nueve muertes y treinta y nueve heridos.

A día de hoy, nadie está seguro de quién recibió ese primer disparo. Los británicos le dijeron a las milicias estadounidenses que se disolvieran. John Parker, el capitán de la milicia, dijo a sus hombres que se fueran a casa. Sin embargo, había tanta confusión, y personas gritando entre sí, que algunos hombres no se iban o se iban muy lentamente. Finalmente, se oyó un disparo y el resto fue historia.

Estas batallas asestaron un golpe significativo a la moral británica. Los británicos subestimaron la resolución de los colonos, esperaban sofocar el levantamiento rápidamente. Sin embargo, la resistencia de los Minutemen demostró que los colonos no serían sometidos fácilmente, y sacudieron la confianza británica.

Las batallas de Lexington y Concord son un testimonio del coraje y la determinación de los colonos estadounidenses en su lucha por la independencia. No eran solo enfrentamientos militares; era el capítulo inicial en la lucha por una nueva nación.

15. El 4 de julio de 1776, el Segundo Congreso Continental adoptó la Declaración de Independencia, un documento que había sido redactado por Thomas Jefferson y modificado ligeramente por Benjamin Franklin y John Adams. Como habrá adivinado, la Declaración de Independencia proclamó formalmente la independencia de las colonias en manos de Gran Bretaña.

La Declaración de Independencia describía las quejas de los colonos estadounidenses contra la Corona británica, incluidos los impuestos sin representación, el acuartelamiento de las tropas británicas en las colonias y la denegación del juicio con jurado. Alrededor de una cuarta parte de los cincuenta y seis firmantes de la Declaración de Independencia fueron encarcelados, exiliados o perseguidos por los británicos durante la guerra de independencia. Tres firmantes perdieron la vida durante la guerra o a causa de ella.

Thomas Jefferson fue el hombre más responsable por el contenido y la redacción real de la Declaración de Independencia. Jefferson fue el poeta/filósofo de la Revolución estadounidense. Su elocuente pluma escribió las líneas inmortales, grabando para siempre los ideales de libertad e igualdad en la conciencia estadounidense.

Sin embargo, Jefferson no era solo un artesano de palabras. Era una figura compleja. Era un propietario de esclavos que lidiaba con las contradicciones de sus propias creencias. A pesar de que era un apasionado defensor de la democracia, también albergaba tendencias aristocráticas. Él y John Adams, que a veces eran rivales políticos, también fueron grandes amigos, y sus cartas proporcionan información importante sobre la fundación de Estados Unidos y sus ideas políticas. Ambos hombres murieron el mismo día, el 4 de julio de 1826, cincuenta años después del día en que se anunció la nueva nación con la Declaración de Independencia.

Retrato presidencial oficial de Jefferson

16. Tal vez la batalla más famosa de la Guerra Revolucionaria fue la batalla de Trenton. La batalla resultó en una asombrosa victoria estadounidense, pero también es famosa por la pintura *Washington Crossing the Delaware*, que en realidad fue pintada setenta y cinco años después por un pintor alemán que nunca había estado en Estados Unidos.

Bajo un fuerte viento de diciembre, el general George Washington emprendió una arriesgada apuesta a orillas del Delaware. El Ejército Continental, menguante y desmoralizado, se enfrentó al implacable poder del invierno. Sin embargo, en la Navidad de 1776, Washington dirigió una fuerza irregular a través del helado río, con el objetivo de un ataque sorpresa contra las tropas de Hesse guarnecidas en Trenton.

El plan era audaz. Cruzando en condiciones traicioneras, la columna estadounidense marchó diez millas cruzando la noche helada, y llegó a Trenton antes del amanecer. Las fuerzas hessianas, arrulladas por las festividades navideñas, fueron atrapadas sin preparación. El asalto, liderado por el propio Washington, fue rápido y decisivo. Las filas de Hesse se derrumbaron frente el asalto sorpresa estadounidense, y su comandante cayó en las primeras descargas. Casi dos tercios de la fuerza de Hesse se rindieron en una hora, entregando una victoria muy necesaria para los asediados colonos.

La batalla de Trenton fue una obra maestra estratégica. Reavivó la esperanza dentro del Ejército Continental, y frenó la marea de la deserción. El liderazgo decisivo de Washington y el éxito inesperado del ejército hicieron añicos el aura británica de invencibilidad, reforzó la moral y probó la resistencia estadounidense. Aunque fue un pequeño enfrentamiento, la batalla de Trenton resonó en todas las colonias, y demostró la capacidad de la naciente nación para contraatacar y reavivar las llamas de la revolución.

17. En septiembre de 1781, la marea de la Revolución estadounidense culminó en la crucial batalla de Yorktown en Virginia. Atrapado en una península y aislado por las implacables fuerzas francoestadounidenses bajo el mando del general Washington y el general Rochambeau, el general británico Lord Cornwallis se enfrentó a una difícil situación.

El asedio en sí fue una meticulosa orquestación de potencia de fuego y estrategia. Los ingenieros estadounidenses y franceses construyeron un anillo de fortificaciones que constriñeron constantemente el perímetro defensivo británico. Los pesados cañones golpeaban las posiciones británicas sin descanso, mientras que la superioridad naval francesa aseguraba que no hubiera ruta de escape por mar. Enfrentando un asalto inminente y careciendo de refuerzos, Cornwallis intentó una fuga desesperada, pero no tuvo éxito. El 19 de octubre, con una disminución de los suministros y un aumento en las bajas, rindió a todo su ejército, y terminó efectivamente las principales operaciones terrestres en la Revolución estadounidense.

La historia de "The World Turned Upside Down" agrega otra capa de intriga a este momento crucial. Según los relatos históricos, la banda británica, como de costumbre, tocaba una marcha para honrar a los vencedores después de la rendición formal. Sin embargo, en lugar de una melodía tradicional británica, sorprendentemente tocaban la melodía de "The World Turned Upside Down", una balada a menudo asociada con el malestar social y la agitación inglesa.

Si bien se desconoce la motivación exacta detrás de esta elección, concordaba con la gravedad de la situación. Para la recién formada nación estadounidense, reflejaba la realización de sus objetivos revolucionarios; el mundo de los colonos, anteriormente dominado por el dominio británico, se había puesto patas arriba. Para los británicos derrotados, era un reconocimiento agridulce de sus alteradas fortunas.

El 3 de septiembre de 1783 se firmó el Tratado de París y se puso fin a la guerra de la Independencia. El tratado reconoció formalmente a los Estados Unidos como nación independiente. Este acuerdo trascendental marcó un punto de inflexión en la historia mundial, estableciendo un nuevo equilibrio de poder y marcando el comienzo de la era de democracia estadounidense.

18. El 17 de septiembre de 1787, la Convención Constitucional en Filadelfia concluyó con los delegados firmando la Constitución de los Estados Unidos, un documento histórico que estableció el marco para un nuevo gobierno federal. La Constitución, con su sistema de controles y equilibrios, separación de poderes y énfasis en los derechos individuales, se erige como una piedra angular de la democracia estadounidense y un testimonio del poder de la sabiduría colectiva.

Si bien la Constitución estadounidense es un documento único, muchas de sus ideas llegaron a los Padres Fundadores a través de la historia constitucional inglesa y los pensadores de la Ilustración de Francia y Gran Bretaña a principios del siglo XVIII. Sin embargo, algunos historiadores sostienen que la Constitución se inspiró en otro grupo de personas: la Confederación iroquesa de nativos americanos en las zonas fronterizas de los Estados Unidos y Canadá.

Cabe destacar que la influencia directa de la Confederación iroquesa en los Artículos de la Confederación y la Constitución es objeto de debate entre los historiadores. Sin embargo, es posible que su estructura política ofreciera un modelo interesante para el naciente gobierno estadounidense.

La Confederación iroquesa comprendía seis naciones independientes unidas por un consejo común, el *Gran Consejo*. Practicaban una forma de confederación que equilibraba la autonomía tribal individual con la toma de decisiones colectivas. Esto podría haber capturado el interés de los colonos estadounidenses, que buscaban la unidad contra el dominio británico mientras apreciaban su propia soberanía. Los Artículos de la Confederación, el primer documento de gobierno de los Estados Unidos, reflejaban esta influencia, creando un gobierno central débil que dependía del consentimiento unánime de los estados independientes.

Sin embargo, las limitaciones de la Confederación iroquesa se hicieron evidentes. A medida que las naciones iroquesas individuales priorizaban sus necesidades, la acción unificada a menudo flaqueaba, lo que en última instancia contribuía a su vulnerabilidad contra la invasión europea. Esto sirvió como una advertencia para los redactores estadounidenses. Al redactar la Constitución, buscaron fortalecer el gobierno central sin dejar de honrar la autonomía estatal. El Congreso bicameral, con su Cámara de Representantes representando a los estados individuales y el Senado representando una representación igual para todos, reflejaba el enfoque iroqués de equilibrar los intereses locales y nacionales.

19. El 30 de abril de 1789, George Washington fue elegido como el primer presidente de los Estados Unidos. La presidencia de Washington, de 1789 a 1797, fue primordial para dar forma a la nueva nación. Su liderazgo durante este período formativo crítico estableció precedentes para la presidencia, fomentó la unidad nacional y sentó las bases para un gobierno fuerte y estable.

Han surgido muchas historias y leyendas sobre George Washington. Repasemos tres de las más populares.

El cerezo: La imagen del joven George cortando un cerezo y confesando su hazaña a su severo padre. Sus palabras, "No puedo mentirle", están arraigadas en la cultura estadounidense. La historia, publicada por primera vez en la biografía de Parson Mason Weems de 1806, probablemente se originó como un cuento de moralidad dirigido a los niños en lugar de un relato histórico. Si bien Washington era indudablemente conocido por su integridad, el mito del cerezo, con su representación idealizada, pinta una imagen poco realista de la vida de Washington y minimiza las complejas motivaciones que rigen sus acciones.

Dientes de madera: Tal vez uno de los mitos más duraderos y extraños gira en torno a los dientes de Washington. Las imágenes a menudo lo representan con dentaduras postizas de madera. Si bien Washington sufrió de problemas dentales graves a lo largo de su vida y experimentó varias dentaduras postizas hechas de diversos materiales, como marfil de hipopótamo o dientes humanos, no hay evidencia de que alguna vez haya utilizado dientes de madera. Este mito probablemente surgió de interpretaciones erróneas de descripciones históricas y fue alimentado por caricaturas que lo representaban con una sonrisa exagerada de madera.

Lanzar una moneda de plata en el Potomac: Durante muchos años, a los estudiantes estadounidenses de primaria se les enseñaba una historia sobre Washington lanzando una moneda en el ancho río Potomac. Es una imagen fascinante, pero es falsa. La verdad, como muchas narraciones históricas, está desvirtuada. Si bien se menciona que, cuando era adolescente, Washington arrojó un objeto (no un dólar de plata) en el Rappahannock (no en el Potomac) las fuentes primarias siguen siendo difíciles de rastrear. El icónico dólar de plata y el majestuoso río son adornos posteriores, lo que convierte a Washington en una leyenda más grande que la realidad.

Este mito, aunque algo inestable, tenía un propósito. Cimentó la imagen de Washington como una figura excepcional, capaz de hazañas extraordinarias incluso antes de su ascenso presidencial. Pero es un recordatorio para examinar críticamente las narrativas históricas y separar las representaciones románticas de los hechos documentados.

20. John Leland fue un prominente predicador bautista en Virginia a finales del siglo XVIII. Abogó fervientemente por la libertad religiosa y la separación de la iglesia y el estado. En ese momento, Virginia tenía una iglesia estatal establecida, la Iglesia anglicana (iglesia de Inglaterra), que recibía apoyo y privilegios del gobierno. Leland, como bautista, experimentó discriminación religiosa y creía en la importancia de proteger la libertad religiosa para todos.

    Durante el debate sobre la ratificación de la Constitución de los Estados Unidos, Leland inicialmente se mostró escéptico sobre el documento porque carecía de protecciones explícitas para los derechos individuales, incluida la libertad religiosa. Le preocupaba que sin tales protecciones, el gobierno federal pudiera interferir con las prácticas y creencias religiosas.

    James Madison, una figura clave en la redacción de la Constitución, se postulaba para un escaño en el primer Congreso de los Estados Unidos. Leland, junto con otros bautistas y minorías religiosas, buscó garantías de Madison para apoyar las enmiendas a la Constitución que protegerían las libertades individuales. En 1788, Leland se reunió con Madison en el condado de Orange, Virginia, y le presentó una lista de enmiendas propuestas, incluidas las centradas en la libertad religiosa. Madison escuchó las preocupaciones de Leland y prometió apoyar las enmiendas que salvaguardan estos derechos.

Cuando Madison fue elegido para el primer Congreso, cumplió su promesa al introducir una serie de enmiendas a la Constitución, que más tarde se convertiría en la Carta de Derechos. Entre estas enmiendas se encontraba la Primera Enmienda, que incluye la Cláusula de Establecimiento y la Cláusula de Libre Ejercicio, que garantizan la libertad religiosa y prohíben el establecimiento de una religión estatal.

La defensa de la libertad religiosa por parte de John Leland y su reunión con James Madison jugaron un papel importante en la inclusión de protecciones a la libertad religiosa dentro de la Declaración de Derechos. Su dedicación al principio de la libertad religiosa ayudó a garantizar que se convirtiera en una parte fundamental de la Constitución de los Estados Unidos, protegiendo los derechos de todos los ciudadanos a practicar su religión libremente.

Sección 3: La expansión de Estados Unidos y la era progresista

A continuación, exploraremos el fascinante período de expansión y reforma en la historia de Estados Unidos. Descubra cómo Estados Unidos creció geográfica y socialmente a través de la expansión hacia el oeste, el Sendero de Lágrimas y el movimiento por el sufragio femenino. Este fue un momento crucial en la historia de los Estados Unidos. *Estas historias le mostrarán el motivo.*

21. En 1803, el presidente Thomas Jefferson encargó a Meriwether Lewis y William Clark que lideraran una expedición al recién adquirido territorio de Luisiana. Su misión principal era explorar y mapear la parte occidental del continente y buscar una ruta acuática hacia el océano Pacífico. En ese momento, existía la creencia de que había un Paso del Noroeste, un pasaje que facilitaría en gran medida el comercio y el transporte.

    Durante su viaje hacia el oeste, la expedición de Lewis y Clark se encontró con numerosos desafíos, incluidos el mal tiempo, un terreno difícil y algunos encuentros con tribus nativas americanas. Sin embargo, uno de los incidentes más memorables ocurrió cuando se encontraron con un oso pardo en lo que hoy es Dakota del Norte en 1805.

    El 14 de mayo de 1805, Meriwether Lewis estaba cazando solo cuando se encontró con un enorme oso pardo. El oso encaró a Lewis, que estaba armado solo con un arma de pequeño calibre. Lewis le disparó al oso, pero este no se detuvo. Disparó varios tiros más y, finalmente, el oso cayó a unos metros de él.

    Lewis y sus hombres estimaron el peso del oso en más de seiscientas libras. Era un oso gris enorme, y su tamaño y agresión eran diferentes a todo lo que habían visto antes. El encuentro con el oso pardo puso en evidencia los peligros y desafíos a los que se enfrentaba la expedición cuando se aventuraban en un territorio inexplorado. También ilustró la necesidad de tener puntería e ingenio para sobrevivir en el desierto.

    A pesar de las dificultades y los peligros, la expedición de Lewis y Clark fue un éxito notable. Mapearon vastas extensiones de tierra, se pusieron en contacto con pueblos indígenas, documentaron nuevas especies de plantas y animales y refutaron la existencia de una ruta continua de agua de los EE. UU. hacia el Pacífico. Su viaje ayudó a ampliar la comprensión de Estados Unidos de la parte occidental del continente y preparó el terreno para la futura expansión hacia el oeste.

22. La guerra de 1812 estalló en medio de disputas comerciales y la interferencia británica en el transporte marítimo estadounidense. Gran Bretaña, que se veía

envuelta en su propia lucha en las guerras napoleónicas, vio a la joven república estadounidense como una piedra en el zapato, ya que Estados Unidos era un competidor en los mares y un refugio para los desertores británicos. El punto de inflexión se produjo cuando la Royal Navy británica se apoderó de algunos barcos estadounidenses, una enorme ofensa a la soberanía estadounidense.

¿Sabía que el posterior presidente Andrew Jackson luchó en la guerra de 1812 ¿O que su momento más famoso en la guerra ocurrió después de que la guerra terminó?

En el momento de la batalla de Nueva Orleans, el mayor general Andrew Jackson estaba al mando de las fuerzas estadounidenses en la ciudad. Las fuerzas de Jackson consistían en una mezcla diversa de soldados regulares, milicias locales, afroamericanos libres e incluso piratas, como Jean Lafitte y sus corsarios. Los británicos, liderados por el general Edward Pakenham, lanzaron un gran ataque a la posición estadounidense el 8 de enero de 1815.

A pesar de ser superadas en número, las tropas de Jackson, fortificadas detrás de los terraplenes, infligieron grandes bajas a los británicos. Los británicos sufrieron más de dos mil bajas, incluida la muerte del general Pakenham, mientras que las fuerzas estadounidenses sufrieron solo unas pocas docenas de bajas. La batalla de Nueva Orleans fue una rotunda victoria estadounidense y a menudo se la considera una de las batallas más decisivas de la guerra de 1812.

Lo que hace que esta batalla sea particularmente interesante es que se libró después de que se firmara el Tratado de Gante el 24 de diciembre de 1814 en Bélgica, poniendo fin oficialmente a la guerra. Sin embargo, debido a la lentitud de las comunicaciones a principios del siglo XIX, la noticia de la ratificación del tratado no llegó a los Estados Unidos hasta después de que se hubiera librado la batalla.

La batalla de Nueva Orleans reforzó la moral estadounidense y el orgullo nacional, ya que fue vista como una victoria significativa sobre una fuerza británica bien entrenada. También tuvo implicaciones políticas, ya que el éxito de Andrew Jackson en la defensa de Nueva Orleans contribuyó a su ascenso como héroe nacional y, finalmente, desempeñó un papel en su exitosa campaña presidencial en 1828.

Pintura de la batalla de Nueva Orleans por Jean Hyacinthe de Laclotte
https://commons.wikimedia.org/wiki/File:Battle_of_New_Orleans,_Jean_Hyacinthe_de_Laclotte.jpg

23. A principios de la década de 1830, aumentaron las tensiones entre los colonos estadounidenses y las autoridades mexicanas en la provincia mexicana de Texas. El gobierno mexicano, bajo el presidente Antonio López de Santa Anna, comenzó a ejercer un mayor control sobre Texas, lo que llevó al descontento entre los colonos estadounidenses.

En 1831, el gobierno mexicano proporcionó un pequeño cañón al asentamiento de Gonzales para la defensa contra las tribus nativas americanas locales. El cañón era pequeño, a menudo denominado "six-pounder" (seis libras), y tenía una importancia militar limitada. En septiembre de 1835, a medida que crecían las tensiones entre los tejanos y las autoridades mexicanas, se envió un destacamento de soldados mexicanos a Gonzales para recuperar el cañón. Exigieron su devolución, temiendo que pudiera ser utilizado contra las fuerzas mexicanas en un posible levantamiento.

Los tejanos en Gonzales, liderados por George W. Collingsworth y apoyados por otros colonos, respondieron desafiante a la demanda mexicana. Se negaron a devolver el cañón y en su lugar levantaron una bandera casera con un cañón negro, una estrella y las palabras "Ven y tómalo".

Esta bandera y la respuesta tejana se convirtieron esencialmente en una amenaza. El destacamento mexicano y los tejanos intercambiaron disparos el 2 de octubre de 1835, marcando el comienzo de la Revolución de Texas. La batalla de Gonzales fue una pequeña escaramuza, pero tuvo un profundo significado simbólico.

A pesar de la limitada importancia militar del cañón, los tejanos lograron expulsar a las fuerzas mexicanas. Conservaron el cañón como símbolo de su determinación de resistir a la autoridad mexicana. La frase "Ven y tómalo" se convirtió en un grito de guerra para las fuerzas texanas durante la Revolución de Texas. Simbolizaba su determinación de luchar por su independencia y resistir el control mexicano.

La bandera "Ven y tómalo" y el cañón siguen siendo símbolos perdurables del orgullo texano y de resistencia a la opresión. El cañón se conserva y se exhibe en el Museo Conmemorativo de Gonzales, y las imágenes de la bandera todavía están asociadas con el espíritu de la independencia de Texas.

24. La Ley de Expulsión de los Indios fue promulgada por el presidente Andrew Jackson en 1830. El acto condujo a la reubicación forzada de miles de cheroquis, creeks, seminolas y otras tribus indígenas de sus tierras ancestrales. Los historiadores convencionales creen que entre cuatro y diez mil personas murieron o fueron asesinadas en el Sendero de Lágrimas.

El líder cheroqui John Ross desempeñó un papel destacado en la resistencia a la expulsión forzada de la Nación cheroqui. John Ross, nacido en 1790, era de ascendencia mixta cheroqui y escocesa. Se convirtió en un líder dentro de la Nación cheroqui y se desempeñó como el jefe principal de 1828 a 1866.

Como presidente de la Nación cheroqui, Ross trabajó incansablemente para usar medios legales para resistir la expulsión. El pueblo cheroqui estableció una constitución escrita inspirada en la de los Estados Unidos en 1827. Al año siguiente, Georgia determinó que la constitución no era válida y que los cheroqui estaban sujetos a las leyes de Georgia.

John Ross llevó el caso histórico *Cherokee Nation v. Georgia* (1831) a la Corte Suprema. El tribunal dictaminó que no tenía jurisdicción para escuchar el caso. En *Worcester v. Georgia* (1832), el tribunal dictaminó que el estado de Georgia no tenía autoridad sobre las tierras cheroqui, declarando a la Nación cheroqui una nación soberana. Sin embargo, el presidente Andrew Jackson se negó a hacer cumplir la decisión del tribunal.

En 1838, se enviaron tropas federales para reubicar por la fuerza a los cheroquis en territorio indio (actual Oklahoma). John Ross guio a su gente en el arduo viaje hacia el oeste, pero las condiciones eran deplorables. Miles de cheroquis murieron a causa de la exposición, las enfermedades y la falta de recursos durante la migración forzada. A pesar de los esfuerzos de Ross, la Nación cheroqui no pudo evitar la tragedia del Sendero de Lágrimas.

Una leyenda popular dice que la esposa de Ross, conocida como Quatie, se enfermó después de darle su abrigo a un niño que lloraba. Si bien esta historia no se puede verificar, Quatie murió de neumonía en el Sendero de Lágrimas.

Ross continuó abogando por los derechos del pueblo cheroqui en el territorio indio, negociando con el gobierno de los Estados Unidos para obtener una compensación y el establecimiento de una nueva patria. El liderazgo y la dedicación de John Ross al bienestar de su pueblo durante este período tumultuoso lo convierten en una figura significativa en la historia de Estados Unidos.

25. Los Mountain Men, u Hombres de la Montaña, eran escarpados hombres de la frontera que vagaban por el desierto estadounidense a principios del siglo XIX, principalmente en las Montañas Rocosas y otras regiones occidentales. Hugh Glass era un hombre de montaña y cazador de pieles que operaba en el desierto del oeste estadounidense. Su historia es quizás uno de los cuentos de supervivencia más increíbles de la frontera estadounidense.

En 1823, en una expedición a lo largo del Grand River en Dakota del Sur, Glass se encontró con un oso pardo mientras cazaba. El oso lo atacó, lo mutiló severamente y lo dejó con heridas graves. A pesar de su terrible condición, Glass de alguna manera logró matar al oso con su arma de chispa.

Sin embargo, sus compañeros cazadores lo dejaron solo y gravemente herido en el desierto, pues creían que no tenía ninguna posibilidad de sobrevivir. Glass se arrastró por el desierto con una determinación increíble. Creó una camilla improvisada a partir de un rifle roto, y con ella, recorrió más de doscientas millas durante un período de seis semanas, sobreviviendo con poca comida y agua.

A lo largo de su viaje, Glass se encontró con varios peligros, entre ellos, las tribus nativas americanas. En un momento dado, se vio obligado a defenderse del hostil Arikara, que lo había atacado.

Finalmente, Glass llegó a la seguridad de Fort Kiowa, un puesto comercial en el río Misuri, donde recibió atención médica. Su historia de supervivencia se convirtió en legendaria en el oeste americano y sirvió como testimonio del espíritu indomable de los hombres de las montañas.

Aunque la historia de Hugh Glass probablemente se ha embellecido a lo largo de los años, su historia de supervivencia ha inspirado libros, películas y folclore, incluida la película de 2015 *The Revenant*, protagonizada por Leonardo DiCaprio en el papel de Hugh Glass.

Una ilustración de Hugh Glass siendo atacado por un oso
https://commons.wikimedia.org/wiki/File:Hugh_Glass_Illustration.jpeg

26. El Sendero de Oregón es una de las rutas más emblemáticas de la historia de Estados Unidos durante la expansión hacia el oeste. Fue un viaje desafiante y arduo realizado por miles de pioneros a mediados del siglo XIX mientras buscaban nuevas oportunidades y una vida mejor en el territorio de Oregón.

El Sendero de Oregón era una ruta de vagones de aproximadamente dos mil millas de largo que comenzó en Misuri y se extendió hasta los fértiles valles de Oregón. Fue un viaje agotador de varios meses de cruzar terrenos desafiantes, como desiertos, montañas y ríos.

Una de las historias más trágicas asociadas con la expansión hacia el oeste involucra al Partido Donner, un grupo de pioneros liderados por George y Jacob Donner. En la primavera de 1846, partieron hacia California por una nueva ruta conocida como Hastings Cutoff, que se suponía que era un atajo. Desafortunadamente, el límite de Hastings resultó ser más largo y más traicionero de lo esperado. El Partido Donner se enfrentó a numerosas dificultades: retrasos, disminución de suministros y mal tiempo en las montañas de Sierra Nevada.

Cuando llegaron a Sierra Nevada a fines de octubre de 1846, el Partido Donner no estaba preparado para las duras condiciones invernales. Atrapados por la nieve profunda, se vieron obligados a acampar en lo que ahora se conoce como el Lago Donner.

A medida que avanzaba el invierno, los pioneros enfrentaban hambre e inanición extremas. Algunos miembros del partido recurrieron al canibalismo para sobrevivir. Los equipos de rescate finalmente llegaron a los pioneros varados a principios de 1847, pero muchos ya habían perecido.

El Sendero de Oregón y la historia del Partido Donner son emblemas de las pruebas y tribulaciones que enfrentaron aquellos que se aventuraron hacia el oeste en busca de nuevas oportunidades y un futuro mejor durante la era de la expansión hacia el oeste en los Estados Unidos.

27. Frederick Douglass nació esclavo en Maryland alrededor de 1818 (se desconoce su fecha de nacimiento exacta). Cuando era joven, soportó las duras condiciones de la esclavitud y la brutalidad de sus amos.

    A los veinte años, Douglass decidió escapar de la esclavitud. Ideó un plan atrevido que implicaba pedir prestados los documentos de identificación de un marinero afroamericano libre. Con estos papeles en mano, se disfrazó de marinero y se dirigió a la estación de tren de Baltimore.

    La fuga de Douglass estaba llena de peligro e incertidumbre. Tuvo que navegar por varios puntos de control y encuentros con autoridades que podrían haber descubierto su verdadera identidad en cualquier momento. Su coraje e ingenio desempeñaron un papel crucial en su exitosa fuga.

    Finalmente, llegó al estado libre de Pensilvania y se estableció en New Bedford, Massachusetts. Allí, adoptó el nombre de Frederick Douglass para evitar ser recapturado.

    Una vez libre, Douglass se involucró profundamente en el movimiento abolicionista. Comenzó a asistir a reuniones contra la esclavitud y pronto se convirtió en un orador poderoso y cautivador, compartiendo sus propias experiencias como antiguo esclavo y abogando por la abolición de la esclavitud.

    En 1845, publicó su primera autobiografía, *Narrative of the Life of Frederick Douglass, an American Slave*. El libro fue una sensación y atrajo la atención tanto en los Estados Unidos como en el extranjero. Sin embargo, su publicación puso a Douglass en riesgo de ser recapturado por los esclavistas. Para evadir la recaptura, Douglass se embarcó en una gira por Irlanda y el Reino Unido, donde continuó hablando en contra de la esclavitud. Durante este tiempo, los partidarios recaudaron dinero para comprar su libertad de su antiguo propietario, lo que le permitió regresar a los Estados Unidos como hombre libre.

    Frederick Douglass se convirtió en un destacado líder abolicionista, un firme defensor del sufragio femenino y un distinguido escritor y orador. La historia de su vida, desde la esclavitud hasta la libertad, sigue siendo un testimonio poderoso e inspirador del espíritu humano indomable y la lucha por la justicia.

28. La Convención de Seneca Falls en 1848 marcó un punto de inflexión en la historia de los derechos de las mujeres, y encendió un movimiento que revolucionaría el panorama social y político de los Estados Unidos. En el corazón de este movimiento había dos mujeres notables: Elizabeth Cady Stanton y Lucretia Mott.

    Elizabeth Cady Stanton fue una ardiente oradora y reformadora social. Surgió como una voz líder para los derechos de las mujeres. Sus apasionados discursos y obras escritas desafiaban la noción prevaleciente de que las mujeres eran intelectualmente inferiores e incapaces de autogobernarse. Stanton creía que las mujeres poseían los mismos derechos inherentes que los hombres y merecían igualdad de oportunidades en todos los aspectos de la vida, incluido el derecho al voto.

Elizabeth se casó con un prominente abolicionista, Henry Brewster Stanton. Ella quitó la palabra "obedecer" de los votos matrimoniales, y luego escribió: "Me negué obstinadamente a obedecer a quien se suponía que estaba entrando en una relación de igualdad conmigo". Aunque tomó el apellido de su esposo, nunca se refirió a sí misma como la Sra. Henry Stanton, como era la costumbre en ese momento.

Junto a Stanton estaba Lucretia Mott, una ministra cuáquera y abolicionista que llevó su compromiso inquebrantable con la justicia social al movimiento por los derechos de las mujeres. La elocuencia y la autoridad moral de Mott resonaron entre los asistentes a la convención, inspirándolos a exigir una transformación fundamental de las relaciones de género.

En 1840, Mott viajó a Londres para asistir a la Convención Mundial contra la Esclavitud. Mott era un conocido defensor de la abolición de la esclavitud y un firme creyente en la igualdad de derechos para todos, independientemente del género. Sin embargo, se enfrentó a un revés significativo cuando llegó a la convención. Los delegados masculinos en la Convención Mundial contra la Esclavitud, a pesar de su compromiso compartido con la causa abolicionista, se negaron a permitir que las delegadas participaran. A Mott se le prohibió hablar o participar en los procedimientos únicamente por su género. Sus experiencias aquí llevaron a la Convención de Seneca Falls.

Juntos, Stanton y Mott elaboraron la Declaración de Sentimientos, un audaz manifiesto que desafiaba la estructura legal y social prevaleciente que subyugaba a las mujeres. La declaración proclamó audazmente: "Todos los hombres y mujeres son creados iguales", una afirmación radical que desafiaba las normas patriarcales profundamente arraigadas de la época.

29. A principios del siglo XIX, las oportunidades educativas para las mujeres en los Estados Unidos eran limitadas, con pocas opciones más allá de la educación primaria. Mary Lyon, nacida en 1797 en Massachusetts, reconoció la necesidad de una educación superior para las mujeres. Lyon estaba profundamente comprometida con la idea de proporcionar a las mujeres acceso a una educación rigurosa e integral. Era una maestra dedicada y trabajaba para ahorrar dinero para sus esfuerzos educativos.

En 1834, Mary Lyon fundó Mount Holyoke Female Seminary (ahora Mount Holyoke College) en South Hadley, Massachusetts. Fue una de las primeras instituciones de educación superior exclusivamente para mujeres en los Estados Unidos.

Lo que hizo que Mount Holyoke fuera particularmente innovador fue su compromiso de proporcionar a las mujeres un plan de estudios riguroso que incluyera estudios avanzados en materias como matemáticas, ciencia, literatura e historia. La visión de Lyon era preparar a las mujeres no solo para los roles domésticos, sino también para las profesiones y las carreras.

Lyon estaba profundamente involucrado en las operaciones diarias del seminario, sirviendo como su fundadora y primera directora. Era conocida por su dedicación a los estudiantes y sus altos estándares de educación.

Una de las ideas innovadoras de Mary Lyon era que los estudiantes participaran en el funcionamiento de la escuela como una forma de reducir los costos y hacer que la educación fuera más accesible. Los estudiantes asumían responsabilidades como cocinar, limpiar y cultivar como parte de su educación.

Mount Holyoke Female Seminary tuvo éxito y se convirtió en un modelo para la educación de las mujeres. Inspiró la fundación de otras universidades para mujeres y desempeñó un papel crucial en el avance del acceso de las mujeres a la educación superior.

El compromiso de Mary Lyon con la educación de las mujeres y sus esfuerzos pioneros la convirtieron en una pionera en el campo. Su legado se refleja en Mount Holyoke College y en las innumerables mujeres que se han beneficiado de las oportunidades educativas que defendió.

30. La guerra entre México y Estados Unidos duró desde 1846 hasta 1848. La victoria estadounidense en la guerra expandió significativamente el territorio estadounidense. México cedió la actual California, Nevada, Arizona y más, preparando el escenario para una mayor expansión hacia el oeste y provocando debates sobre si los territorios recién adquiridos permitirían la esclavitud o serían estados libres.

Varias figuras prominentes participaron en la guerra de Estados Unidos-México, incluidos Zachary Taylor, Winfield Scott, Ulysses S. Grant, Robert E. Lee y "Stonewall" Jackson. *Sin embargo, existe un grupo de personas que no es tan conocido.*

Un grupo de soldados del Ejército de los Estados Unidos conocido como el "Batallón de San Patricio" o "los San Patricios" también luchó en la guerra de Estados Unidos-México. Esta unidad estaba compuesta en gran parte por inmigrantes irlandeses y otros europeos que se habían alistado en el ejército de los Estados Unidos. Durante la guerra entre México y Estados Unidos, algunos de estos soldados se sintieron desilusionados con el conflicto, pues lo veían como una invasión injusta del territorio mexicano. Motivados por una combinación de sentimiento anticatólico, maltrato por parte de sus oficiales y simpatía por la causa mexicana, un número significativo de soldados irlandeses desertaron del ejército de los Estados Unidos y se unieron a las fuerzas mexicanas.

Bajo el liderazgo de John Riley (un desertor del ejército estadounidense), el grupo luchó contra sus antiguos camaradas. Un enfrentamiento notable tuvo lugar durante la batalla de Churubusco en agosto de 1847. Los San Patricios lucharon valientemente contra enormes adversidades, pero finalmente cayeron. Muchos fueron capturados, y un número significativo fue posteriormente sometido a una corte marcial y ejecutado por deserción.

A pesar de la naturaleza controvertida de sus acciones, los San Patricios son recordados tanto en la historia mexicana como en la irlandesa como un grupo de individuos que se encontraron divididos entre lealtades e ideologías durante un período turbulento. La historia del Batallón de San Patricio sirve como un recordatorio de las complejas motivaciones y consecuencias de la guerra, así como de los diversos antecedentes de quienes participan en los conflictos.

Sección 4: Forjar una nación unida, el crisol de 1850–1877

A partir de 1850 hasta 1877, varios acontecimientos significativos formaron a la nación, incluso la decisión de Dred Scott y la secesión de los estados del sur, que comenzaron la guerra civil.

Esta sección analiza el período previo a la guerra civil, la guerra en sí y lo que sucedió después.

31. El Compromiso de Misuri de 1820 fue un intento de mantener un equilibrio precario entre los estados esclavistas y libres tras la petición de Maine de la estadidad. Si bien resolvió temporalmente el problema de la estadidad, el compromiso exacerbó inadvertidamente las tensiones seccionales y presagió la inminente guerra civil.

La admisión de Misuri como estado esclavista y Maine como estado libre fue un delicado acto de equilibrio destinado a preservar el equilibrio entre las dos facciones. Sin embargo, este equilibrio percibido era engañoso, ya que la adición de Misuri fortaleció aún más el poder político y la representación del Sur en el Congreso.

En 1854, se aprobó la Ley Kansas-Nebraska, que derogó el Compromiso de Misuri y permitió a los residentes de esos territorios decidir el tema de la esclavitud a través del voto popular. Esta decisión provocó feroces enfrentamientos entre las facciones proesclavistas y antiesclavistas en Kansas. Estos enfrentamientos se conocieron como "Bleeding Kansas" (Sangrado de Kansas).

Solo una batalla del Bleeding Kansas presentó una muerte, que fue accidental. El saqueo de Lawrence, Kansas, ocurrió en 1856. El sheriff Samuel Jones fue a Lawrence, que había sido establecida por aquellos que apoyaban el fin de la esclavitud, para arrestar a los colonos que apoyaban la abolición y estaban involucrados en un conflicto cercano. Jones fue expulsado de la ciudad, y la gente le disparó con sus armas.

Como resultado de este intento de "asesinato", una fuerza proesclavista atacó a Lawrence. Las fuerzas proesclavistas saquearon la ciudad, saquearon casas, destruyeron negocios e incendiaron el Hotel Free State. Uno de los hombres de la facción proesclavista murió cuando un peldaño del hotel cayó sobre su cabeza.

El saqueo de Lawrence intensificó la animosidad entre las facciones proesclavistas y antiesclavistas en Kansas. También contribuyó a las tensiones nacionales más amplias que llevaron al estallido de la guerra civil estadounidense. Los eventos en Lawrence subrayaron la naturaleza amarga y violenta de la lucha por el futuro de Kansas y el tema de la esclavitud, presagiando los conflictos que seguirían en los años previos a la guerra civil.

32. En 1857, Dred Scott, un hombre esclavizado, motivó una revuelta nacional sobre la esclavitud cuando demandó por su libertad después de residir en territorios libres.

Dred Scott nació en esclavitud alrededor de 1795 en Virginia y más tarde fue llevado al estado libre de Illinois y al Territorio de Wisconsin por su propietario, el Dr. John Emerson. En estas regiones, la esclavitud estaba prohibida por el Compromiso de Misuri de 1820. Después de regresar a Misuri, un estado esclavista, Dred Scott y su esposa Harriet presentaron demandas por su libertad basadas en el hecho de que habían estado viviendo en territorios donde se les consideraba libres.

La batalla legal culminó en el infame caso de la Corte Suprema *Dred Scott v. Sandford*. La Corte Suprema, dirigida por el Presidente del Tribunal Supremo Roger B. Taney, emitió una decisión controvertida con consecuencias de gran alcance. La Corte Suprema dictaminó que las personas esclavizadas, incluso si eran llevadas a territorios libres, seguían siendo propiedad y no tenían derecho a la libertad o la ciudadanía. La opinión del Juez Presidente Taney también declaró inconstitucional el Compromiso de Misuri, argumentando que el Congreso no tenía autoridad para prohibir la esclavitud en los territorios.

Esta decisión aumentó las tensiones y contribuyó a las crecientes divisiones entre el Norte y el Sur sobre el tema de la esclavitud. La decisión de Dred Scott afectó profundamente a la sociedad estadounidense, exacerbando las tensiones que finalmente condujeron a la guerra civil. También jugó un papel en las elecciones de 1860, ya que el Partido Republicano, dirigido por Abraham Lincoln, se opuso a la expansión de la esclavitud a nuevos territorios.

El legado del caso Dred Scott persistió incluso después de la guerra civil, influyendo en la redacción de la Decimocuarta Enmienda, que otorgó la ciudadanía a todas las personas nacidas o naturalizadas en los Estados Unidos, independientemente de su raza o condición previa de servidumbre. Hoy en día, la decisión de Dred Scott se considera una de las peores decisiones de la Corte Suprema en la historia de Estados Unidos.

33. El 16 de octubre de 1859, John Brown, un abolicionista, dirigió una redada en la armería federal en Harpers Ferry, Virginia, en un intento de provocar un levantamiento de esclavos. Intentó que varios abolicionistas de renombre se unieran a él, como Frederick Douglass y Harriet Tubman, *pero ambos se negaron*.

Brown creía que cientos de esclavos se unirían a su causa. Sin embargo, no tenía forma de contactar a los esclavos en las plantaciones cercanas. Aun así, no estaba dispuesto a renunciar a la causa.

La primera víctima de la incursión fue un hombre negro liberado que había sido disparado por detrás por uno de los asaltantes el 17 de octubre. El movimiento Causa Perdida, que surgió en 1866 y se centró en la lucha de la Confederación por los derechos de los estados, no por la esclavitud, afirmó que le habían disparado al hombre para que la esclavitud permaneciera en los estados.

Brown y sus hombres capturaron a varios rehenes y los mantuvieron en la casa de bomberos de la armería. La incursión fue rápidamente reprimida por una fuerza combinada de la milicia local y los marines estadounidenses dirigidos por el coronel Robert E. Lee. Stonewall Jackson y Jeb Stuart, talentosos oficiales militares del lado de la Confederación durante la guerra civil, también ayudaron a sofocar el ataque.

Brown y sus hombres fueron capturados el 18 de octubre. Brown fue juzgado por traición y asesinato y luego fue ejecutado el 2 de diciembre de 1859. John Wilkes Booth, quien mataría al presidente Abraham Lincoln, fue testigo de la muerte de Brown en la horca.

En el norte, la incursión de Brown se consideraba un acto heroico de desafío contra la esclavitud. Los abolicionistas reconocían a Brown como un mártir, y sus acciones inspiraron a muchos a unirse al movimiento contra la esclavitud. Sin embargo, otros en el norte se horrorizaron por la violencia y condenaron las acciones de Brown.

En el sur, la incursión de Brown alimentó los temores de una insurrección de esclavos e intensificó el resentimiento del sur hacia el norte. Muchos sureños creían que la redada era parte de un complot más grande de los abolicionistas para destruir su forma de vida. Esta creencia solidificó aún más la determinación del Sur de proteger la esclavitud, incluso si llegaba a una guerra.

34. Fort Sumter se encuentra en el puerto de Charleston, Carolina del Sur. En 1860, fue una de las últimas instalaciones militares federales restantes en el sur bajo control de la Unión. En diciembre de 1860, Carolina del Sur se separó de la Unión, seguida de varios otros estados del sur. Sin embargo, Fort Sumter permaneció bajo el control de la Unión, lo que generó tensión entre el Norte y el Sur.

La administración del presidente James Buchanan trató de reabastecer y reforzar el fuerte pacíficamente. Sin embargo, las negociaciones con las autoridades de Carolina del Sur se estancaron y la situación se volvió cada vez más volátil. El 6 de abril de 1861, el general de brigada confederado P. G. T. Beauregard, al mando de las fuerzas confederadas en Charleston, recibió la orden del gobierno confederado de exigir la rendición de Fuerte Sumter. El mayor Robert Anderson, comandante de la Unión del fuerte, se negó a rendirse, a pesar de estar quedándose sin suministros y municiones.

El 12 de abril de 1861, las fuerzas confederadas abrieron fuego contra Fort Sumter, y comenzaron un bombardeo de treinta y cuatro horas. Esto marcó el comienzo de la guerra civil estadounidense. La guarnición de la Unión en Fort Sumter se defendió, pero fueron superados y el fuerte sufrió daños significativos.

El 13 de abril, el mayor Anderson y sus hombres se rindieron. Sorprendentemente, no hubo víctimas mortales durante el bombardeo, aunque un soldado de la Unión murió y tres resultaron heridos durante la evacuación de la Unión.

La caída de Fort Sumter galvanizó tanto al Norte como al Sur. El presidente Abraham Lincoln pidió setenta y cinco mil voluntarios para reprimir la rebelión, lo que llevó a la movilización de las fuerzas de la Unión y a la escalada de la guerra civil. Fort Sumter permaneció en manos confederadas durante la mayor parte de la guerra, pero finalmente fue recapturado por las fuerzas de la Unión en 1865.

35. La guerra civil tiene muchas historias interesantes. Una de ellas involucra a un general llamado Benjamin Butler. En mayo de 1861, tres hombres esclavizados, Frank Baker, James Townsend y Shepard Mallory, escaparon del territorio confederado en Virginia y buscaron refugio en Fort Monroe, un bastión de la Unión en Virginia comandado por el general Butler. Cuando su propietario, el coronel Charles Mallory, exigió la devolución de su "propiedad", el general Butler se enfrentó a un dilema.

Butler había sido abogado antes de la guerra y reconoció que devolver a los hombres escapados a las fuerzas confederadas significaría esencialmente ayudar al enemigo. Por lo tanto, consideró a los tres hombres como "contrabando de guerra", argumentando que la Confederación los estaba utilizando para apoyar su esfuerzo de guerra.

Esta decisión sentó un precedente para el tratamiento de la Unión de los esclavos escapados. El término "contrabando" se usó ampliamente, y otros comandantes de la Unión adoptaron el enfoque de Butler. A medida que más personas esclavizadas buscaban refugio detrás de las líneas de la Unión, la política del Norte evolucionó, preparando el escenario para un cambio en la postura de la Unión sobre la esclavitud.

Si bien la Proclamación de Emancipación no se había emitido aún, la política de contrabando marcó un paso significativo hacia la eventual emancipación de las personas esclavizadas. El presidente Abraham Lincoln emitió la Proclamación de Emancipación el 1 de enero de 1863, declarando libres a todas las personas esclavizadas en el territorio controlado por los confederados. Cuatro estados (Delaware, Maryland, Kentucky y Misuri) mantuvieron la esclavitud hasta el final de la guerra y la aprobación de la Decimotercera Enmienda en 1865.

El presidente Abraham Lincoln buscó preservar la unidad de la Unión y evitar una mayor secesión al no desafiar la esclavitud en estos estados fronterizos. Creía que la emancipación en estos estados los alienaría y los empujaría a la Confederación. Estos estados fronterizos también se encontraban entre la Unión y la Confederación, lo que los hacía cruciales para controlar el flujo de bienes, tropas e información.

Si bien la Proclamación de Emancipación no liberó de inmediato a todas las personas esclavizadas, cambió el carácter de la guerra civil al hacer de la abolición de la esclavitud un objetivo central de la guerra. La historia de la política de contrabando en Fort Monroe ilustra cómo las acciones y decisiones individuales de los comandantes militares, como el general Benjamin Butler, pueden tener su relevancia dentro de la estructura más amplia de una guerra.

36. La batalla de Gettysburg es conocida por varios momentos clave, uno de los cuales es la Carga de Pickett, un asalto confederado dirigido por el general George Pickett el último día de la batalla, el 3 de julio de 1863.

El general George Pickett era un comandante de división confederado conocido por su apariencia distintiva, específicamente su larga barba negra azabache. Se le encomendó la tarea de liderar un asalto desesperado y desafortunado contra el centro de las líneas de la Unión en Cemetery Ridge. La Carga de Pickett involucró a aproximadamente doce mil soldados confederados que marcharon a través de un campo abierto hacia las posiciones de la Unión mientras soportaban devastadores disparos de artillería y rifles.

El ataque fue un esfuerzo valiente pero finalmente infructuoso para romper las líneas de la Unión. Las fuerzas confederadas sufrieron muchas bajas, y la carga a menudo se considera como ápice de toda la Confederación.

El propio general Pickett escapó por poco de la muerte durante la carga. Mientras montaba su caballo hacia el frente, resultó herido luego de que su caballo fuera alcanzado por una bala. Pickett quedó inconsciente, pero sobrevivió, aunque se vio profundamente afectado por la pérdida de sus hombres.

Después de la carga fallida, el general Pickett se reunió con el general Robert E. Lee, el comandante confederado, quien asumió la responsabilidad de la derrota y expresó su pesar por ordenar el desafortunado asalto.

El nombre del general George Pickett se asoció para siempre con el ataque, y llevaría el peso de esa asociación por el resto de su vida. Más tarde se refirió al ataque como "el matadero". La victoria de la Unión en Gettysburg a menudo se ve como un punto de inflexión en la guerra.

37. El 9 de abril de 1865, el general Robert E. Lee se rindió al general Ulysses S. Grant, poniendo fin a la guerra civil y comenzando el proceso de reconstrucción y reconciliación. El propietario de la casa donde Grant y Lee se conocieron, Wilmer McLean, se había mudado a Appomattox después de que su primera casa fuera parcialmente destruida en la primera batalla de la guerra, la Primera batalla de Bull Run, en 1861. McLean supuestamente dijo: "La guerra comenzó en mi patio delantero y terminó en mi salón delantero".

Las fuerzas de la Unión tomarían varios objetos de la casa, como la mesa utilizada para firmar la rendición. Le pagaron a McLean cientos de dólares por estos artefactos de valor incalculable. Sin embargo, algunos artículos fueron robados.

Grant se sintió abrumado por la emoción cuando vio a Lee en la mesa de rendición. Los dos hablaron de la guerra entre México y Estados Unidos, ambos habían luchado juntos en el mismo lado. El general Grant le otorgó a Lee generosos términos de rendición. Los hombres de Lee no fueron encarcelados por traición. Podían quedarse con sus armas y caballos, y Grant les dio de comer.

La decisión del general Grant de otorgar generosos términos de rendición a Lee y su ejército fue un movimiento estratégico destinado a minimizar un mayor derramamiento de sangre y promover la reconciliación. Instruyó a sus tropas para que trataran a los confederados con respeto y dignidad, evitando cualquier acto de retribución. El tratamiento magnánimo de Grant hacia Lee se extendió a las interacciones personales entre los dos generales.

Durante su reunión en la Casa McLean en Appomattox, Grant permitió que Lee retuviera su espada, un símbolo de su rango militar y honor. Aunque aparentemente insignificante, Lee apreciaba profundamente este gesto y sirvió como un poderoso símbolo de respeto y reconciliación.

El tratamiento de Lee en Appomattox no fue simplemente un acto de cortesía militar; fue una decisión consciente de promover la paz y la unidad en una nación desgarrada por la guerra.

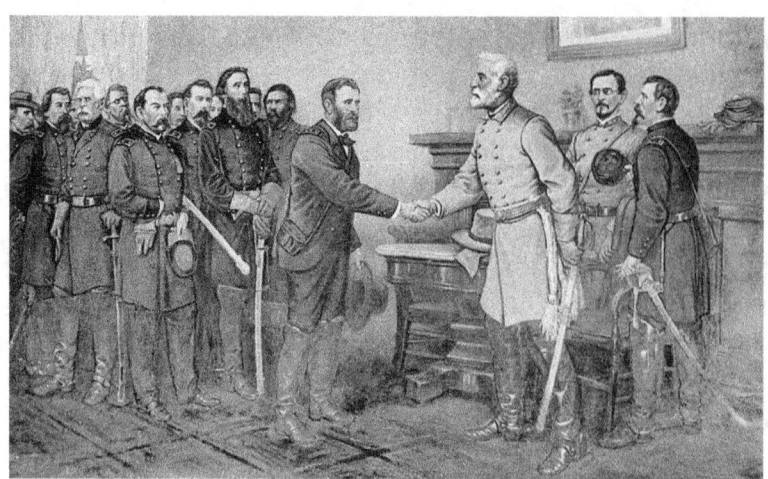

Lee entregándose a Grant en el Palacio de Justicia de Appomattox
https://commons.wikimedia.org/wiki/File:General_Robert_E._Lee_surrenders_at_Appomattox_Court_House_1865.jpg

38. La Decimotercera Enmienda abolió la esclavitud en los Estados Unidos. Su aprobación marcó un punto de inflexión decisivo en la historia de la nación, y puso fin a la institución legalizada de la esclavitud que se había afianzado durante siglos. El impacto de la enmienda se extendió más allá de la liberación inmediata de las personas esclavizadas, y preparó el terreno para nuevos avances en derechos civiles e igualdad.

Thaddeus Stevens, un ardiente congresista de Pensilvania, desempeñó un papel crucial en la abolición de la esclavitud en los Estados Unidos. Su afilada lengua y sus maniobras políticas le valieron el título de "The Old Commoner" (el viejo plebeyo), y su influencia en el Partido Republicano resultó fundamental para impulsar la Decimotercera Enmienda.

La vida personal de Stevens era compleja, y su relación con su ama de llaves negra, Lydia Hamilton, añadió más intriga a su legado. Si bien Stevens nunca declaró públicamente su estatus, algunos historiadores creen que mantuvieron una relación amorosa a largo plazo. Vivieron juntos durante décadas, y Stevens la apoyó financieramente a ella y a su hija.

Sin embargo, especular sobre la naturaleza íntima de su relación corre el riesgo de una extralimitación histórica. En cambio, es crucial reconocer la ambigüedad que rodea su vínculo al tiempo que se reconoce el compromiso inquebrantable de Stevens con la igualdad racial. Desafió abiertamente los prejuicios raciales, defendió los derechos de voto de los estadounidenses negros y condenó ferozmente las leyes de Jim Crow.

La dedicación de Stevens a la abolición no fue impulsada únicamente por la conveniencia política. Creía genuinamente en la igualdad humana, una convicción perfeccionada durante décadas de lucha contra la injusticia. Si bien su vida personal sigue envuelta en un misterio, su contribución para poner fin a la esclavitud en los Estados Unidos sigue siendo innegable.

39. La mayoría de la gente ha oído hablar de John Wilkes Booth. Pero, ¿alguna vez ha oído hablar de una mujer llamada Mary Surratt?

Durante la guerra civil estadounidense, Mary Surratt era propietaria de una pensión en Washington, DC. Ha sido vinculada con el asesinato del presidente Abraham Lincoln a través de su hijo, John Surratt, y la asociación de su pensión con John Wilkes Booth, el asesino.

John Wilkes Booth, un simpatizante y actor confederado, tramó un complot para asesinar al presidente Lincoln, al vicepresidente Andrew Johnson y al secretario de Estado William H. Seward. En la noche del 14 de abril de 1865, Booth le disparó al presidente Lincoln en el Teatro Ford mientras el presidente asistía a una obra de teatro.

El hijo de Mary Surratt, John Surratt, estuvo involucrado en la conspiración y tenía conexiones con Booth. Había participado en discusiones anteriores sobre el secuestro del presidente Lincoln, pero no participó directamente en el asesinato en sí.

Después del asesinato, Booth huyó de Washington, DC, y se lanzó una búsqueda masiva para capturarlo a él y a sus cómplices. Mary Surratt y otras personas eran sospechosas de conspirar con Booth. El 17 de abril de 1865, Mary Surratt fue arrestada en su pensión. Durante el juicio posterior por una comisión militar, fue acusada de proporcionar ayuda y refugio a Booth y sus cómplices, a pesar de probar su inocencia.

El juicio de Mary Surratt fue controvertido. El 30 de junio de 1865, fue declarada culpable y condenada a muerte. El 7 de julio de 1865, Mary Surratt fue ahorcada junto con otros tres conspiradores convictos. Fue la primera mujer en la historia de los Estados Unidos en ser ejecutada por el gobierno federal.

Su ejecución despertó diferentes reacciones, ya que algunos creían que era una participante voluntaria en la trama y otros simpatizaban con ella como madre que tal vez desconocía las actividades de su hijo. Su condena y ejecución siguen siendo objeto de debate histórico, ya que algunos argumentan que su papel en la conspiración puede no haber justificado la pena de muerte.

40. Hiram Revels nació en Fayetteville, Carolina del Norte, en 1827, de padres libres de ascendencia africana y nativa americana. En 1866, durante la era de la Reconstrucción después de la guerra civil, Revels se convirtió en ministro de la Iglesia Episcopal Metodista Africana. Poco después, entró en la política. Fue nombrado concejal en Natchez, Misisipi, convirtiéndose en uno de los primeros afroamericanos en ocupar un cargo público en el sur.

En 1867, Misisipi fue readmitido en la Unión bajo las Leyes de Reconstrucción, y la legislatura del estado eligió a Hiram Revels al Senado de los Estados Unidos en 1870. Revels se convirtió en el primer afroamericano en servir en el Senado y el Congreso de los Estados Unidos.

Revels se desempeñó como senador de los Estados Unidos por Misisipi desde el 25 de febrero de 1870 hasta el 3 de marzo de 1871. Mientras estaba en el Senado, abogó por los derechos civiles, la educación y la igualdad para los afroamericanos. Uno de los discursos más notables de Revels en el Senado fue su respuesta a un discurso del senador Charles Sumner de Massachusetts. Sumner abogó por la eliminación de la segregación en las escuelas públicas, y Revels apoyó su posición compartiendo el progreso realizado hacia la igualdad racial en Misisipi.

El servicio de Revels en el Senado fue recibido con elogios y hostilidad, y algunos de sus compañeros senadores se opusieron a su presencia debido a su raza. A pesar de los desafíos, se comportó con dignidad e integridad.

Después de su mandato en el Senado, Revels continuó participando en la educación y el ministerio. Se convirtió en el primer presidente de Alcorn Agricultural and Mechanical College (ahora Alcorn State University) en Misisipi, una institución históricamente negra.

El legado de Hiram Revels se extiende más allá de su tiempo en el cargo. Allanó el terreno para que otros afroamericanos sirvieran en el Congreso y contribuyó a promover los derechos civiles y la educación durante la era de la Reconstrucción. Aunque la era de la Reconstrucción no terminó positivamente para los afroamericanos, tras las leyes de Jim Crow aprobadas en el Sur, su legado como figura pionera en la historia de Estados Unidos continúa celebrándose hoy en día.

Sección 5: De los rieles a los derechos; eventos transformadores a finales del siglo XIX y principios del XX

Se desarrollaron varios acontecimientos importantes en Estados Unidos a finales del siglo XIX y principios del XX. Explore eventos como la Gran huelga ferroviaria, la guerra hispano-estadounidense y el incendio de la fábrica Triangle Shirtwaist. La era progresista trajo cambios sociopolíticos, y el movimiento sufragista culminó en la Decimonovena Enmienda.

Hay mucho que descubrir en este período, ¡así que comencemos!

41. La Gran huelga ferroviaria de 1877 comenzó en Martinsburg, Virginia Occidental, cuando los trabajadores del Ferrocarril de Baltimore y Ohio (B&O) se declararon en huelga el 16 de julio de 1877. La huelga fue provocada por un recorte salarial para los trabajadores ferroviarios de B&O, que ya se enfrentaban a condiciones de trabajo difíciles y bajos salarios.

    La frustración entre los trabajadores se había estado acumulando durante años. A medida que la huelga en Martinsburg se intensificó, se extendió rápidamente a otras ciudades y centros ferroviarios a lo largo de la línea B&O, incluidos Baltimore, Maryland y Pittsburgh, Pensilvania. Pronto, los trabajadores ferroviarios de otras compañías también se unieron a la huelga.

    La huelga se convirtió en uno de los levantamientos laborales más grandes y violentos de la historia de Estados Unidos. Los trabajadores en huelga bloquearon las líneas ferroviarias, sabotearon el equipo y se enfrentaron con la policía y las milicias estatales. En Baltimore, la huelga dio un giro particularmente violento. Los disturbios estallaron cuando los trabajadores en huelga se enfrentaron con la Guardia Nacional de Maryland. Las tropas dispararon contra la multitud, lo que resultó en numerosas muertes y lesiones. La huelga continuó extendiéndose a otros estados, incluidos Illinois y Misuri, donde se vieron afectados otros ferrocarriles, lo que provocó más enfrentamientos y violencia.

    El presidente Rutherford B. Hayes finalmente intervino, enviando tropas federales para sofocar los disturbios. El uso de tropas federales marcó uno de los primeros casos de intervención militar federal en una disputa laboral en los Estados Unidos. El ataque disminuyó gradualmente a medida que las tropas federales y las milicias estatales obtuvieron el control de la situación. Para principios de agosto de 1877, la huelga había terminado.

Si bien la huelga no logró sus objetivos inmediatos de aumentos salariales y mejores condiciones de trabajo para los trabajadores ferroviarios, sí llamó la atención sobre los problemas laborales y allanó el terreno para futuros movimientos laborales y el crecimiento de los sindicatos en los Estados Unidos.

42. La Ley Dawes de 1887 autorizó al gobierno de los Estados Unidos a dividir las tierras tribales de los nativos americanos en asignaciones individuales, con el objetivo de asimilar a los nativos americanos en la sociedad estadounidense general. Sus consecuencias incluyeron la pérdida de tierras tradicionales e identidad cultural entre las comunidades nativas americanas.

Antes de la Ley Dawes, la nación Osage había negociado tratados que aseguraban su territorio en lo que hoy es Oklahoma. Sin embargo, el descubrimiento de petróleo en las tierras de Osage a finales del siglo XIX intensificó la presión para la asimilación y la división de la tierra. En virtud de la Ley Dawes, la Reserva Osage se asignó a miembros tribales individuales y la tierra excedente se abrió a colonos no nativos.

Lo que hace que la historia de los Osage sea particularmente significativa es el petróleo que se encuentra en sus tierras. La Ley Dawes colocó inadvertidamente a los osage entre las personas más ricas per cápita del mundo en ese momento debido al descubrimiento de reservas de petróleo. Cada miembro de la tribu recibió una asignación, incluidos los derechos mineros, lo que llevó a lucrativos arrendamientos de petróleo.

En respuesta a esta riqueza del petróleo, el gobierno de los Estados Unidos implementó un sistema mediante el cual se nombraron guardianes no indígenas para administrar los asuntos financieros de algunos de los osage, especialmente aquellos considerados "incompetentes" para manejar su riqueza. Este sistema condujo a una corrupción y explotación generalizadas, ya que algunos guardianes desviaban la riqueza del pueblo osage.

Los osage fueron víctimas de una serie de asesinatos. Varias mujeres osage fueron asesinadas por sus maridos blancos a causa de dinero. La mayoría de los asesinatos de este periodo no se resolvieron.

Esta trágica serie de eventos puso de relieve la vulnerabilidad de las comunidades indígenas frente a la explotación externa. Finalmente, en la década de 1920, la Nación Osage y el gobierno federal trabajaron juntos para abordar la corrupción y la injusticia. Los asesinatos de osages se convirtieron en la primera investigación importante de homicidios del FBI.

43. Las crecientes tensiones entre Estados Unidos y España, alimentadas por el sensacionalismo de los periódicos y la explosión del USS *Maine*, llevaron a la guerra hispano-estadounidense. Aunque la explosión del USS *Maine* es una historia interesante, vamos a echar un vistazo a lo que estaba haciendo el futuro presidente Theodore Roosevelt.

Los Rough Riders eran un regimiento de caballería voluntario dirigido por el coronel Theodore Roosevelt. El regimiento era una mezcla diversa de vaqueros, mineros, agentes de la ley y atletas universitarios, y también incluía un notable contingente de soldados afroamericanos. Los Rough Riders ganaron fama por su papel en la batalla de la Colina de San Juan, que tuvo lugar el 1 de julio de 1898, cerca de Santiago de Cuba.

Durante la batalla, los Rough Riders y otras fuerzas estadounidenses se enfrentaron a posiciones españolas bien arraigadas en la colina de San Juan. El ataque fue intenso. El fuego pesado de tropas españolas se posicionaba en blocaos y trincheras. Los Rough Riders, liderados por Roosevelt, y los Buffalo Soldiers, un regimiento afroamericano, desempeñaron un papel clave en el asalto. Uno de los momentos más emblemáticos de la batalla fue la carga hasta Kettle Hill y San Juan Hill.

A medida que avanzaban los Rough Riders y otras fuerzas estadounidenses, Roosevelt lideró la carga a caballo, convirtiéndose en un símbolo del coraje y la determinación estadounidenses. Contrariamente al nombre, los Rough Riders, en su mayor parte, no usaban caballos. Los caballos se habían quedado en los Estados Unidos debido a una confusión.

Sin embargo, los Rough Riders luchaban con valentía. Su participación en la batalla de la Colina de San Juan recibió una amplia cobertura mediática, y los Estados Unidos celebraban sus hazañas. El liderazgo de Theodore Roosevelt durante la batalla contribuyó significativamente a su ascenso político, y más tarde se convirtió en el vicepresidente y luego en presidente de los Estados Unidos.

La guerra hispano-estadounidense tuvo consecuencias de largo alcance. Estados Unidos salió victorioso, ganando Puerto Rico, Guam y Filipinas. La adquisición de territorios impulsó a los Estados Unidos al escenario global, expandiendo su influencia más allá de sus fronteras y estableciéndolo como una potencia importante. Este nuevo estatus marcó el comienzo de un período de mayor participación en los asuntos internacionales, en el que Estados Unidos asumió un papel más asertivo en la formación del orden mundial.

44. Soapy Smith, cuyo verdadero nombre era Jefferson Randolph Smith II, fue un famoso estafador y jefe del crimen estadounidense que operó a finales del siglo XIX y principios del XX. Se hizo famoso por sus planes y actividades delictivas en varias partes de los Estados Unidos, incluida la fiebre del oro de Klondike en Alaska y la ciudad fronteriza de Skagway, Alaska.

Soapy Smith nació en el condado de Coweta, Georgia, el 2 de noviembre de 1860. Creció en una familia de estafadores y aprendió los trucos del oficio desde muy joven. Soapy era un maestro de los trucos y engaños.

A menudo operaba en ciudades que estaban experimentando un rápido crecimiento debido a la fiebre del oro de Klondike. Los recién llegados estaban ansiosos por entretenimiento y oportunidades, pero también eran vulnerables a las estafas. Soapy Smith es más conocido por sus actividades en Skagway, Alaska, durante la fiebre del oro de Klondike. Él y su banda establecieron un imperio criminal en la ciudad, una importante puerta de entrada para los buscadores de oro que se dirigían a los yacimientos de oro del Yukón.

Soapy y su pandilla controlaban a Skagway a través de una combinación de fraude, intimidación y violencia. Estableció una oficina de telégrafos y la usó para interceptar mensajes, obteniendo información valiosa sobre los recién llegados y su riqueza. La pandilla de Soapy, conocida como la "Soap Gang", participó en varias actividades ilegales, incluidos juegos de azar amañados, loterías falsas y extorsión. Él y sus secuaces a menudo atacaban a los recién llegados, robándoles su dinero.

El reinado de Soapy Smith en Skagway finalmente llamó la atención de las fuerzas del orden y los vigilantes que estaban decididos a limpiar la ciudad. En julio de 1898, se produjo un enfrentamiento conocido como el "Tiroteo en Juneau Wharf" entre la pandilla de Soapy y un grupo de vigilantes liderados por Frank Reid. Soapy Smith resultó herido de muerte en el tiroteo y murió al día siguiente.

La vida y las actividades criminales de Soapy Smith han sido objeto de numerosos libros, artículos e incluso algunas películas. Su nombre a menudo se asocia con la era de la anarquía fronteriza y los desafíos de mantener el orden en ciudades en rápido crecimiento y sin ley.

Una imagen de Soapy Smith
https://commons.wikimedia.org/wiki/File:Soapy_Smith_1898c.jpg

45. Antes de que la novela de Upton Sinclair de 1906, *The Jungle*, arrojara una luz abrasadora sobre la industria estadounidense de carne, la oscuridad reinaba en los corrales de la nación. El packingtown de Chicago, un extenso complejo de mataderos y plantas de procesamiento, se llenó de esa industria de carne que producía para una nación hambrienta. Sin embargo, debajo de la superficie de la prosperidad económica acechaba una realidad sombría para los hombres y mujeres que mantenían girando esos engranajes.

Estos trabajadores, atraídos por la promesa de salarios estables, provenían predominantemente de países como Lituania, Polonia y Alemania. Sus diversos idiomas y orígenes chocaban en la cacofonía del matadero. Pero las dificultades compartidas forjaron una sombría camaradería. Sus días eran brutales: largas horas en condiciones húmedas y fétidas en medio del constante ruido sordo de las cuchillas, el hedor de la sangre y los despojos, y la amenaza siempre presente de lesionarse con la pobre maquinaria.

La seguridad era un privilegio fugaz, sacrificado por la conveniencia. Las sierras cortaban sus dedos, las extremidades se enredaban en los engranajes y el agotamiento borraba la visión, lo que provocaba más cortes y heridas. La enfermedad nacía entre la suciedad y el humo, y afectaba la salud de los trabajadores ya debilitados por la desnutrición y la escasa remuneración.

La codicia dictaba cada rincón de la operación. La carne considerada no apta para el consumo humano era reenvasada y vendida, productos contaminados disfrazados con productos químicos y conservantes. Los trabajadores, considerados engranajes reemplazables de esa máquina, vivían en viviendas estrechas y diminutas, bajo mando de los propietarios y cuidadores de los salones. Sinclair, haciéndose pasar por un inmigrante lituano, entró a este mundo durante siete semanas. Su protagonista ficticio, Jurgis Rudkus, se convirtió en un recipiente para el sufrimiento colectivo que presenció. La transición de Jurgis de hombre esperanzado a hombre roto reflejaba el destino de innumerables trabajadores de la vida real. A través de él, Sinclair expuso la espantosa realidad de la industria: el desprecio insensible por la seguridad de los trabajadores, la adulteración desenfrenada de los alimentos y la explotación de los inmigrantes vulnerables.

El impacto del libro fue inmediato y visceral. La protesta pública obligó al presidente Theodore Roosevelt a iniciar una investigación, lo que llevó a la aprobación de la Ley de Alimentos y Medicamentos Puros y la Ley de Inspección de Carne de 1906. Si bien estas reformas no erradicaron todos los problemas, marcaron un punto de inflexión que obligó a la industria a reconocer su responsabilidad por la seguridad de los trabajadores y la calidad de los alimentos.

46. El 25 de marzo de 1911, hubo un enorme incendio en la fábrica Triangle Shirtwaist en la ciudad de Nueva York. La fábrica estaba ubicada en los pisos 8, 9 Y 10 del edificio Asch en Manhattan.

La Triangle Shirtwaist Factory era un taller clandestino de ropa donde mujeres y niñas predominantemente inmigrantes trabajaban largas horas en condiciones inseguras. Las trabajadoras producían blusas para mujeres.

El incendio comenzó en el octavo piso, probablemente debido a un cigarrillo desechado o una máquina de coser defectuosa, y se extendió rápidamente. Las puertas de la fábrica estaban cerradas con llave para evitar robos y roturas no autorizadas, lo que condujo a que las trabajadoras quedaran atrapadas en el interior. La falta de medidas de seguridad contra incendios, como rociadores y escaleras de incendios, dificultaba que las trabajadoras escaparan del fuego que avanzaba rápidamente. Las escaleras del departamento de bomberos no llegaban a los pisos superiores del edificio.

En un intento desesperado por escapar de las llamas, algunas trabajadoras saltaron de las ventanas y murieron en el pavimento. Otras fueron quemadas vivas o asfixiadas en las habitaciones repletas de humo. El incendio duró solo unos 18 minutos, pero provocó la muerte de 146 personas, la mayoría de las cuales eran mujeres jóvenes inmigrantes, muchas de ellas judías e italianas.

El incendio de la fábrica Triangle Shirtwaist conmocionó a la nación. Impulsó el movimiento de reforma laboral y condujo a una mayor conciencia de los derechos de los trabajadores y la necesidad de mejorar las condiciones de seguridad en las fábricas. Después del incendio, la protesta pública y el mayor activismo por los derechos de los trabajadores y las reformas de seguridad llevaron a cambios legislativos en el estado de Nueva York y, finalmente, en todo el país. Estas reformas incluían mejores regulaciones de seguridad contra incendios, leyes de compensación para trabajadores y el establecimiento de agencias de inspección de fábricas.

47. El movimiento por el sufragio femenino cobró impulso durante la era progresista, ya que las mujeres exigían derecho al voto. Los esfuerzos de las sufragistas y otras organizaciones condujeron a la aprobación y promulgación de la Decimonovena Enmienda en 1919 y 1920, respectivamente, que otorgaba a las mujeres el derecho al voto.

Sin embargo, no fue una camino tranquilo. Las activistas conocidas como "las Centinelas Silenciosas" estaban a la vanguardia del movimiento por el sufragio femenino. Se manifestaban en la Casa Blanca, exigiendo el derecho al voto de las mujeres. Muchas de estas sufragistas fueron arrestadas y, tras su arresto, soportaron duras condiciones en prisión.

El 14 de noviembre de 1917 (también conocida como la Noche del Terror), un grupo de treinta y tres sufragistas, incluidas Lucy Burns y Alice Paul, fueron trasladadas a la Casa de Trabajo Occoquan, donde fueron sometidas a un trato brutal por parte de los guardias de la prisión. Las mujeres fueron golpeadas, maltratadas verbalmente y alimentadas a la fuerza cuando se declararon en huelga de hambre para protestar por su encarcelamiento.

Uno de los incidentes más infames fue el de Alice Paul. Le colocaron una camisa de fuerza, la ataron a las barras de su celda y la abandonaron allí durante horas. Otras sufragistas se enfrentaron a una brutalidad similar. Algunas fueron arrojadas a celdas frías e insalubres y se les negaron las necesidades básicas.

Las noticias de la Noche del Terror se extendieron rápidamente, y llamó la atención sobre la causa de las sufragistas e intensificó el apoyo público al sufragio femenino. El duro trato que enfrentaron estos activistas ayudó a exponer la brutalidad de las autoridades y contribuyó a un cambio en la opinión pública.

Todas las sufragistas involucradas en la Noche del Terror fueron liberadas el 27 de noviembre. Solo le tomaría dos meses al presidente Woodrow Wilson, a quien se culpó de la crueldad, anunciar un proyecto de ley sobre el sufragio femenino.

Una imagen de las Centinelas Silenciosas protestando frente a la Casa Blanca
https://commons.wikimedia.org/wiki/File:Women_suffragists_picketing_in_front_of_the_White_house.jpg

48. El presidente Theodore Roosevelt es bien conocido por sus reformas en el cargo. Sin embargo, desviémonos de nuestras historias de las reformas progresistas y centrémonos en algo diferente.

En noviembre de 1902, el presidente Theodore Roosevelt se embarcó en una expedición de caza en Misisipi, guiado por un famoso cazador de osos llamado Holt Collier. La expedición tenía como objetivo cazar osos negros de la zona. Después de días de caza, el grupo tuvo poco éxito, y el presidente Roosevelt estaba ansioso por encontrar un oso.

El 14 de noviembre, los perros de caza acorralaron a un oso negro. Roosevelt se acercó al oso, preocupado por su condición agotada e indefensa. Consideraba que era antideportivo disparar al oso en tal estado. En lugar de dispararle al oso, Roosevelt ordenó que lo sacaran de su miseria con un cuchillo, y cerró la caza sin dispararle al oso.

La noticia del acto de compasión del presidente Roosevelt se extendió rápidamente y capturó la imaginación del público. Un caricaturista político llamado Clifford Berryman representó la escena en una viñeta titulada "Drawing the Line in Mississippi", publicada en *The Washington Post* el 16 de noviembre de 1902. La caricatura mostraba a Roosevelt negándose a disparar al oso, y esta imagen pronto se volvió icónica.

El oso en la caricatura era representado como un pequeño y adorable cachorro de oso, que más tarde inspiró al dueño de una tienda de dulces de Brooklyn llamado Morris Michtom. La esposa de Morris Michtom, Rose, tuvo la idea de crear un oso de peluche basado en la caricatura. Lo llamaron "Teddy bear", combinando el apodo de Roosevelt ("Teddy") y "bear" (oso).

El oso de peluche se convirtió en una sensación y rápidamente ganó popularidad. La popularidad del oso de peluche llegó a la Ideal Novelty and Toy Company de los Michtom, y este se convirtió en un juguete preferido por los niños.

La compasión mostrada por Theodore Roosevelt durante la caza del oso inspiró la creación del oso de peluche y consolidó su reputación como líder compasivo.

49. A principios del siglo XX, Estados Unidos enfrentó una serie de pánicos financieros y crisis bancarias. Una de las más importantes de estas crisis ocurrió en 1907, conocida como el Pánico financiero de 1907. El pánico financiero de 1907 se caracterizó por una grave recesión financiera, corridas bancarias y una falta de control centralizado sobre el sistema monetario de la nación. La ausencia de un banco central dificultó la respuesta efectiva a la crisis.

El pánico fue provocado en gran medida por el intento de manipular el precio de las acciones de la United Copper Company, lo que llevó a una reacción en cadena de corridas bancarias e inestabilidad financiera. El destacado banquero y financiero J. P. Morgan desempeñó un papel clave para detener el caos. Morgan organizó personalmente un grupo de compañeros banqueros que unieron sus recursos para apoyar a los bancos con problemas y restaurar la confianza en el sistema financiero.

Si bien los esfuerzos de Morgan ayudaron a estabilizar la situación, también destacaron la necesidad de una solución más sistemática y permanente a las crisis financieras y la regulación del sistema bancario. A raíz del pánico de 1907, hubo un creciente consenso de que Estados Unidos necesitaba un sistema bancario central para proporcionar estabilidad, regular la oferta monetaria y actuar como prestamista de último recurso durante las crisis financieras.

En 1913, el presidente Woodrow Wilson firmó la Ley de la Reserva Federal, creando el Sistema de la Reserva Federal. La Reserva Federal se estableció como un banco central descentralizado con doce bancos regionales y una Junta de Gobernadores en Washington DC. La Reserva Federal tenía la autoridad para emitir moneda, establecer tasas de interés, regular los bancos y proporcionar una red de seguridad durante las emergencias financieras.

Se convirtió en la piedra angular del sistema monetario y financiero moderno de los Estados Unidos. A lo largo de los años, la Reserva Federal ha desempeñado un papel crucial en la gestión de la política monetaria del país, en la respuesta a las crisis financieras y en el fomento de la estabilidad económica.

50. La construcción del Canal de Panamá, una hazaña monumental de ingeniería, se completó en 1914. Esta vía fluvial conectaba los océanos Atlántico y Pacífico, y reducía significativamente el tiempo de viaje de los barcos, mejorando el comercio y el transporte internacional. El canal facilitó el comercio mundial y proyectó la destreza de la ingeniería estadounidense y el dominio estratégico en el escenario mundial. Esta maravilla de la ingeniería solidificó la posición de Estados Unidos como un jugador importante en los asuntos internacionales, y marcó el comienzo de una era de dominio estadounidense durante la mayor parte del siglo XX.

Una historia interesante relacionada con el canal de Panamá involucra los esfuerzos exitosos para combatir y erradicar las enfermedades transmitidas por mosquitos durante su construcción. La malaria y la fiebre amarilla constituyeron importantes amenazas para la salud de los trabajadores durante los primeros intentos de construcción del Canal de Panamá, especialmente durante las obras francesas de finales del siglo XIX. El proyecto francés, dirigido por Ferdinand de Lesseps, se enfrentó a importantes desafíos, incluidas las altas tasas de mortalidad de los trabajadores debido a estas enfermedades.

Cuando los Estados Unidos se hicieron cargo de la construcción del canal a principios del siglo XX, el ingeniero jefe John F. Stevens y más tarde el ingeniero jefe George W. Goethals implementaron una campaña integral de salud pública para abordar las enfermedades transmitidas por mosquitos. La campaña fue dirigida por el Dr. William C. Gorgas, cirujano y experto en saneamiento del Ejército de los Estados Unidos. Gorgas y su equipo se centraron en controlar la población de mosquitos, que transmitían enfermedades como la malaria y la fiebre amarilla. Implementaron medidas como el drenaje de agua estancada, la fumigación de edificios y la introducción de larvicidas para matar las larvas de mosquitos.

Uno de los avances más significativos fue el descubrimiento de que el *Aedes aegypti* era el principal vector de la fiebre amarilla. Al eliminar los criaderos de este mosquito específico, Gorgas y su equipo redujeron drásticamente la incidencia de la fiebre amarilla.

El control exitoso de las enfermedades transmitidas por mosquitos fue crucial para completar el canal de Panamá. Las mejores condiciones de salud pública permitieron una fuerza laboral estable y eficiente. El canal fue inaugurado oficialmente el 15 de agosto de 1914. Los esfuerzos para combatir las enfermedades durante la construcción del canal de Panamá fueron pioneros en el campo de la medicina tropical y contribuyeron a los avances en las prácticas de salud pública en todo el mundo.

Sección 6: De las victorias a la superpotencia; los años transformadores de 1914–1945 en la historia de los Estados Unidos

De 1914 a 1945, hubo varios acontecimientos importantes que dieron forma a la historia de Estados Unidos. La loca década de los veinte trajeron crecimiento económico, pero la Gran Depresión trajo consigo un declive. Los Estados Unidos entraron en la Segunda Guerra Mundial después del ataque a Pearl Harbor, y finalmente lanzaron bombas atómicas sobre Hiroshima y Nagasaki, allanando el terreno para la Guerra Fría.

Veamos algunas historias interesantes durante esta era moderna.

51. Mientras Europa se preparaba para el cataclismo de la Primera Guerra Mundial, un conflicto diferente hervía a fuego lento en todo el Río Grande. Los años que condujeron a la entrada de Estados Unidos en la guerra global en 1917 estuvieron marcados por la escalada de tensiones con México, una mezcla turbulenta de disturbios revolucionarios, escaramuzas fronterizas y personalidades enfrentadas.

    Las brasas de este conflicto fueron encendidas por la Revolución mexicana, una sangrienta lucha por la justicia social que estalló en 1910. Los intereses estadounidenses, particularmente las compañías mineras y petroleras, se vieron atrapados en el fuego cruzado. Las redadas en toda la frontera en manos de facciones revolucionarias lideradas por figuras carismáticas como Pancho Villa se convirtieron en algo común, y avivaron los temores de inestabilidad y amenazas a las vidas y propiedades estadounidenses.

    El presidente Woodrow Wilson, un pacifista de corazón, navegó por este volátil paisaje con cautelosa neutralidad. Reconoció la legitimidad de las aspiraciones mexicanas de reforma, pero le preocupaba la escalada de violencia y la salvaguardia de los intereses estadounidenses. Este acto de equilibrio resultó cada vez más difícil a medida que los ataques fronterizos, particularmente la incursión de Villa en Columbus, Nuevo México, en 1916, se volvieron más audaces y descarados.

    Allí entra el general John Pershing, una estrella en ascenso en el ejército de los EE. UU. Wilson, presionado por la indignación pública y las demandas de acción del Congreso, envió a Pershing a través de la frontera con la misión de capturar a Villa y restaurar el orden. La "Expedición Punitiva", como se la llamaba, se convirtió en un ejercicio frustrante. Pershing, un planificador meticuloso, luchó por localizar a Villa en el vasto desierto mexicano, mientras que el presidente mexicano Venustiano Carranza se opuso vehementemente a la incursión de la soberanía de su nación.

Mientras tanto, George Patton, al servicio de Pershing, perfeccionaba sus habilidades tácticas y su sed de acción. Aunque no lograron capturar a Villa, esto sirvió como entrenamiento para el ejército estadounidense, quien se preparó para el conflicto de mayor envergadura que se avecinaba.

Finalmente, la entrada de Estados Unidos en la Primera Guerra Mundial en 1917 desvió la atención de la frontera mexicana. La Expedición Punitiva se retiró, dejando atrás solo descontento y un recordatorio de la compleja y tensa relación entre las dos naciones.

52. Al principio de la Primera Guerra Mundial, Estados Unidos se mantuvo neutral, mientras que Alemania libró una guerra submarina sin restricciones contra el transporte marítimo aliado. En enero de 1917, la inteligencia británica interceptó un telegrama codificado enviado por el ministro de Asuntos Exteriores alemán Arthur Zimmermann al embajador alemán en México, Heinrich von Eckardt.

El Telegrama de Zimmermann proponía una alianza militar entre Alemania y México en caso de que Estados Unidos entrara en la Primera Guerra Mundial del lado de los Aliados (Gran Bretaña, Francia y Rusia, entre otros). Alemania prometió a México apoyo financiero y la devolución del territorio perdido a los Estados Unidos, específicamente Texas, Nuevo México y Arizona.

Los descifradores británicos descifraron con éxito el telegrama y compartieron su contenido con Estados Unidos a finales de febrero de 1917. La revelación del Telegrama de Zimmermann tuvo un profundo impacto en los Estados Unidos. Levantó la indignación pública e influyó significativamente en la opinión pública con respecto a la guerra.

El 2 de abril de 1917, el presidente Woodrow Wilson pidió al Congreso una declaración de guerra contra Alemania, afirmando que el mundo debe ser seguro para la democracia. Los Estados Unidos ingresaron oficialmente a la Guerra Mundial el 6 de abril de 1917. La participación estadounidense en la guerra fue fundamental para inclinar la balanza a favor de los Aliados y, en última instancia, contribuyó a su victoria. El telegrama de Zimmermann se cita a menudo como un evento fundamental que llevó a la entrada de los Estados Unidos en la Primera Guerra Mundial.

Después de la guerra, los funcionarios alemanes confirmaron la autenticidad del Telegrama de Zimmermann, consolidando aún más su importancia histórica. El Telegrama de Zimmermann es un ejemplo convincente de cómo la inteligencia y la diplomacia se cruzaban durante la Primera Guerra Mundial. Su interceptación y divulgación demostraron el poder del desciframiento de códigos en la guerra.

53. Los años veinte fueron un período de prosperidad económica y cambio cultural, caracterizado por la introducción de nuevas tecnologías, la música jazz y la liberación social. Sin embargo, esta época también se vio empañada por la aprobación de la Decimoctava Enmienda, que prohibía la producción, venta y

transporte de licor.

Si bien tenía la intención de promover la templanza, la Prohibición dio lugar a un próspero comercio ilegal de alcohol y al surgimiento de poderosas organizaciones criminales. Una de las figuras más notorias de esta época fue Al Capone, también conocido como "Scarface". Capone saltó a la fama como gánster y contrabandista en Chicago, donde controlaba una parte significativa del comercio ilegal de alcohol. Su imperio criminal incluía bares clandestinos, cervecerías y una red de funcionarios corruptos. La operación de Capone estaba muy organizada, y se hizo conocido por su crueldad al eliminar rivales y mantener el control sobre su territorio. Sus actividades delictivas se extendían más allá del alcohol, e involucraban chantaje, juegos de azar y otras empresas ilícitas.

A pesar de la violencia a su pandilla, logró cultivar una imagen pública como una figura carismática y generosa. Por ejemplo, en respuesta a las dificultades económicas que enfrentaron muchos estadounidenses durante la Gran Depresión, Al Capone decidió establecer comedores populares para proporcionar comidas gratuitas a los necesitados. Estos comedores populares, a menudo organizados por los asociados de Capone, distribuían alimentos a las personas desempleadas y empobrecidas de Chicago.

Las motivaciones de Capone para estos esfuerzos caritativos eran probablemente complejas. Algunos especulan que vio esto como una forma de mejorar su imagen pública, especialmente dada la atención negativa que recibió por sus actividades delictivas. Además, las dificultades económicas de la Gran Depresión presentaron una oportunidad para que Capone ganara el favor del público.

La historia de Al Capone y la era de la Prohibición ofrece una ventana a la dinámica compleja y a menudo contradictoria de un período de transformación en la historia de Estados Unidos. A día de hoy, la Decimoctava Enmienda es la única enmienda en la Constitución de los Estados Unidos que ha sido derogada. La prohibición terminó en 1933.

Al Capone en 1930
https://commons.wikimedia.org/wiki/File:Al_Capone_in_1930.jpg

54. En 1927, Charles Lindbergh logró una de las mayores hazañas de la historia de la aviación al convertirse en la primera persona en volar solo sin escalas a través del océano Atlántico. Este vuelo histórico le valió el reconocimiento internacional y marcó para siempre su lugar en los anales de la aviación.

El 20 de mayo de 1927, Lindbergh despegó de Roosevelt Field en Nueva York en su solitario viaje a París, Francia. El vuelo de Lindbergh cubrió una distancia de aproximadamente 3600 millas (5800 kilómetros). Navegó principalmente usando la navegación por estima y la navegación astronómica. El vuelo duró treinta y tres horas y treinta minutos.

Lindbergh aterrizó en Le Bourget Field en París el 21 de mayo de 1927, y lo recibieron como un héroe. Una multitud de 100.000 personas se reunieron para saludarlo, y se convirtió en una sensación internacional instantánea. Lindbergh recibió numerosos premios y honores por su logro, incluido el Premio Orteig, que ofrecía una recompensa de $ 25.000 por lograr el primer vuelo transatlántico sin escalas.

La vida de Charles Lindbergh dio un giro sombrío en 1932. Charles Lindbergh Jr., el hijo de veinte meses de Charles Lindbergh y su esposa, Anne Morrow Lindbergh, fueron secuestrados en Hopewell, Nueva Jersey. El secuestro del bebé de Lindbergh se convirtió en un caso sensacional y de alto perfil, que finalmente condujo a una de las investigaciones criminales más famosas de la historia de Estados Unidos.

En la noche del 1^ero de marzo de 1932, secuestraron al bebé de Lindbergh a través de una ventana abierta. Dejaron una nota de rescate escrita a mano que exigía 50.000 dólares.

Los Lindbergh cumplieron con las demandas de rescate e iniciaron negociaciones con el secuestrador, quien utilizó una serie de cartas y llamadas telefónicas codificadas para comunicarse. Pagaron el rescate, pero no devolvieron al bebé.

En mayo de 1932, encontraron los restos del bebé en una zona boscosa a unas 4,5 millas de la casa de Lindbergh. Una autopsia determinó que el niño había muerto por una fractura de cráneo.

La investigación condujo al arresto de Bruno Hauptmann, un inmigrante alemán que tenía parte del dinero del rescate en su poder. Hauptmann fue juzgado, declarado culpable de secuestro y asesinato, y posteriormente ejecutado en la silla eléctrica en 1936. A día de hoy, la gente no está segura de si Hauptmann era culpable.

El caso de secuestro de bebés de Lindbergh tuvo un profundo impacto en la ley estadounidense, lo que llevó a la Ley Federal de Secuestro, también conocida como la "Ley Lindbergh", que convierte al secuestro en un delito federal si la víctima cruza las fronteras estatales. También aumentó las medidas de seguridad y la conciencia en torno a la seguridad de los niños.

55. El 29 de octubre de 1929, el mercado de valores se desplomó, marcando el comienzo de la Gran Depresión, la peor recesión económica en la historia de los Estados Unidos. La Gran Depresión, que se extendió desde 1929 hasta finales de la década de 1930, fue un período de dificultades económicas sin precedentes. La caída del mercado de valores de 1929 desencadenó un devastador efecto dominó, que llevó a un desempleo generalizado, fracasos empresariales y ruina financiera. El corazón industrial de la nación se vio particularmente afectado, ya que las fábricas cerraron y los trabajadores perdieron sus trabajos. Los agricultores lucharon contra la caída de los precios de los cultivos y las duras condiciones climáticas, mientras que la pobreza y el hambre crecían desenfrenadamente.

Después de la Primera Guerra Mundial, el Congreso aprobó una legislación que prometía un bono a los veteranos, pero el pago no se programó hasta 1945. A medida que la Gran Depresión se profundizó, muchos veteranos se encontraron en circunstancias económicas extremas. En respuesta, un grupo de aproximadamente 20.000 veteranos, conocido como la *Fuerza Expedicionaria de Bonificación* o el *Bonus Army (Ejército de Bonificación)*, marchó a la capital de la nación en el verano de 1932 para exigir el pago inmediato de sus bonificaciones. Los veteranos establecieron campamentos improvisados en Washington DC y sus alrededores, con la esperanza de llamar la atención sobre su causa. Ocuparon edificios gubernamentales, incluidos edificios federales abandonados y un área frente al Capitolio conocida como "Anacostia Flats". El Bonus Army esperaba influir en el Congreso para que aprobara una legislación para el pago anticipado de sus bonificaciones.

A medida que avanzaba el verano, las tensiones aumentaron y la situación se volvió más polémica. Los veteranos se enfrentaron a la resistencia de las autoridades locales. El presidente Herbert Hoover ordenó la evacuación de los campamentos del Bonus Army. El 28 de julio de 1932, el Ejército de los Estados Unidos, dirigido por el general Douglas MacArthur y el mayor Dwight D. Eisenhower, quienes desempeñarían papeles importantes en la Segunda Guerra Mundial, retiró por la fuerza a los veteranos de sus campamentos. Se utilizaron gases lacrimógenos y fuerza militar para dispersar a los manifestantes.

El desalojo del Bonus Army fue un evento muy publicitado y controvertido. Las imágenes de los militares estadounidenses enfrentándose a los veteranos de la Primera Guerra Mundial atrajeron una atención generalizada y contribuyeron a la percepción pública negativa del manejo de la crisis económica por parte del presidente Hoover.

El Bonus Army enfrentando a la policía en 1932
https://commons.wikimedia.org/wiki/File:Bonus_marchers_05510_2004_001_a.gif

56. Durante la Gran Depresión de la década de 1930, surgieron los Hoovervilles (barrios pobres de viviendas improvisadas que albergaban a estadounidenses desempleados sin hogar) en varias ciudades de los Estados Unidos. Uno de los Hoovervilles más conocidos se encontraba en la ciudad de Nueva York, justo en el corazón del Central Park de Manhattan.

Este Hooverville, a menudo llamado el "Hooverville de Central Park", se estableció a principios de la década de 1930. El Hooverville de Central Park fue el hogar de cientos de personas y familias sin hogar que habían perdido sus empleos, hogares y ahorros debido a las dificultades económicas de la Gran Depresión. Los residentes de este Hooverville construían sus casas con cualquier material que encontraran, como cartón, restos de madera y metal. Las chozas y tiendas de campaña estaban densamente apiñadas en la zona, creando una comunidad improvisada.

La vida en este Hooverville era un desafío, ya que los residentes carecían de acceso a servicios básicos como agua corriente e instalaciones de saneamiento. La comunidad enfrentaba hacinamientos, falta de higiene y refugio inadecuado, pero era un espacio que proporcionaba un sentido de comunidad y apoyo para sus habitantes.

Además de las terribles condiciones de vida, los residentes se enfrentaban a la constante amenaza de desalojo. Los funcionarios de la ciudad y las autoridades del parque a menudo intentaban desarmar el Hooverville, pues lo veían como una monstruosidad y una violación de las regulaciones del parque.

El Hooverville de Central Park se convirtió en un símbolo del sufrimiento económico y la falta de vivienda causados por la Gran Depresión. Fotógrafos y periodistas documentaron la vida en este Hooverville, llamando la atención sobre la difícil situación de las personas sin hogar durante este difícil período.

A medida que el país emergió lentamente de la Gran Depresión e implementó programas de ayuda bajo el New Deal del presidente Franklin D. Roosevelt, las condiciones en los Hoovervilles mejoraron gradualmente. El Hooverville de Central Park fue finalmente desmantelado a mediados de la década de 1930, pero su existencia sirve como un recordatorio duradero de las dificultades económicas y los desafíos sociales que enfrentaron los estadounidenses durante la Gran Depresión.

57. El 29 de diciembre de 1940, Roosevelt anunció que Estados Unidos sería el "Arsenal de la Democracia", y se comprometió a proporcionar ayuda militar y apoyo a los países que luchaban contra las potencias del Eje en la Segunda Guerra Mundial. Los Estados Unidos se convirtieron en un importante proveedor de material de guerra, y contribuyeron significativamente a la eventual victoria de los Aliados. Estados Unidos le dio a la URSS más de 400.000 camiones.

Sí, aunque Estados Unidos y Rusia a menudo están en desacuerdo, los dos fueron aliados durante la Segunda Guerra Mundial. Como parte del programa de Préstamo y Arriendo, Estados Unidos proporcionó ayuda militar a la Unión Soviética, que era un socio crucial en el Frente Oriental contra la Alemania nazi.

Un aspecto notable del programa de Préstamo y Arriendo fueron las entregas de aviones a la Unión Soviética mediante el uso de una ruta conocida como la vía aérea Alaska-Siberia (ALSIB). Esta vía aérea permitía que aviones de fabricación estadounidense volaran desde los Estados Unidos a la Unión Soviética, cruzando Alaska y Siberia.

Los pilotos, muchos de los cuales eran aviadores civiles, desempeñaron un papel crucial en la entrega de la aeronave. Volaron los aviones a través del traicionero terreno de Alaska y las vastas distancias de Siberia, enfrentando condiciones climáticas extremas, vuelos largos y una navegación desafiante.

Uno de los aviones entregados a través de la ruta ALSIB fue el Bell P-39 Airacobra. Este avión de combate de motor único, equipado con un cañón único en el centro, se convirtió en un activo importante para la Fuerza Aérea Soviética en el Frente Oriental.

La ruta ALSIB fue testigo de cientos de entregas exitosas de aviones estadounidenses a la Unión Soviética durante la guerra. La cooperación a través del programa de Préstamo y Arriendo, incluidos los increíbles vuelos de la ruta ALSIB, fortaleció el esfuerzo aliado contra las potencias del Eje y mostró la escala global de colaboración durante la Segunda Guerra Mundial.

58. El 7 de diciembre de 1941, los japoneses atacaron Pearl Harbor, lo que llevó a los Estados Unidos a entrar en la Segunda Guerra Mundial. No hace falta decir que el ataque a Pearl Harbor fue un momento crucial en la historia de Estados Unidos, y marcó la entrada de la nación en la Segunda Guerra Mundial dando forma a su política exterior en las próximas décadas. Las ramificaciones inmediatas del ataque fueron devastadoras: dos mil estadounidenses murieron, hubo cientos de heridos y siete barcos hundidos.

Durante el ataque sorpresa de los japoneses, el USS *Nevada* estaba amarrado en el Battleship Row, en el lado sur de la isla Ford. El barco era uno de los objetivos principales y sufrió varios impactos de bombas y torpedos. A pesar de estar muy dañado, la tripulación del USS *Nevada*, bajo el mando del capitán Francis W. Scanland, logró poner en marcha el barco.

Al darse cuenta de que el acorazado estaba en peligro de hundirse y bloquear la entrada del puerto, el capitán Scanland ordenó al USS *Nevada* que se dirigiera a mar abierto. Bajo el intenso fuego enemigo, el barco hizo un jugado intento de escapar del puerto. A pesar de sufrir más daños y ataques de aviones japoneses, el USS *Nevada* navegó con éxito por el canal del puerto. La tripulación encalló intencionalmente el acorazado en el Hospital Point para evitar que se hundiera en la entrada del puerto.

La puesta a tierra del USS *Nevada* tuvo implicaciones estratégicas. Permitió que el barco evitara obstruir el puerto y permitió que Estados Unidos lo rescatara y eventualmente lo reparara. Después del ataque, el USS *Nevada* fue reparado, modernizado y regresó al servicio activo posterior dentro del Pacífico.

La historia del intento de escape del USS *Nevada* durante el ataque a Pearl Harbor muestra la determinación, el ingenio y la valentía de los estadounidenses en circunstancias difíciles. La exitosa encalladura del barco y su posterior recuperación se convirtieron en un símbolo de resistencia ante la adversidad durante uno de los días más oscuros de la historia militar estadounidense.

El USS Nevada en 1944
https://commons.wikimedia.org/wiki/File:Uss_nevada.jpg

59. Estados Unidos lanzó bombas atómicas sobre las ciudades japonesas de Hiroshima y Nagasaki a principios de agosto de 1945, lo que llevó a la rendición de Japón y al final de la Segunda Guerra Mundial.

Si bien es difícil saberlo con certeza, se cree que los bombardeos atómicos de Hiroshima y Nagasaki causaron entre 129.000 y 226.000 muertes japonesas, y la mayoría de las víctimas murieron inmediatamente después de las explosiones. Los bombardeos también causaron lesiones generalizadas y efectos a largo plazo en la salud, incluidas enfermedades por radiación y cáncer.

En 1955, diez años después del bombardeo, un grupo de veinticinco mujeres japonesas que habían sobrevivido a la explosión atómica buscaron ayuda médica en los Estados Unidos para abordar las desfiguraciones graves y las cicatrices causadas por la radiación. Las mujeres japonesas fueron víctimas de los efectos a largo plazo de la bomba atómica, enfrentando desafíos físicos y sociales debido a su apariencia.

Hubo un movimiento humanitario para llevar a estas mujeres a los Estados Unidos para recibir tratamiento médico y cirugía reconstructiva. La iniciativa fue dirigida por el Dr. Tatsuo Yamada, un cirujano plástico japonés, y el periodista Norman Cousins, quien ayudó a coordinar el proyecto. El programa se llamó "Hiroshima Maidens" (Señoritas de Hiroshima).

Las Señoritas de Hiroshima llegaron a los Estados Unidos en 1955, donde recibieron atención médica, cirugías y rehabilitación en el Hospital Mount Sinai en la ciudad de Nueva York. El tratamiento tenía como objetivo mejorar tanto su salud física como su bienestar social abordando los efectos visibles de la bomba atómica.

La historia de las Señoritas de Hiroshima atrajo una atención significativa de los medios de comunicación, y las mujeres se convirtieron en símbolos de las consecuencias a largo plazo de la guerra nuclear. El programa brindó atención médica y facilitó el intercambio cultural y el entendimiento entre los sobrevivientes japoneses y la comunidad médica estadounidense.

60. A fines de la década de 1940, después de las exitosas pruebas de bombas atómicas en el desierto de Nuevo México, el Proyecto Manhattan continuó su investigación para mejorar el diseño y la eficiencia de estas armas. Un componente crítico de la bomba atómica era una esfera de material fisible, generalmente plutonio o uranio, que podría sostener una reacción nuclear en cadena cuando se llevara a una masa crítica. Este núcleo a menudo se denominaba "pozo".

En agosto de 1945, unos días antes del bombardeo de Nagasaki, el físico Harry Daghlian estaba realizando experimentos en el Laboratorio de Los Álamos en Nuevo México. Estaba trabajando con un núcleo de plutonio, más tarde conocido como el "núcleo demoníaco". Daghlian estaba realizando un experimento crítico para medir los efectos de colocar ladrillos de carburo de tungsteno alrededor del núcleo de plutonio, esencialmente probando qué tan cerca podría estar el núcleo de alcanzar una masa crítica sin causar una reacción nuclear en cadena. Durante el experimento, a Daghlian se le cayó accidentalmente un ladrillo sobre el núcleo de plutonio, lo que trajo consecuencias supercríticas. La radiación de neutrones inundó la habitación, y Daghlian se dio cuenta rápidamente del peligro en el que se encontraba. Con un esfuerzo heroico, Daghlian retiró el ladrillo e intentó limitar su exposición a la radiación, pero ya era tarde; había recibido una dosis letal de radiación durante el incidente.

Daghlian fue trasladado de urgencia al hospital y, a pesar de los mejores esfuerzos del personal médico, murió veinticinco días después, el 15 de septiembre de 1945, convirtiéndose en la primera víctima mortal por exposición a radiación.

El "núcleo demoníaco" estuvo involucrado en otro accidente menos de un año después, cuando el físico Louis Slotin realizaba un experimento similar. Slotin también murió por exposición a la radiación, enfatizando aún más los peligros de trabajar con materiales fisibles.

Estos incidentes contribuyeron a una mayor conciencia de los peligros de la investigación nuclear y la necesidad de protocolos de seguridad estrictos en las instalaciones nucleares. También desempeñaron un papel en el desarrollo de medidas y procedimientos de seguridad para el manejo de materiales fisibles.

Sección 7: El destino de los Estados Unidos entre 1946 y 1980

De 1946 a 1980, varios eventos fundamentales dieron forma a la historia de los Estados Unidos. Las tensiones de la Guerra Fría entre Estados Unidos y la Unión Soviética allanaron el terreno con guerras indirectas como la guerra de Corea y la guerra de Vietnam. *El caso Brown contra Consejo de Educación de* Topeka consideró inconstitucional la segregación escolar, y fomentó el movimiento de derechos civiles. El escándalo de Watergate y la renuncia de Nixon expusieron la corrupción.

¡Eche un vistazo a algunas historias interesantes de este período!

61. El Plan Marshall era un programa estadounidense que proporcionaba ayuda a Europa Occidental después de la devastación de la Segunda Guerra Mundial. Fue promulgado en 1948 y proporcionó más de quince mil millones de dólares para ayudar a financiar los esfuerzos de reconstrucción en Europa. El plan tenía como objetivo restaurar la estabilidad económica, prevenir la propagación del comunismo y fomentar la interdependencia económica entre Europa y los Estados Unidos.

    Después de la Segunda Guerra Mundial, Francia enfrentó graves desafíos económicos, incluido una base industrial paralizada, escasez de alimentos y una economía complicada. El Plan Marshall desempeñó un papel crucial para ayudar a Francia a reconstruir y revitalizar su economía. Un ejemplo notable es la transformación de la ciudad francesa de Le Havre.

    Le Havre había sufrido grandes daños durante la guerra, y su puerto, crítico para el comercio y la actividad económica, estaba en ruinas. La ciudad fue seleccionada como beneficiaria de la ayuda del Plan Marshall. Bajo el liderazgo de Auguste Perret, un arquitecto francés, Le Havre se sometió a un notable proyecto de reconstrucción. Perret adoptó técnicas innovadoras de planificación urbana y arquitectura, incluido el uso de hormigón armado, para reconstruir la ciudad de manera rápida y eficiente. La reconstrucción de Le Havre se convirtió en un escaparate del diseño urbano moderno y la recuperación de la posguerra.

    En 1950, Le Havre se dio a conocer oficialmente como un brillante ejemplo de la exitosa implementación del Plan Marshall. La ciudad reconstruida contaba con amplias calles, edificios modernos y un puerto revitalizado. La transformación de Le Havre simbolizó no solo la reconstrucción física de una Europa devastada por la guerra, sino también el renacimiento económico y social que hizo posible el Plan Marshall.

62. En 1950, las fuerzas norcoreanas invadieron Corea del Sur, lo que llevó a un conflicto de tres años. Estados Unidos y otros aliados intervinieron para apoyar a

193

Corea del Sur contra la agresión comunista. La guerra de Corea fue una guerra de poder entre los Estados Unidos y la Unión Soviética, que contribuyó a las tensiones de la Guerra Fría.

Una batalla notable de esta guerra tuvo lugar en Inchon. Inchon es una ciudad portuaria en la costa oeste de Corea. Durante la guerra, estaba fuertemente fortificada y se consideraba un lugar poco probable para una invasión anfibia debido a sus desafiantes condiciones de marea. Las mareas en Inchon se encontraban entre las más altas del mundo, con un alcance de hasta treinta y seis pies. Esto la convertía en una opción arriesgada y poco convencional para una guerra anfibia.

El general Douglas MacArthur, Comandante Supremo del Comando de las Naciones Unidas, fue en contra del consejo de muchos asesores militares e ideó un plan para lanzar un ataque sorpresa en Inchon. La operación, cuyo nombre en código era Operación Chromite, tenía como objetivo aislar a las fuerzas norcoreanas y aliviar la presión sobre las fuerzas de las Naciones Unidas, que habían sido llevadas al perímetro de Pusan en la parte sureste de la península de Corea.

El 15 de septiembre de 1950, las fuerzas de la ONU lanzaron un audaz ataque anfibio a Inchon. El éxito de la operación se basó en una brecha de tiempo preciso en que las mareas estaban en su punto más alto. El elemento sorpresa, combinado con la audacia de atacar un lugar tan desafiante, sorprendió a las fuerzas norcoreanas con la guardia baja.

El ataque a Inchon resultó ser un golpe maestro, ya que las fuerzas de la ONU rápidamente aseguraron la ciudad y comenzaron a cambiar el rumbo de la guerra. Suele atribuirse la alteración del curso de la guerra de Corea a esta exitosa operación.

La guerra de Corea acabaría en un punto muerto. Algunos creen que las dos partes permanecieron en un conflicto silencioso, ya que nunca se firmó ningún tratado de paz que marcara el final de la guerra. Sin embargo, la batalla de Inchon sigue siendo un ejemplo notable de estrategia militar y toma de decisiones audaces, que muestra el liderazgo del General MacArthur y la efectividad de las operaciones anfibias bien ejecutadas en entornos no convencionales.

63. Linda Brown era una estudiante de tercer grado en Topeka, Kansas. Tenía que caminar una distancia considerable hasta su escuela segregada negra, a pesar de tener una escuela de blancos mucho más cerca de su casa. Su padre, Oliver Brown, se sintió frustrado con estas desigualdades educativas y decidió tomar medidas. En 1950, Oliver Brown, junto con varios otros padres afroamericanos, presentó una demanda colectiva contra la Junta de Educación de Topeka, Kansas.

Su caso, junto a otros casos de Delaware, Carolina del Sur, Virginia y Washington DC, se consolidó en lo que se conoció como *Caso Brown contra Consejo de Educación de Topeka*. Los demandantes argumentaron que la segregación racial en las escuelas públicas era una violación de la Decimocuarta Enmienda, que garantiza la igualdad de derechos a todos los ciudadanos.

El caso fue argumentado ante el Tribunal Supremo en 1952 y 1953. En 1954, la Corte Suprema, en una decisión unánime, falló a favor de los demandantes, declarando que las leyes estatales que establecían escuelas públicas separadas para estudiantes negros y blancos eran inconstitucionales. La decisión histórica en el *Caso Brown contra Consejo de Educación de* Topeka anuló el precedente establecido por el caso *Plessy contra Ferguson* de 1896, que defendía el concepto de instalaciones "separadas pero iguales" para diferentes razas.

Linda Brown era solo una niña en ese momento, pero se convirtió en un símbolo de la lucha contra la segregación racial en la educación. La decisión tras el *caso Brown* marcó un momento crucial en el movimiento de derechos civiles y sentó las bases para desmantelar la segregación en todas las áreas de la vida pública en los Estados Unidos. El legado de este caso continúa influyendo en las discusiones sobre la igualdad de acceso a la educación y los derechos civiles.

64. El 1^{ero} de diciembre de 1955, Rosa Parks, costurera y activista de los derechos civiles, viajaba en un autobús en Montgomery, Alabama, después de un largo día de trabajo. Estaba sentada en la sección "de color" del autobús, que era la disposición de asientos separada de acuerdo a las razas.

A medida que el autobús continuaba su ruta, se llenó de gente y algunos pasajeros blancos se quedaron de pie. El conductor del autobús, James F. Blake, exigió que Rosa Parks y otros tres pasajeros afroamericanos cedieran sus asientos a los pasajeros blancos. Rosa Parks tomó la valiente decisión de negarse a ceder su asiento a un hombre blanco, ya que eso iba en contra de las leyes de segregación de la ciudad.

El acto de desobediencia civil de Parks condujo a su arresto y posteriores cargos de violación de las leyes de segregación. Fue detenida por la policía y pasó la noche en la cárcel. La noticia de su arresto se extendió rápidamente, provocando indignación y movilizando a la comunidad afroamericana en Montgomery.

Los líderes de la Asociación para el Mejoramiento de Montgomery (MIA), incluido un joven ministro llamado Martin Luther King Jr., organizaron un boicot de los autobuses de la ciudad en protesta por el arresto de Parks y la segregación racial en el transporte público. El boicot a los autobuses de Montgomery duró 381 días. Los afroamericanos en Montgomery se negaron a viajar en los autobuses de la ciudad, lo que causó una presión financiera significativa en el sistema de transporte. El éxito del boicot llamó la atención de la nación y el mundo, atrayendo el apoyo de activistas de derechos civiles, simpatizantes y líderes de todo el país. En 1956, la Corte Suprema de los Estados Unidos dictaminó en el caso de *Browder v. Gayle* que la segregación racial en los autobuses de Montgomery era inconstitucional, acabando efectivamente con la segregación en el transporte público de la ciudad. El coraje de Rosa Parks y el boicot a los autobuses de Montgomery marcaron un punto de inflexión en el movimiento de derechos civiles. Sus acciones y la posterior victoria legal demostraron el poder de la protesta no violenta y el activismo de base.

Rosa Parks en 1955. Se puede ver a Martin Luther King Jr. en el fondo
https://commons.wikimedia.org/wiki/File:Rosaparks.jpg

65. Durante el apogeo de la Guerra Fría, los Estados Unidos llevaron a cabo extensas misiones de vigilancia sobre la Unión Soviética para recopilar información. El avión espía U-2 era una herramienta crucial en estos esfuerzos debido a sus capacidades de gran altitud.

El 1^{ero} de mayo de 1960, un avión espía U-2 pilotado por Francis Gary Powers despegó de Pakistán en una misión de reconocimiento para fotografiar instalaciones militares soviéticas. La misión, cuyo nombre en código era Operación Grand Slam, tenía como objetivo recopilar información valiosa sobre las capacidades nucleares de la Unión Soviética.

Mientras volaba sobre territorio soviético, fue detectado por un radar. A pesar de su gran altitud, la nave no pudo evitar el ataque de un misil superficie-aire. El U-2 de Powers fue derribado y capturado por las autoridades soviéticas.

Powers sobrevivió al accidente y fue detenido. En un primer momento, el gobierno de los Estados Unidos afirmó que el U-2 era un avión de reconocimiento meteorológico que se había desviado de su curso hacia territorio soviético. Sin embargo, la Unión Soviética presentó algunas fotos tomadas por el equipo de cámara de Powers como pruebas de su misión de espionaje.

El incidente del U-2 causó una gran crisis diplomática entre los Estados Unidos y la Unión Soviética. Los soviéticos acusaron a los EE. UU. de realizar vuelos de espionaje, lo que Estados Unidos negó al inicio, pero luego admitió ser verdad.

Powers fue juzgado en la Unión Soviética y condenado a diez años de prisión por espionaje. Pasó más de un año en cautiverio y luego fue intercambiado por el espía soviético Rudolf Abel en un intercambio de prisioneros de alto perfil en el puente Glienicke, Berlín, en 1962.

El incidente del U-2 provocó un mayor escrutinio de los esfuerzos de reconocimiento de los Estados Unidos y el desarrollo de métodos alternativos de vigilancia. Sin embargo, el avión espía U-2 permaneció en servicio y desempeñó un papel en misiones posteriores de recopilación de inteligencia durante la Guerra Fría.

66. La Crisis de los misiles en Cuba (1962) fue un tenso enfrentamiento entre Estados Unidos y la Unión Soviética por la presencia de misiles nucleares soviéticos en Cuba, a solo noventa millas de la costa de Florida.

Para recopilar información crucial sobre las instalaciones de misiles en Cuba, Estados Unidos realizó vuelos de reconocimiento utilizando aviones espía U-2. Estos vuelos a gran altitud permitieron a los Estados Unidos monitorear la situación y proporcionar evidencia fotográfica al mundo.

El 27 de octubre de 1962, durante el apogeo de la crisis, el piloto del U-2, el Mayor Rudolf Anderson Jr., estaba en una misión de reconocimiento sobre tierra cubana. Volaba a una altitud de 70.500 pies, muy por encima del alcance de los misiles soviéticos. A pesar de la altitud, los generales soviéticos ordenaron que se disparara un misil contra el avión U-2 de Anderson. El misil golpeó el avión, lo que destruyó el avión y mató a Anderson. Se convirtió en la única víctima de combate de la Crisis de los misiles en Cuba.

La trágica muerte de Rudolf Anderson remarcó los riesgos extremadamente altos de la Crisis de los Misiles en Cuba y los peligros que enfrentan las personas involucradas en misiones de inteligencia. Su sacrificio sirvió como un recordatorio conmovedor de la necesidad de información precisa y diplomacia en tiempos de crisis internacional. También contribuyó a la resolución de la crisis, ya que se hizo evidente que era preferible buscar una solución pacífica a lidiar con las consecuencias potencialmente catastróficas de una guerra nuclear.

La Crisis de los misiles en Cuba finalmente se resolvió mediante negociaciones, con el acuerdo de Estados Unidos de retirar sus misiles de Turquía y el acuerdo de los soviéticos de desmantelar sus instalaciones de misiles en Cuba.

67. El Dr. Martin Luther King Jr. fue una figura central en el movimiento de derechos civiles y desempeñó un papel crucial en la defensa de la aprobación de la Ley de Derechos Civiles de 1964.

A principios de la década de 1960, el Dr. King y otros líderes de derechos civiles organizaron una serie de protestas no violentas, que incluyeron sentadas, marchas y campañas de registro de votantes, para desafiar la segregación y la discriminación en los Estados Unidos. Estas protestas, en particular la campaña de Birmingham en 1963, atrajeron la atención nacional y ejercieron una inmensa presión sobre el gobierno federal para que abordara los problemas de derechos civiles.

El 28 de agosto de 1963, el Dr. King pronunció su icónico discurso "Tengo un sueño" durante la Marcha en Washington por el Empleo y la Libertad, que tuvo lugar en el Lincoln Memorial (Washington DC). Sus poderosas e inspiradoras palabras resonaron en millones de estadounidenses y ayudaron a galvanizar el apoyo a la legislación de derechos civiles.

El presidente John F. Kennedy fue inicialmente cauteloso al presionar por una legislación integral de derechos civiles, por temor a la reacción violenta de los legisladores segregacionistas del sur. Sin embargo, el impulso del movimiento de derechos civiles y el imperativo moral se hicieron cada vez más evidentes.

Trágicamente, el presidente Kennedy fue asesinado el 22 de noviembre de 1963. Su sucesor, el presidente Lyndon B. Johnson, reconoció la necesidad de honrar el legado de Kennedy y avanzó con la legislación de derechos civiles.

El presidente Johnson, que había servido en el Senado y entendía cómo encarar el proceso legislativo, utilizó sus habilidades políticas para impulsar la Ley de Derechos Civiles de 1964. También utilizó su relación con los legisladores para asegurar su apoyo al proyecto de ley. El 2 de julio de 1964, el presidente Johnson firmó la Ley de Derechos Civiles. La ley prohibía la discriminación por motivos de raza, color, religión, sexo u origen nacional, ponía fin a la segregación en lugares públicos y prohibía la discriminación en el empleo.

El liderazgo del Dr. Martin Luther King Jr. y los esfuerzos de innumerables activistas en todo el país jugaron un papel importante en la creación de la demanda pública de la Ley de Derechos Civiles. La aprobación de la Ley de Derechos Civiles de 1964 marcó un antes y un después en la historia del racismo institucional y el avance de los derechos civiles en los Estados Unidos. Sigue siendo una legislación histórica en la historia de Estados Unidos.

68. El 20 de julio de 1969, la misión Apolo 11 de la NASA logró la hazaña histórica de aterrizar a dos astronautas, Neil Armstrong y Edwin "Buzz" Aldrin, en la superficie de la luna. Michael Collins permaneció en órbita alrededor de la luna a bordo del módulo de comando.

Cuando el módulo lunar *Eagle* descendió a la superficie de la luna, Neil Armstrong, el comandante de la misión, tomó el control de la nave espacial. La situación se volvió tensa al encontrarse con un sitio de aterrizaje rocoso y desigual con solo segundos de combustible. Las excepcionales habilidades de pilotaje de Armstrong le permitieron maniobrar manualmente la nave espacial, y evitaron un aterrizaje potencialmente catastrófico. Con solo veinticinco segundos de combustible, Armstrong aterrizó con seguridad en la superficie de la luna.

El momento histórico ocurrió cuando Neil Armstrong descendió por la escalera del módulo lunar y se convirtió en el primer humano en poner un pie en la luna. Él dijo: "Es un pequeño paso para el hombre, un gran salto para la humanidad". La cita tenía la intención de transmitir la importancia de este logro para toda la humanidad. Y no solo para ese hombre en particular. Algunos dicen que la frase no fue exactamente así.

Independientemente de la redacción exacta, el primer paso de Armstrong en la luna fue un momento extraordinario que fascinó al mundo entero y marcó un hito histórico en la exploración espacial. Buzz Aldrin acompañó a Armstrong en la superficie de la luna y juntos realizaron experimentos, plantaron la bandera estadounidense y recolectaron muestras de la luna durante sus dos horas y media fuera del módulo lunar.

El exitoso regreso de los astronautas del Apolo 11 a la Tierra el 24 de julio de 1969 marcó la conclusión de esta misión histórica y un logro monumental en la historia de la humanidad. El alunizaje del Apolo 11 sigue siendo uno de los eventos más emblemáticos de la historia de la humanidad, y representa el pináculo del logro humano en la exploración espacial. Las famosas palabras de Neil Armstrong al pisar la superficie lunar siguen inspirando a generaciones y nos recuerdan las increíbles capacidades de la ciencia y la tecnología.

Buzz Aldrin saluda a la bandera estadounidense
https://en.wikipedia.org/wiki/File:Buzz_salutes_the_U.S._Flag.jpg

69. La guerra de Vietnam (1955-1975) marcó un período tumultuoso en la historia de los Estados Unidos, caracterizado por la creciente participación del país en un conflicto altamente controvertido que provocó protestas y manifestaciones generalizadas. Esta guerra divisiva, arraigada en la lucha de la Guerra Fría entre el comunismo y la democracia, envolvió a los Estados Unidos en un esfuerzo militar prolongado y costoso para apoyar a Vietnam del Sur contra el Vietnam comunista del Norte y sus aliados.

En diciembre de 1972, Estados Unidos entabló negociaciones con Vietnam del Norte para poner fin a la guerra. Sin embargo, las conversaciones de paz habían llegado a un punto muerto, y el presidente Richard Nixon decidió tomar medidas drásticas para impulsar una resolución. El 18 de diciembre de 1972, comenzó la Operación Linebacker II, más tarde llamada el "Bombardeo de Navidad".

En el transcurso de once días, del 18 al 29 de diciembre, Estados Unidos llevó a cabo una intensa campaña de bombardeos contra Hanoi y Haiphong en Vietnam del Norte. El objetivo era obligar a Vietnam del Norte negociar. Buscaban lograr esto infligiendo un daño significativo en su infraestructura y capacidades militares. La campaña de bombardeos implicó el uso de bombarderos B-52 Stratofortress y otros aviones que lanzaban una gran cantidad de bombas sobre objetivos designados. La escala y la intensidad de los bombardeos no tenían precedentes, y

Estados Unidos arrojó más de veinte mil toneladas de bombas durante este período.

El bombardeo de Navidad tuvo un profundo impacto tanto en Vietnam del Norte como en la comunidad internacional. Causó una destrucción generalizada y víctimas civiles, despertando críticas de todo el mundo. La intensa reacción pública y la presión diplomática contribuyeron a la reanudación de las conversaciones de paz.

Sorprendentemente, a pesar de la devastación causada por los bombardeos, las conversaciones de paz se reanudaron en enero de 1973, y llevaron a la firma de los Acuerdos de Paz de París a finales de ese mes. Estos acuerdos allanaron el camino para la retirada de las fuerzas estadounidenses de Vietnam y establecieron un alto el fuego. El bombardeo de Navidad, aunque controvertido y muy criticado, desempeñó un papel importante para lograr un final negociado de la guerra de Vietnam.

70. El escándalo de Watergate comenzó con un robo en la sede del Comité Nacional Demócrata en el complejo Watergate en Washington DC, el 17 de junio de 1972. Los ladrones fueron capturados y les abrieron una investigación.

Dos periodistas de investigación, Bob Woodward y Carl Bernstein de *The Washington Post*, desempeñaron un papel crucial en el descubrimiento del escándalo. Sus informes expusieron una serie de actividades ilegales, incluido el robo y el posterior encubrimiento por parte de la administración Nixon.

Lo que hizo que su investigación fuera aún más intrigante fue la misteriosa fuente conocida como "Garganta Profunda". Garganta Profunda era un funcionario de alto rango dentro del gobierno de los Estados Unidos que proporcionó a Woodward y Bernstein información crucial, orientación y pistas relacionadas con el escándalo de Watergate. Garganta Profunda insistió en permanecer en el anonimato y se comunicó con los periodistas en reuniones secretas dentro de estacionamientos. Su información fue fundamental para conectar informaciones y desentrañar la magnitud del escándalo.

Durante más de treinta años, la identidad de Garganta Profunda siguió siendo uno de los mayores misterios del periodismo y la política estadounidenses. Las especulaciones y teorías sobre su identidad persistieron. En 2005, se reveló que Garganta Profunda era W. Mark Felt, director asociado del FBI durante la era Watergate. La decisión de Felt de proporcionar información confidencial a los reporteros fue impulsada por su preocupación por la integridad del FBI y su creencia de que la verdad sobre Watergate debía ser expuesta. La revelación de la identidad de Garganta Profunda añadió una nueva capa de importancia histórica al escándalo de Watergate y solidificó su lugar en la historia política estadounidense.

El escándalo de Watergate finalmente llevó a la renuncia del presidente Richard Nixon el 8 de agosto de 1974, ya que enfrentaba un juicio político inminente por parte del Congreso. El vicepresidente Gerald Ford sucedió a Nixon como presidente. Ford perdonaría a Nixon, poniendo fin a cualquier posibilidad de una acusación.

Sección 8: Dar forma a la nación; de Reaganomics al atentado de Oklahoma City

Desde 1981 hasta principios de la década de 2000, varios eventos y desarrollos importantes dieron forma a la historia de Estados Unidos. Los avances tecnológicos, como la introducción de los ordenadores personales, revolucionaron la forma en que las personas vivían y trabajaban. La caída del Muro de Berlín en 1989 marcó el final de la Guerra Fría y significó un cambio importante en la dinámica global. Los cambios culturales y los trágicos incidentes como los disturbios de Los Ángeles y el Atentado de Oklahoma City remarcaron los desafíos y las complejidades que enfrentaban los Estados Unidos durante este período.

Veamos cómo se formó la nación durante esta época.

71. El presidente Ronald Reagan, a menudo apodado el "Gran Comunicador", combinaba con facilidad discursos y debates con humor. Sus bromas no eran golpes pesados, sino empujoncitos suaves, que desarmaban al público con ingenio autocrítico y golpes perspicaces a sus oponentes.

    En un debate sobre su edad, Reagan se rio entre dientes: "No tengo intención de postularme para presidente de los Estados Unidos cuando tenga 73 años. Mi plan actual es ser gobernador de California por cuatro años más, luego ir a hacer algunas películas, o tal vez escribir un libro, luego retirarme y ver todos los juegos que quiera". La broma desviaba las posibles preocupaciones sobre su edad con una dosis de encanto. Finalmente se presentó a las elecciones presidenciales, *y ganó*. Reagan se burlaba de sí mismo todo el tiempo. Al describir el arduo proceso presupuestario, una vez bromeó: "El proceso presupuestario se parece mucho a una elefante embarazada. Toda la emoción ocurre en la oscuridad, y el resultado es bastante grande y desgarbado". Este humor realista resonaba con el público, quien lo veía como alguien cercano y familiar.

    El humor de Reagan no era solo espectáculo; servía para un fin. Desarmaba la tensión, ganaba el afecto de las audiencias y le ayudaba a articular ideas complejas de maneras memorables. Su gentil ingenio se convirtió en un estilo característico que consolidó su imagen como un líder folclórico con un brillo en los ojos y una sonrisa traviesa.

    Desafortunadamente, el sentido del humor de Reagan a veces lo metía en problemas. Por ejemplo, el 11 de agosto de 1984, durante una sesión de preparación de discursos de radio en su rancho de California, mientras probaba el micrófono, Reagan dijo: "Mis conciudadanos, me complace decirles hoy que he firmado una legislación que prohibirá a Rusia para siempre. Empezamos a bombardear en cinco minutos".

Aunque pretendía ser una broma alegre, el micrófono captó el mensaje, que luego se filtró al público. Causó revuelo en ambos lados de la Cortina de Hierro. La Unión Soviética condenó esta declaración como acto irresponsable y los oponentes de Reagan en las próximas elecciones presidenciales la usaron como prueba de mal juicio.

72. El 30 de marzo de 1981, el presidente Ronald Reagan salía del Hotel Washington Hilton tras pronunciar un discurso. Al salir del hotel y acercarse a su limusina, escuchó disparos. John Hinckley Jr., un individuo mentalmente inestable, disparó seis veces en un intento de asesinar al presidente Reagan. Hinckley estaba armado con un revólver calibre .22 y tenía un historial de acoso a la actriz Jodie Foster, lo que jugó un papel en su motivación para el ataque.

El presidente Reagan fue alcanzado por una de las balas, que perforó su pulmón izquierdo y se acercó a su corazón. El secretario de prensa de la Casa Blanca, James Brady, un agente del Servicio Secreto y un oficial de policía del Distrito de Columbia también resultaron heridos en el tiroteo. En ese caos, los agentes del Servicio Secreto reaccionaron rápidamente para proteger al presidente y lo llevaron de urgencia al hospital. La rápida respuesta médica y la cirugía salvaron la vida de Reagan.

El famoso humor y la capacidad de recuperación de Reagan surgieron incluso en medio de una situación que amenazaba su vida. Cuando lo llevaron a la sala de operaciones, supuestamente bromeó con el equipo médico: "Espero que todos sean republicanos".

El intento de asesinato provocó una efusión nacional de apoyo al presidente Reagan. Recibió miles de mensajes y cartas de personas de todo el país. John Hinckley Jr. fue arrestado en la escena y luego declarado inocente por demencia durante su juicio. El veredicto condujo a cambios significativos en las leyes con respecto a la defensa por demencia.

El presidente Reagan se recuperó de sus lesiones y continuó sirviendo como presidente de los Estados Unidos durante el resto de sus dos mandatos, de 1981 a 1989. El intento de asesinato tuvo un impacto duradero en los procedimientos de seguridad presidencial, lo que llevó a un aumento de las medidas de seguridad para los futuros presidentes.

Una foto de Reagan justo antes de que le dispararan
https://commons.wikimedia.org/wiki/File:President_Ronald_Reagan_moments_before_he_was_shot_in_an_assassina tion_attempt_1981.jpg

73. ¿Alguna vez se ha preguntado cómo los ordenadores comenzaron a afectar nuestras vidas? El 12 de agosto de 1981, IBM presentó el IBM 5150, el primer ordenador personal (PC) con popularidad generalizada. Esta innovación revolucionaria marcó el amanecer de la industria de las PC, y transformó la forma en que las personas trabajaban, se comunicaban y se entretenían. La arquitectura abierta y la compatibilidad del IBM PC con una amplia gama de aplicaciones de software impulsaron su popularidad y allanaron el camino para la creación de una próspera industria de computación personal.

En 1984, Apple lanzó el ordenador Macintosh, un producto revolucionario que marcó una desviación significativa de las interfaces basadas en texto de los ordenadores anteriores. El Macintosh presentaba una interfaz gráfica de usuario con iconos, ventanas y un mouse, un diseño inspirado en el trabajo realizado en Xerox PARC (Centro de Investigación de Palo Alto) en la década de 1970.

La historia comienza en Xerox PARC, donde los investigadores desarrollaron una revolucionaria interfaz gráfica de usuario llamada *Alto*. Este sistema incorporaba el uso de un ratón y elementos gráficos, y permitía a los usuarios interactuar con el ordenador de forma más intuitiva. Xerox, sin embargo, no pudo capitalizar el potencial de esta tecnología innovadora.

En un giro del destino, Steve Jobs, cofundador de Apple, visitó Xerox PARC en 1979 y vio al Alto en acción. Reconociendo el inmenso potencial de la interfaz gráfica de usuario, Jobs inició el desarrollo de un sistema similar para el próximo ordenador de Apple, el Macintosh.

El Macintosh, presentado en enero de 1984, presentaba una pantalla monocromática de 9 pulgadas, una unidad de disquete de 3,5 pulgadas y un precio asequible en comparación con otros sistemas gráficos de la época. La interfaz gráfica de usuario del Macintosh, combinada con su campaña de marketing, que incluía el famoso comercial del Super Bowl de *1984*, lo convirtió en un producto destacado.

El lanzamiento del Macintosh tuvo un profundo impacto en la industria de los ordenadores personales. Estableció nuevos estándares para diseños fáciles de usar e influyó en el desarrollo de futuros sistemas operativos. Los ordenadores se hicieron más accesibles a un público más amplio, abriendo una nueva relación de las personas con la tecnología. El legado del Macintosh continúa influyendo en la informática y el diseño de la interfaz de usuario hasta nuestros días.

74. El transbordador espacial "Challenger" formó parte del programa espacial de la NASA e hizo su primer vuelo el 4 de abril de 1983. Fue diseñado para transportar astronautas y cargas útiles al espacio.

El 28 de enero de 1986, el Challenger debió lanzarse desde el Centro Espacial Kennedy en Florida en la misión STS-51-L. Esta misión fue significativa porque incluyó al primer ciudadano privado seleccionado para volar en el espacio. Christa McAuliffe, una maestra de estudios sociales de la escuela secundaria de New Hampshire, fue elegida entre miles de solicitantes para ser la primera ciudadana privada y maestra en el espacio como parte del proyecto "Teacher in Space" de la

NASA. Su selección tenía la intención de promover la importancia de la educación y la exploración espacial.

Millones de estadounidenses y personas de todo el mundo vieron el lanzamiento del Challenger en vivo por televisión. Sin embargo, solo setenta y tres segundos después del despegue, el transbordador se rompió, lo que resultó en la trágica muerte de los siete miembros de la tripulación. El desastre fue causado por la falla de un sello de junta tórica en uno de los propulsores de cohetes sólidos, lo que provocó la explosión del tanque de combustible externo.

La explosión del Challenger tuvo un profundo impacto en el programa espacial y planteó preguntas sobre la seguridad de la flota del transbordador espacial. La NASA suspendió el programa espacial durante más de dos años mientras se realizaban investigaciones y se implementaban mejoras de seguridad.

El sueño de Christa McAuliffe de convertirse en la primera maestra en el espacio se truncó trágicamente, pero su legado perduró. Su memoria inspiró una mayor dedicación a la exploración espacial y la educación. En 1998, la NASA lanzó el Programa de Becas Christa McAuliffe para honrar su legado y apoyar a los maestros en su desarrollo profesional.

La explosión del Challenger sigue siendo un capítulo sombrío y significativo en la historia de la exploración espacial. Sirve como un recordatorio de los riesgos y desafíos asociados con los vuelos espaciales tripulados y la dedicación de aquellos que persiguen las fronteras de la ciencia y el descubrimiento.

75. El 12 de junio de 1987, durante una visita a Berlín Occidental, el presidente Ronald Reagan pronunció un discurso histórico y memorable en la Puerta de Brandeburgo, un lugar prominente cerca del Muro de Berlín. El presidente Reagan se dirigió a la dividida ciudad de Berlín en su discurso, desafió directamente al líder soviético, Mijaíl Gorbachov, y al gobierno de Alemania Oriental. Dijo: "¡Sr. Gorbachov, abra esta puerta! Señor Gorbachov... derribe este muro".

Las palabras del presidente Reagan fueron un llamado claro e inequívoco a la eliminación del Muro de Berlín, un poderoso símbolo de la división entre Alemania Oriental y Occidental. En ese momento, algunos asesores habían instado a Reagan a evitar hacer una declaración tan directa y conflictiva, por temor a que pudiera dañar las relaciones con la Unión Soviética. Sin embargo, Reagan insistió en incluir estas palabras icónicas en su discurso.

El discurso fue recibido con entusiasmo por los berlineses occidentales, que lo vieron como una poderosa expresión de solidaridad occidental y un mensaje de esperanza para la reunificación. Si bien el Muro de Berlín no cayó inmediatamente después del discurso de Reagan, aumentó la presión y atrajo la atención internacional sobre el asunto.

Dos años más tarde, en 1989, una serie de eventos, incluidas protestas pacíficas, llevaron a la caída del Muro de Berlín. La eliminación del muro marcó un momento crucial en la historia, seguida por la posterior reunificación de Alemania Oriental y Occidental en 1990.

El discurso del presidente Reagan "Derribe este muro" es recordado como una poderosa declaración del liderazgo, de principios y de compromiso estadounidenses con la causa de la libertad. Sigue siendo un momento emblemático en la historia de la Guerra Fría.

76. La Operación Tormenta del Desierto fue la campaña militar liderada por Estados Unidos que tuvo como objetivo liberar a Kuwait de la ocupación iraquí durante la guerra del Golfo (1990–1991). El 16 de enero de 1991, Estados Unidos y sus aliados de la coalición lanzaron una campaña aérea masiva contra Irak, dirigida a instalaciones militares, centros de comunicación y objetivos estratégicos. Esto marcó el comienzo de la fase aérea de la Operación Tormenta del Desierto. La coalición incluía países como el Reino Unido, Francia, Arabia Saudita y muchos otros, y Estados Unidos proporcionaba la mayor parte de las fuerzas militares.

    Uno de los momentos más emblemáticos de la guerra del Golfo fue la cobertura en vivo del conflicto por parte de la CNN. El periodista Peter Arnett, que informaba desde Bagdad, proporcionaba actualizaciones e imágenes en tiempo real de los ataques aéreos, llevando la guerra a las salas de estar de todo el mundo.

    El 24 de febrero de 1991, la coalición lanzó una ofensiva terrestre para retomar Kuwait. El general del ejército estadounidense H. Norman Schwarzkopf, comandante de las fuerzas de la coalición, orquestó la campaña. El ejército estadounidense empleó tácticas innovadoras durante la ofensiva terrestre, incluida la estrategia del "gancho izquierdo", que implicó una maniobra de flanqueo por parte de las fuerzas estadounidenses y de la coalición para rodear y derrotar al ejército iraquí.

    La ofensiva terrestre tuvo un gran éxito y, en pocos días, Kuwait fue liberado de las fuerzas iraquíes. La coalición había logrado su objetivo principal.

    Después de cien horas de combate terrestre, la guerra del Golfo terminó con un alto el fuego el 28 de febrero de 1991. Las capacidades militares de Irak se degradaron significativamente, pero Saddam Hussein permaneció en el poder.

    Estados Unidos y sus aliados de la coalición demostraron la eficacia de una fuerza militar multinacional coordinada para abordar los conflictos internacionales. La guerra del Golfo tuvo un impacto duradero en la doctrina y las operaciones militares de los Estados Unidos, e influyó en las estrategias futuras y los enfrentamientos militares.

77. El 3 de marzo de 1991, Rodney King, un hombre afroamericano, fue brutalmente golpeado por cuatro agentes del Departamento de Policía de Los Ángeles después de una persecución a alta velocidad. El incidente fue capturado en video por un testigo y luego transmitido ampliamente por televisión. Las imágenes mostraban a King siendo golpeado repetidamente con porras y patadas, y siendo sometido a otras formas de fuerza excesiva, a pesar de que parecía no ofrecer resistencia.

    El video provocó indignación y llamó la atención sobre cuestiones de brutalidad policial e injusticia racial. Cuando los oficiales involucrados fueron absueltos en un juicio penal estatal en abril de 1992, surgieron protestas generalizadas y disturbios civiles en Los Ángeles. Los disturbios, que comenzaron el 29 de abril de 1992, duraron varios días y causaron importantes daños a la propiedad, lesiones y pérdida de vidas.

Reginald Denny, un camionero blanco, se convirtió en otro punto focal de los disturbios luego de que un grupo de personas lo sacaran de su camioneta y lo golpearan severamente. Los disturbios pusieron de relieve las tensiones raciales y las disparidades socioeconómicas de larga data en Los Ángeles.

Después de los disturbios, se presentaron cargos federales contra los oficiales involucrados en la golpiza de Rodney King. En 1993, dos de los oficiales fueron declarados culpables de violar los derechos civiles de King, mientras que los otros dos fueron absueltos.

Rodney King se convirtió en un símbolo de la mala conducta policial y la necesidad de una reforma en la aplicación de la ley. El incidente y sus secuelas contribuyeron a un mayor escrutinio de las prácticas policiales, las discusiones sobre el perfil racial y los llamamientos a la reforma del sistema de justicia penal. La historia de Rodney King se convirtió en un poderoso símbolo de la lucha en curso por los derechos civiles y la justicia en los Estados Unidos.

Consecuencias de los disturbios

78. En 1994, Paula Jones, una ex empleada del estado de Arkansas, presentó una demanda por acoso sexual contra Bill Clinton, entonces gobernador de Arkansas. Jones alegó que Clinton había avanzado sexualmente sin consentimiento en 1991. Clinton negó las acusaciones, pero la demanda condujo a una serie de investigaciones que eventualmente culminarían en su juicio político por parte de la Cámara de Representantes.

En 1996, Kenneth Starr, un abogado independiente designado por el fiscal general, se encargó de investigar la controversia de Whitewater, un escándalo que involucró una inversión de Clinton en una empresa inmobiliaria fallida en Arkansas. Durante su investigación, Starr descubrió evidencia de una relación sexual entre Clinton y la pasante de la Casa Blanca Monica Lewinsky. En 1998, Starr comenzó a investigar si Clinton había cometido perjurio al negar la relación con Lewinsky bajo juramento. Clinton también testificó ante un gran jurado sobre el asunto Lewinsky y fue interrogado sobre sus esfuerzos para que Lewinsky negara la relación.

En diciembre de 1998, la Cámara de Representantes acusó a Clinton de perjurio y obstrucción de la justicia. El cargo de perjurio se relacionó con su testimonio sobre el asunto Lewinsky, mientras que el cargo de obstrucción de la justicia surgió de sus intentos de influir en el testimonio de Lewinsky y ocultar pruebas. El juicio de Clinton en el Senado comenzó en enero de 1999.

Después de semanas de testimonio y debate, el Senado absolvió a Clinton de ambos cargos. Permaneció en el cargo y completó su segundo mandato como presidente. Si bien el Senado finalmente lo absolvió, el proceso de juicio político dejó una mancha duradera en su legado y polarizó aún más el panorama político estadounidense.

79. En agosto de 1992, Randy Weaver, su esposa Vicki y sus hijos vivían en Ruby Ridge, una remota zona montañosa en el norte de Idaho. Los Weavers tenían puntos de vista antigubernamentales y supremacistas blancos. Randy se convirtió en objeto de investigación por parte de la Oficina de Alcohol, Tabaco y Armas de Fuego (ATF) por vender armas de fuego ilegales.

    La situación se intensificó el 21 de agosto de 1992, cuando los agentes federales intentaron arrestar a Randy Weaver por sus armas de fuego ilegales. Los Weavers se resistieron al arresto, y se produjo un tiroteo. Durante los disparos, fueron asesinados el mariscal adjunto de los Estados Unidos William Degan y el hijo adolescente de Weaver, Samuel.

    El FBI se involucró y hubo un enfrentamiento. El enfrentamiento duró once días, durante los cuales se llevaron a cabo negociaciones entre los Weavers y las autoridades federales. La situación se intensificó aún más cuando el francotirador del FBI Lon Horiuchi disparó y mató a Vicki Weaver dentro de la cabaña familiar.

    El enfrentamiento de Ruby Ridge atrajo la atención y las críticas generalizadas, planteó preocupaciones sobre el uso de la fuerza por parte de agentes federales y levantó preguntas sobre las tácticas empleadas durante el enfrentamiento. El incidente también alimentó sentimientos antigubernamentales y se convirtió en un punto de encuentro para varias milicias y grupos extremistas.

    Los juicios posteriores de Randy Weaver y Kevin Harris (un amigo de la familia involucrado en el tiroteo) terminaron con Weaver absuelto de la mayoría de los cargos y Harris absuelto de todos los cargos, excepto un cargo de ayudar e instigar el homicidio voluntario de un oficial federal.

    El enfrentamiento de Ruby Ridge tuvo un impacto duradero en la percepción pública de las acciones del gobierno y el uso de la fuerza, y contribuyó a los debates sobre una aplicación apropiada de la ley en el trato con las personas que tienen opiniones antigubernamentales. Este sigue siendo un capítulo importante y controvertido dentro de la historia de la aplicación de la ley y las interacciones entre el gobierno y los ciudadanos.

80. El 19 de abril de 1995, el Edificio Federal Alfred P. Murrah en Oklahoma City acabó en una monstruosa explosión. Timothy McVeigh, un veterano consumido por una mezcla tóxica de ira antigubernamental y creencias extremistas, eligió ese edificio como su objetivo, con el fin de asestar un golpe contra lo que consideraba un estado tiránico.

Desilusionado con los militares después de Waco y Ruby Ridge, McVeigh abrazó ideologías radicales antigubernamentales potenciadas por teorías de conspiración y una profunda desconfianza en la autoridad. Encontró individuos de ideas afines en los márgenes del movimiento de la milicia, donde su furia encontró validación y un propósito retorcido.

Impulsado por esta mezcla de ira e ideales deformados, McVeigh planeó su acto con escalofriante precisión. Su arma fue un camión Ryder lleno de fertilizantes y combustible y su campo de batalla fue el edificio Murrah, que albergaba una guardería. En esa fatídica mañana, la bomba destrozó las vidas y la tranquilidad de Oklahoma City.

Baylee Almon tenía solo un año en el momento del bombardeo. Estaba en la guardería del segundo piso del Edificio Federal Murrah cuando ocurrió la explosión. La explosión hizo que una parte del edificio se derrumbara, incluida la zona de guardería.

Después del atentado, Charles H. Porter IV, un fotoperiodista que se encontraba en el lugar, capturó una imagen poderosa y desgarradora. La fotografía mostraba al bombero de Oklahoma City Chris Fields llevando a Baylee Almon, cubierta de polvo y escombros, a un lugar seguro. Baylee estaba débil, y su pequeño cuerpo contrastaba con la fuerza y la determinación del bombero.

Trágicamente, Baylee Almon no sobrevivió al bombardeo y fue una de las 168 personas que perdieron la vida ese día. Acababa de celebrar su primer cumpleaños el día antes de la explosión. La imagen de su rescate se convirtió en un símbolo icónico de la tragedia y el heroísmo mostrado por los primeros en responder y los ciudadanos comunes que se apresuraron a ayudar después de la explosión.

81. El 27 de julio de 1996, durante los Juegos Olímpicos del Centenario en Atlanta, una bomba explotó en el Parque Olímpico del Centenario, un lugar de reunión popular para espectadores y atletas. La explosión ocurrió en las primeras horas de la mañana durante un concierto al que asistieron miles de personas. La explosión causó dos muertos y más de cien heridos, algunos de ellos de gravedad.

La respuesta inmediata al bombardeo se caracterizó por el heroísmo de los socorristas, el personal médico y los voluntarios que brindaron asistencia a los heridos. El guardia de seguridad Richard Jewell descubrió la mochila sospechosa que contenía la bomba antes de que explotara. Sus rápidos esfuerzos de pensamiento y evacuación probablemente salvaron muchas vidas.

Inicialmente, Richard Jewell fue aclamado como un héroe por sus acciones, pero más tarde se convirtió en sospechoso en la investigación debido a un análisis de perfiles realizado por el FBI. Su vida se vio profundamente afectada por el frenesí y la sospecha de los medios de comunicación.

En 1997, Eric Robert Rudolph, un terrorista doméstico, fue arrestado y posteriormente se declaró culpable del atentado del Parque Olímpico del Centenario, así como de otros atentados. Estaba motivado por creencias antiaborto y antihomosexuales.

El atentado en los Juegos Olímpicos de Verano de 1996 subrayó la necesidad de mejorar las medidas de seguridad en los principales eventos deportivos y reuniones públicas. Richard Jewell, quien fue acusado erróneamente en las etapas iniciales de la investigación, más tarde limpió su nombre, pero la experiencia afectó profundamente su vida. Se convirtió en un defensor de las libertades civiles y los derechos de privacidad.

El atentado del Parque Olímpico del Centenario fue un evento trágico que empañó los Juegos Olímpicos de Verano de 1996, pero también destacó la resistencia y el heroísmo de quienes respondieron a la crisis. Sigue siendo un capítulo importante en la historia tanto de los Juegos Olímpicos como del terrorismo doméstico en los Estados Unidos.

Sección 9: Una era definitoria; eventos transformadores en la historia de los Estados Unidos entre 2001 y 2021

En el período 2001-2021, Estados Unidos experimentó una serie de eventos transformadores. Los devastadores ataques terroristas del 11 de septiembre reformaron la política exterior de la nación, lo que llevó a la guerra contra el Terror y a intervenciones militares en Afganistán e Irak. La crisis financiera de 2008 provocó agitación económica. El auge de las redes sociales también dejó un impacto duradero en la sociedad estadounidense.

En esta sección, descubra algunas historias interesantes de un pasado estadounidense no muy lejano.

82. El 11 de septiembre de 2001, diecinueve militantes asociados al grupo extremista islámico al-Qaeda secuestraron cuatro aviones comerciales y llevaron a cabo ataques suicidas contra objetivos en los Estados Unidos.

    Los secuestradores, la mayoría ciudadanos de Arabia Saudita, abordaron los aviones armados con cuchillos. Una vez en el aire, tomaron el control de las cabinas y desviaron los aviones de sus destinos originales. A las 8:46 a. m., el vuelo 11 de American Airlines se estrelló contra la torre norte del World Trade Center, seguido del vuelo 175 de United Airlines a las 9:03 a. m., que golpeó la torre sur. Ambas torres se derrumbaron en dos horas, destruyendo los edificios circundantes y dañando otros tantos.

    A las 9:37 a. m., el vuelo 77 de American Airlines se estrelló contra el lado occidental del Pentágono, causando un colapso parcial del edificio. Los pasajeros y miembros de la tripulación a bordo del vuelo 93 de United Airlines, que se dirigía a Washington DC, lucharon contra los secuestradores y recuperaron el control del avión. El avión se estrelló en un campo cerca de Shanksville, Pensilvania, a las 10:03 a. m., matando a las cuarenta y cuatro personas a bordo.

    Casi tres mil personas murieron en los ataques, que desencadenaron importantes iniciativas estadounidenses para combatir el terrorismo y definieron la presidencia de George W. Bush. La administración Bush argumentó que la amenaza del terrorismo requería el uso de técnicas de interrogatorio mejoradas, que los críticos calificaron como tortura. La administración también amplió los programas de vigilancia nacionales e internacionales, lo que generó preocupaciones sobre los derechos de privacidad.

Los ataques del 11 de septiembre fueron el ataque terrorista más mortífero de la historia de la humanidad y tuvieron un profundo impacto en los Estados Unidos y el mundo. Los ataques comenzaron la llamada guerra contra el Terrorismo, que incluyó la invasión de Afganistán y el derrocamiento del gobierno talibán. Los ataques también llevaron a un aumento de las medidas de seguridad en los aeropuertos y otros lugares públicos de todo el mundo.

La explosión después de que el avión chocara con la Torre Sur

https://commons.wikimedia.org/wiki/File:Explosion_following_the_plane_impact_into_the_South_Tower_(WTC_2)_-_B6019~11.jpg

83. En respuesta al 11 de septiembre, los Estados Unidos comenzaron operaciones militares en Afganistán, marcando el comienzo de la guerra contra el Terrorismo. La participación de Estados Unidos en Afganistán comenzó el 7 de octubre de 2001, con el lanzamiento de la Operación Libertad Duradera, una operación militar destinada a desmantelar la red terrorista al-Qaeda y derrocar al régimen talibán que los había albergado. La coalición liderada por Estados Unidos logró rápidamente sus objetivos iniciales, eliminando a los talibanes del poder y estableciendo un nuevo gobierno afgano. Sin embargo, Estados Unidos y sus aliados permanecieron empantanados en Afganistán durante casi dos décadas, enfrentando una insurgencia persistente y luchando por estabilizar el país.

El ejército de EE. UU. también fue a otros lugares. Durante años, las agencias de inteligencia y las unidades de operaciones especiales trabajaron para localizar y detener a Osama bin Laden, quien había estado evadiendo la captura desde los ataques del 11 de septiembre de 2001. La búsqueda involucró una compleja recopilación de inteligencia, vigilancia y colaboración entre varias agencias.

El avance en la localización de bin Laden se produjo a través de años de incansables esfuerzos y trabajo de inteligencia. La Agencia Central de Inteligencia (CIA) recopiló gradualmente información sobre un complejo en Abbottabad, Pakistán, donde sospechaban que bin Laden podría estar escondido. El complejo, situado en una zona residencial cerca de una academia militar, despertó sospechas debido a sus altos muros, acceso limitado y falta de comunicación con el mundo exterior.

En mayo de 2011, el presidente Barack Obama autorizó una operación encubierta para allanar el complejo. El 2 de mayo, el Sexto Equipo SEAL de la Marina de los Estados Unidos realizó una audaz incursión nocturna, penetrando en el espacio aéreo paquistaní sin notificación previa. Los SEAL participaron en un tiroteo con los que estaban dentro del complejo, lo que resultó en la muerte de Osama bin Laden.

La exitosa operación fue un momento significativo en la guerra contra el Terrorismo, y marcó el final de una búsqueda de casi una década por encontrar al autor intelectual de los ataques del 11 de septiembre. La noticia de la muerte de bin Laden fue recibida con un alivio generalizado y una sensación de cierre para muchos de los que habían perdido a sus seres queridos en los ataques de 2001.

La historia de la búsqueda de Osama bin Laden y la operación que condujo a su muerte es un testimonio de la perseverancia de los profesionales de inteligencia y militares en la búsqueda de justicia y respuesta a los actos de terrorismo. La operación mostró las capacidades de las fuerzas especiales y destacó la naturaleza compleja de los esfuerzos antiterroristas en la era moderna.

84. La guerra de Irak, también conocida como *Operación Libertad Iraquí*, fue un conflicto que comenzó en 2003 cuando una coalición liderada por Estados Unidos invadió Irak para sacar al presidente Saddam Hussein del poder. La guerra fue impulsada principalmente por la supuesta posesión de armas de destrucción masiva por parte de Irak y sus vínculos con el terrorismo. Después de que el régimen de Saddam Hussein fuera derrocado, Irak enfrentó un período prolongado de insurgencia e inestabilidad, lo que finalmente llevó a la retirada de las tropas estadounidenses en 2011.

Durante la guerra de Irak, el soldado estadounidense Ross McGinnis, mostró un gran acto de valentía. El 4 de diciembre de 2006, McGinnis estaba manejando la torreta de ametralladora de un Humvee mientras patrullaba con sus compañeros en Bagdad, Irak. Mientras la patrulla se movía por un mercado abarrotado, un insurgente en una azotea cercana arrojó una granada a su Humvee.

McGinnis tuvo que tomar una decisión rapidísima. Podría haber saltado de la torreta para salvarse, pero en cambio, sacrificó desinteresadamente su vida para proteger a sus compañeros. Con un coraje increíble, McGinnis gritó en advertencia a sus camaradas y luego usó su propio cuerpo para cubrir la granada. De esa manera, absorbió toda la fuerza de la explosión. Sus actos heroicos salvaron la vida de otros cuatro soldados, que sobrevivieron a la explosión con solo heridas leves.

El soldado Ross McGinnis recibió una Medalla de Honor, la más alta condecoración militar en los Estados Unidos, por su extraordinaria valentía y sacrificio. Su historia sirve como un poderoso recordatorio del desinterés y el valor que muestran muchas personas ante el peligro en tiempos de conflicto.

85. En septiembre de 2008, la crisis financiera mundial alcanzó su punto máximo con la quiebra de Lehman Brothers, lo que causó una agitación económica

generalizada, pérdidas de empleos y una grave recesión en los Estados Unidos y gran parte de Europa.

Lehman Brothers era un venerable banco de inversión de Wall Street con una historia que se remonta a mediados del siglo XIX. Sin embargo, en 2008, estaba muy expuesto al mercado de hipotecas subprime, que estaba en medio de una recesión importante. El banco había invertido mucho en valores respaldados por hipotecas y enfrentaba pérdidas crecientes a medida que el mercado inmobiliario caía. El gobierno de los Estados Unidos se mostró reacio a proporcionar ayuda como había hecho con otras instituciones financieras.

El 15 de septiembre de 2008, Lehman Brothers se declaró en bancarrota, marcando una de las mayores quiebras en la historia de Estados Unidos. El colapso de Lehman Brothers tuvo consecuencias profundas y de largo alcance. La quiebra de Lehman tuvo un efecto dominó por la interconexión de las instituciones financieras, y expandió el miedo y la incertidumbre por todo el sistema financiero. La crisis provocó intervenciones gubernamentales sin precedentes, como el Programa de Alivio de Activos Problemáticos (TARP, por sus siglas en inglés), destinado a estabilizar el sector financiero.

Los eventos de 2008 finalmente llevaron a una severa recesión económica con repercusiones globales, que afectó a individuos, empresas y economías de todo el mundo. La caída de Lehman Brothers se convirtió en un símbolo de los excesos y riesgos dentro de la industria financiera. La crisis puso de relieve la necesidad de reformas regulatorias para evitar una crisis similar en el futuro. La crisis financiera de 2008 sigue siendo un capítulo importante en la historia económica, que influye en las regulaciones financieras y da forma a las percepciones de riesgo y responsabilidad en el sector financiero.

86. El 15 de enero de 2009, el vuelo 1549 de US Airways, un Airbus A320, golpeó una bandada de gansos canadienses poco después de despegar del aeropuerto LaGuardia en la ciudad de Nueva York. Ambos motores perdieron potencia, y el capitán Chesley "Sully" Sullenberger y el primer oficial Jeffrey Skiles se enfrentaron a una situación desesperante.

Sin potencia de motor y opciones limitadas, el capitán Sullenberger tomó la rápida e inteligente decisión de realizar un aterrizaje de emergencia en las gélidas aguas del río Hudson. Sorprendentemente, los 155 pasajeros y la tripulación a bordo sobrevivieron al aterrizaje de emergencia y pudieron evacuar el avión a través de las alas hacia los botes de rescate cercanos.

El Capitán Sullenberger y el Primer Oficial Skiles fueron aclamados como héroes por su fría y hábil respuesta a la crisis. Su experiencia y capacitación desempeñaron un papel fundamental en el resultado.

El incidente se convirtió en una sensación mediática mundial. Los esfuerzos de rescate y las entrevistas con pasajeros y miembros de la tripulación captaban la atención del público. La Junta Nacional de Seguridad en el Transporte (NTSB) realizó una investigación, que confirmó el impacto de las aves como causa de la falla del motor.

Tanto el Capitán Sullenberger como el Primer Oficial Skiles recibieron numerosos premios y reconocimientos por sus acciones. El "Milagro en el Hudson" es una historia fascinante y conmovedora de heroísmo y pensamiento rápido frente a una emergencia de vida o muerte. Demostró la importancia de contar con tripulaciones de vuelo bien capacitadas y experimentadas y mostró el potencial de resultados positivos incluso en las situaciones más difíciles.

Evacuación del avión después de aterrizar en el río Hudson

87. Jim Obergefell y John Arthur eran una pareja del mismo sexo de Cincinnati, Ohio, que habían estado juntos durante más de dos décadas. Sin embargo, su relación enfrentó importantes desafíos legales y sociales debido a la falta de igualdad matrimonial en Ohio en ese momento. John tenía una enfermedad terminal llamada ELA (esclerosis lateral amiotrófica), y el mayor deseo de la pareja era que su matrimonio fuera reconocido legalmente antes de que la salud de John se deteriorara aún más.

En 2013, con la ayuda de amigos y familiares, Jim y John alquilaron un avión médico y volaron a Maryland, donde el matrimonio entre personas del mismo sexo era legal. Se casaron en la pista del Aeropuerto Internacional de Baltimore-Washington mientras John descansaba en una camilla dentro del avión.

Después de su boda, Jim Obergefell y John Arthur presentaron una demanda desafiando la negativa de Ohio a reconocer su matrimonio en el certificado de defunción de John. Este caso se consolidó con casos similares de otros estados y se conoció como *Obergefell v. Hodges*.

John Arthur murió en 2013, pero eso no detuvo a Obergefell; de hecho, le sirvió de inspiración para luchar por la legalización del matrimonio entre personas del mismo sexo.

El 26 de junio de 2015, la Corte Suprema de los Estados Unidos emitió un fallo histórico a favor de la igualdad matrimonial, declarando que el matrimonio entre personas del mismo sexo era un derecho constitucional en todo el país. Esto significaba que el matrimonio de Jim Obergefell con John Arthur era ahora reconocido legalmente, y lo que le permitía figurar como cónyuge sobreviviente dentro del certificado de defunción de John.

El viaje personal de Jim Obergefell para garantizar que su matrimonio fuera reconocido, incluso frente a la tragedia, se convirtió en un poderoso símbolo de la lucha por la igualdad matrimonial en los Estados Unidos. Su dedicación al amor, la justicia y los derechos civiles jugó un papel importante en la decisión histórica de la Corte Suprema en *Obergefell v. Hodges*.

88. La Gran Recesión de 2008, desencadenada por la crisis financiera, se convirtió en una gran sombra sobre la sociedad estadounidense. Más allá de las dificultades económicas, afectó gravemente la confianza pública en instituciones clave, particularmente bancos y agencias gubernamentales.

En esencia, "Occupy Wall Street" no fue simplemente una protesta contra la crisis económica inmediata; fue una reacción a una injusticia sistémica más amplia. Los estadounidenses medios que luchaban contra la pérdida de empleo, las ejecuciones hipotecarias y la disminución de sus ahorros fueron testigos de una élite financiera aparentemente indemne, que tenían su riqueza protegida por rescates y regulaciones que parecían sesgadas a su favor. La imagen de Wall Street beneficiándose de los restos mientras Main Street alimentó una fuerte combinación de ira y resentimiento.

"Occupy Wall Street", con su diversa mezcla de participantes, se convirtió en un espacio para expresar esta desilusión colectiva. El icónico eslogan "Somos el 99%" resonaba profundamente, y unía a las personas bajo un sentido compartido de ser perjudicados por un sistema que favorecía solo a algunos privilegiados. Sus campamentos, como el de Zuccotti Park en la ciudad de Nueva York, se convirtieron en refugios y muestras simbólicas de disidencia, que desafiaban la dinámica de poder del sistema financiero y exigían una mayor rendición de cuentas.

Muchos de los manifestantes mostraban un profundo conocimiento de la historia. Durante la caída del mercado de valores de 1929, se dijo que varios corredores de bolsa habían saltado desde las ventanas de las oficinas en Wall Street, ya que toda su fortuna había sido destruida en solo uno o dos días. Fuera de muchas de las grandes agencia de corredores en 2008, algunos manifestantes sostenían grandes carteles que decían "¡SALTEN!" mostrando la ira que sentían hacia la codicia, la mala gestión y la falta de supervisión gubernamental que causó la crisis financiera. Si bien "Occupy Wall Street" no alteró directamente el panorama financiero, su impacto se extendió más allá de las protestas inmediatas. Provocó conversaciones importantes sobre la desigualdad de ingresos, la responsabilidad corporativa y la necesidad de una reforma financiera. Inyectó una dosis de escepticismo en el discurso público, obligando a las instituciones a reconocer y abordar las preocupaciones de los ciudadanos comunes. Además, demostró el poder de la acción colectiva, mostrando cómo un grupo dispar de personas vinculadas por una frustración compartida podía alzar sus voces y ser escuchados.

89. La aparición de las redes sociales fue muy significativa en la década del 2000 e incluían plataformas como Facebook y Twitter, que eran cada vez más populares. Las redes sociales revolucionaron la comunicación, el intercambio de información, el activismo y la forma en que las personas se conectan e interactúan a nivel mundial.

¿Cómo comenzó? Facebook se atribuye el mérito de hacer que las redes sociales sean populares y accesibles. Mark Zuckerberg y sus compañeros de cuarto universitarios Andrew McCollum, Eduardo Saverin, Chris Hughes y Dustin Moskovitz lanzaron Facebook desde su dormitorio en la Universidad de Harvard en febrero de 2004. Originalmente llamada "The Facebook", la plataforma se creó inicialmente como una forma para que los estudiantes de Harvard se conectaran entre sí de manera online. El sitio ganó popularidad rápidamente dentro de la comunidad de Harvard, y luego se expandió a otras universidades y colegios.

El punto de inflexión para la rápida expansión de Facebook se produjo en septiembre de 2006 cuando abrió sus puertas al público en general, para que cualquier persona con una dirección de correo electrónico válida pudiera unirse. Este movimiento marcó un cambio significativo de su versión anterior, que era solo para estudiantes universitarios. La decisión de abrir la plataforma fue impulsada por el deseo de llegar a un público más amplio y aumentar la participación de los usuarios.

A medida que Facebook continuó creciendo, introdujo nuevas funciones, como el feed de noticias en 2006 y el botón Me gusta en 2009, que mejoró aún más la experiencia del usuario. La base de usuarios de la plataforma se expandió a nivel mundial, y para 2012, Facebook había alcanzado los mil millones de usuarios activos.

El éxito de Facebook ha tenido un profundo impacto en la forma en que las personas se comunican, comparten información y se conectan en línea. También influyó en el desarrollo de otras plataformas y contribuyó al surgimiento de una cultura centrada en las redes sociales.

90. En diciembre de 2019, el presidente Trump promulgó la Ley de Autorización de Defensa Nacional (NDAA, por sus siglas en inglés) para el año fiscal 2020. Si bien la NDAA es una legislación de rutina que financia al ejército de los Estados Unidos, esta firma en particular tuvo un aspecto único que llamó la atención.

La ley para el año fiscal 2019 incluía una disposición que exigía que la Marina de los Estados Unidos nombrara un buque de guerra en honor al senador John McCain, que había servido como aviador naval durante la guerra de Vietnam. El senador McCain fue conocido por su distinguido servicio militar y más tarde como político prominente.

Durante la ceremonia de firma de la NDAA en diciembre de 2019, el presidente Trump no mencionó al senador McCain por su nombre. Sin embargo, la historia llamó la atención cuando se informó que un destructor de la Marina, el USS *John S. McCain*, había sido estacionado en Japón, y se había colocado una lona sobre el nombre del barco para ocultarlo durante la visita del presidente Trump a una base de la Marina de los Estados Unidos en Yokosuka, Japón.

El incidente provocó un debate sobre si la lona se colocó intencionalmente para evitar mencionar el nombre del senador McCain en presencia del presidente o si fue por razones de mantenimiento. Más tarde, el presidente Trump tuiteó que no estaba al tanto de lo sucedido y que él no lo había solicitado.

El incidente se convirtió en un tema de discusión y reflejó la compleja relación entre el presidente Trump y el senador McCain, que había sido un crítico vocal de las políticas y del estilo de liderazgo del presidente. También destacó conversaciones sobre la relación entre política, ejército y reconocimiento de figuras públicas.

91. Estados Unidos mantuvo una presencia militar en Afganistán entre 2001 y 2021. Su presencia en el país comenzó después de los ataques del 11 de septiembre. La misión inicialmente tenía como objetivo desmantelar al-Qaeda y sacar al régimen talibán del poder.

En febrero de 2020, la administración Trump llegó a un acuerdo con los talibanes y estableció un cronograma para la retirada de las fuerzas estadounidenses y de la OTAN a cambio de ciertos compromisos de los talibanes, como la no acogida de terroristas. En abril de 2021, el presidente Joe Biden anunció que Estados Unidos completaría su retirada antes del 31 de agosto de 2021, poniendo fin a casi dos décadas de participación militar. La decisión tuvo tanto apoyo como críticas.

A medida que la retirada de Estados Unidos aceleró en 2021, los talibanes lograron rápidos avances territoriales. En agosto, capturaron Kabul, lo que llevó al colapso del gobierno afgano.

Estados Unidos y sus aliados iniciaron una operación de evacuación de emergencia desde el aeropuerto de Kabul para evacuar a los ciudadanos estadounidenses, los aliados afganos y las poblaciones vulnerables. La evacuación enfrentó varios desafíos debido a la situación de seguridad y al gran número de personas que necesitaban asistencia.

Estados Unidos completó su retirada militar el 31 de agosto de 2021, marcando el final de su misión de combate en Afganistán. La situación levantó preocupación por el destino de las mujeres, las niñas y las minorías afganas bajo el dominio talibán, así como por las posibles crisis humanitarias.

A pesar de la retirada militar, los esfuerzos diplomáticos continuaron para abordar el futuro de Afganistán, hubo negociaciones y discusiones internacionales. La retirada de Afganistán fue un proceso complejo y controvertido con implicaciones significativas para la política exterior de los Estados Unidos, la estabilidad regional y el pueblo afgano. Marcó el final de un largo enfrentamiento militar y planteó preguntas sobre el futuro de Afganistán y la lucha contra el terrorismo en la región.

Sección 10: Cultura pop estadounidense, un mundo de entretenimiento

Hoy en día, la gente está obsesionada con las celebridades, los programas de televisión, las películas, los deportes y los videojuegos. Era de esperarse. Las personas han invertido en la vida de personas famosas, juegos deportivos y medios de comunicación durante milenios.

En esta sección, echaremos un vistazo a algunas historias interesantes sobre las celebridades estadounidenses y la cultura pop.

92. A principios del siglo XX, durante el apogeo de la era del cine mudo, se creó uno de los personajes cinematográficos más emblemáticos y perdurables: el "Vagabundo" de Charlie Chaplin. El personaje era conocido por su apariencia distintiva, con un bombín, un bigote en forma de cepillo, un bastón y zapatos de gran tamaño.

   En 1914, cuando Chaplin estaba trabajando en Keystone Studios, se le encomendó la tarea de crear un nuevo personaje para su próxima película. Rápidamente creó el aspecto característico del Vagabundo usando artículos del departamento de vestuario del estudio. El personaje del vagabundo de Chaplin hizo su debut en la película *Kid Auto Races at Venice* (1914), y fue un éxito instantáneo. El atractivo universal y la facilidad de relacionarse con el personaje trascendieron las barreras del idioma, y convirtió a Chaplin en una superestrella internacional.

   A lo largo de los años, el vagabundo apareció en numerosas películas mudas, incluidos clásicos como *The Kid* (1921), *City Lights* (1931) y *Modern Times* (1936). El personaje era un símbolo de resiliencia y optimismo frente a la adversidad, reflejaba los desafíos y las esperanzas en la era de la Gran Depresión.

   La creación del personaje de Vagabundo por parte de Charlie Chaplin sigue siendo una contribución duradera e icónica en la historia del cine. La influencia del personaje todavía se puede ver en la cultura popular actual, y sirve como testimonio del poder de las películas mudas para transmitir emociones y conectarse con el público de todo el mundo.

Charlie Chaplin como el Vagabundo
https://en.wikipedia.org/wiki/File:Charlie_Chaplin.jpg

93. En la década de 1920, Jack Dempsey, conocido como el "Manassa Mauler", era uno de los boxeadores más famosos y temidos del mundo. Su famosa pelea contra Luis Ángel Firpo el 14 de septiembre de 1923, se convirtió en un momento histórico en la historia del boxeo.

La pelea tuvo lugar en el Polo Grounds de la ciudad de Nueva York. Dempsey era el actual campeón mundial de peso pesado, mientras que Firpo era un contendiente argentino. Lo que hizo que esta pelea fuera particularmente memorable fue una increíble primera ronda.

La primera ronda de la pelea fue caótica y estimulante. Firpo, conocido por su estilo agresivo, desató una serie de poderosos golpes que dejaron a Dempsey contra las cuerdas. En un momento de la ronda, Firpo lanzó un enorme golpe con su mano derecha que mandó a Dempsey a estrellarse contra las cuerdas y salir del ring. La cabeza de Dempsey por poco no golpeó una máquina de escribir en la fila de prensa.

El entrenador de Dempsey, Jack Kearns, y el árbitro de la pelea, Johnny Gallagher, lo ayudaron a volver al ring. De acuerdo con las reglas en ese momento, Dempsey tenía veinte segundos para regresar al ring después de ser noqueado. Regresó justo a tiempo.

A pesar de la dramática caída, Dempsey finalmente recuperó la compostura y se defendió. Derribó a Firpo varias veces durante el segundo ataque, y la pelea finalmente se detuvo, declarado ganador a Dempsey.

La victoria de Jack Dempsey en su lucha contra Firpo fue un testimonio de su resistencia y poder de golpe. Sigue siendo uno de los momentos más emblemáticos de la historia del boxeo, y refleja la imprevisibilidad y el dramatismo del deporte. La pelea solidificó el estatus de Dempsey como una figura legendaria en el mundo del boxeo.

94. Bob Hope fue uno de los artistas más emblemáticos y queridos del siglo XX, conocido por su carrera en el vodevil, la radio, el cine y la televisión. Se hizo especialmente famoso por su compromiso de entretener al personal militar estadounidense que servía en el extranjero.

La participación de Bob Hope en la USO (United Service Organizations) comenzó durante la Segunda Guerra Mundial cuando realizó su primer espectáculo para hombres y mujeres en 1941. A lo largo de su carrera, pasó a entretener a las tropas durante la Segunda Guerra Mundial, la guerra de Corea, la guerra de Vietnam y otros conflictos. Los recorridos de Hope en las USO eran extensos y cubrían varias zonas de guerra y bases militares en todo el mundo. Viajó a lugares del Pacífico, Europa, Oriente Medio y el sudeste asiático, llevando risas y un sentido de hogar a las tropas estadounidenses posicionadas lejos de sus familias.

Las actuaciones de Bob Hope eran más que solo entretenimiento; eran una fuente de consuelo y estímulo moral para hombres y mujeres en circunstancias desafiantes y a menudo peligrosas. Sus espectáculos proporcionaban un breve respiro a las dificultades de la vida militar.

Además de sus actuaciones, Bob Hope y su esposa, Dolores, trabajaban incansablemente para apoyar causas militares y recaudar fondos para los veteranos. Eran defensores dedicados de los derechos y el bienestar de los veteranos.

La dedicación de Bob Hope a las USO y las tropas dejó un legado duradero. Hizo su última gira USO en 1991, a la edad de ochenta y ocho años, lo que lo convirtió en uno de los partidarios más antiguos de la organización. El Aeropuerto Bob Hope en Burbank, California, fue nombrado en su honor, y recibió numerosos premios y reconocimientos por sus contribuciones al ejército y al entretenimiento.

El compromiso de Bob Hope de llevar alegría y risa a los hombres y mujeres que sirven en las fuerzas armadas ejemplifica el poder del entretenimiento para elevar el espíritu en tiempos difíciles. Sus giras USO siguen siendo un brillante ejemplo del impacto positivo que las celebridades y los artistas pueden tener en la vida del personal militar y sus familias.

95. En 1958, en el apogeo de su carrera musical, Elvis Presley recibió su aviso de reclutamiento para servir en el Ejército de los Estados Unidos. A pesar de su fama y éxito, no buscó un tratamiento especial y optó por cumplir con sus obligaciones militares como cualquier otro recluta.

Elvis se unió al Ejército de los Estados Unidos el 24 de marzo de 1958 y completó el entrenamiento básico en Fort Hood, Texas. Durante el entrenamiento, soportó los rigores de la vida militar, incluidos simulacros de marcha, entrenamiento físico y puntería. El servicio de Elvis no pasó desapercibido para los medios de comunicación y el público. Su servicio militar se convirtió en una noticia importante, y todos se enteraron de que se había cortado sus famosas patillas y había recibido un corte de pelo militar reglamentario.

Mientras estuvo posicionado en Alemania de 1958 a 1960, Elvis se desempeñó como miembro de la 3ª División Blindada y continuó tocando música durante sus horas fuera de servicio. También conoció a su futura esposa, Priscilla Beaulieu, que vivía en Alemania en ese momento.

A pesar de su estatus de celebridad, Elvis era tratado como cualquier otro soldado y no se le daban privilegios especiales. A menudo se le veía socializando con compañeros soldados y participando en actividades militares.

En 1960, después de completar su servicio de dos años, Elvis recibió una baja honorable del Ejército. Regresó a su carrera musical y logró un éxito aún mayor en la industria del entretenimiento. El servicio militar de Elvis es recordado no solo por su voluntad de servir a su país, sino también por el impacto en su vida personal y profesional. Demostró su compromiso con el cumplimiento de sus deberes ciudadanos y su capacidad de adaptación a las diferentes circunstancias.

96. A principios de la década de 1950, Walt Disney tuvo la visión de crear un parque de atracciones innovador que revolucionaría el mundo del entretenimiento. Imaginó un lugar donde tanto niños como adultos pudieran disfrutar de atracciones y entretenimiento y ser capaces de sumergirse en la magia de la narración de cuentos.

El sueño de Walt de un parque temático fue recibido con escepticismo por muchos inversores y expertos de la industria. Creían que los parques de diversiones eran sucios, caóticos e inapropiados para las familias. Walt Disney estaba decidido a convertir su sueño en realidad. Se embarcó en una misión para asegurar el financiamiento de su ambicioso proyecto.

Walt Disney se enfrentó a numerosos rechazos de bancos y posibles inversores. Muchos descartaron su idea por considerarla demasiado arriesgada. Este período de su vida se conoció como "Walt's Folly" (La locura de Walt). Sin embargo, la determinación de Walt Disney dio sus frutos cuando convenció a la cadena de televisión ABC de asociarse con él. Walt recibió apoyo financiero para Disneyland a cambio de proporcionar a ABC un programa de televisión semanal.

El 17 de julio de 1955, Disneyland abrió sus puertas en Anaheim, California. Aunque tuvo una apertura difícil (conocido como "Domingo Negro"), el parque se convirtió en un gran éxito. El parque presentaba varias tierras temáticas, como Adventureland, Fantasyland y Tomorrowland, junto con atracciones icónicas como el Castillo de la Bella Durmiente y el Crucero por la Selva.

Disneyland se convirtió en el prototipo para futuros parques temáticos en todo el mundo y solidificó la reputación de Walt Disney como un visionario del entretenimiento. Hoy en día, Disneyland se ha expandido hasta convertirse en una marca global, con múltiples parques y resorts en diferentes países, cada uno de los cuales ofrece sus propias atracciones y experiencias únicas.

97. A finales de la década de 1950, Ruth Handler, cofundadora de la compañía de juguetes Mattel, se dio cuenta de que su hija, Barbara, a menudo jugaba con muñecas de papel y les asignaba roles de adultos. Handler previó crear una muñeca tridimensional parecida a un adulto que podría servir como modelo a seguir para las niñas pequeñas.

Inspirada en una muñeca alemana llamada Bild Lilli, Handler y su esposo Elliot se propusieron crear una muñeca que estuviera a la moda y que tuviera una apariencia adulta. Llamaron a la muñeca "Barbie" en honor a su hija.

En 1959, Mattel presentó la muñeca Barbie en la Feria Internacional del Juguete de Nueva York. El nombre completo oficial de la muñeca era Barbie Millicent Roberts, y se promocionaba como modelo adolescente.

Barbie se convirtió rápidamente en una sensación. Sus primeros estilos incluyeron un traje de baño a rayas blanco y negro, gafas de sol y tacones altos, que eran tendencias en esa época. A lo largo de los años, Barbie sufrió numerosas transformaciones y asumió diversas carreras, estilos de moda e intereses. Se convirtió en médica, astronauta, maestra, atleta y más, lo que refleja la evolución de los roles sociales de las mujeres.

El éxito de Barbie se extendió más allá de la industria del juguete. Se convirtió en un icono cultural e inspiró a innumerables coleccionistas, artistas e incluso diseñadores de moda. Las muñecas Barbie han aparecido en varios medios, incluyendo películas, programas de televisión y libros.

A pesar de las controversias ocasionales relacionadas con la imagen corporal y la diversidad, Barbie sigue siendo una de las marcas de juguetes más reconocidas y duraderas del mundo. En los últimos años, se han realizado esfuerzos para diversificar la línea Barbie mediante la introducción de muñecas de diferentes etnias, tipos de cuerpo y carreras.

La invención de la muñeca Barbie y su impacto duradero en la cultura pop estadounidense es una historia fascinante que destaca la influencia de los juguetes y la moda en la sociedad y la evolución en la representación de las mujeres dentro de los medios y en los juegos. En 2023 se lanzó una película sobre Barbie; fue un éxito de taquilla récord que ganó más de $ 1,4 mil millones en todo el mundo.

98. En la década de 1960, durante el apogeo de la guerra de Vietnam, Muhammad Ali, entonces conocido como Cassius Clay, se convirtió no solo en un campeón de boxeo, sino también en una figura prominente en los movimientos de derechos civiles y movimientos contra la guerra.

En 1966, Ali recibió un aviso para el reclutamiento militar, que le obligó a servir en el ejército de los Estados Unidos y potencialmente ser desplegado en Vietnam. En ese momento, Ali era el actual campeón mundial de peso pesado. Sin embargo, Ali se negó a cumplir con el reclutamiento, citando sus creencias religiosas como miembro de la Nación del Islam y su oposición a la guerra en Vietnam. Él declaró: "No tengo ninguna disputa con ellos".

La negativa de Ali a ser reclutado en el ejército condujo a una batalla legal y a una gran controversia. Durante sus primeros años, fue despojado de sus títulos de boxeo y se le prohibió practicar deporte. A pesar de ser encarcelado y perder su carrera, Ali se mantuvo firme en sus convicciones. Continuó hablando en contra de la guerra y la injusticia racial en Estados Unidos.

En 1971, la Corte Suprema de los Estados Unidos anuló por unanimidad la condena de Ali por evasión de reclutamiento, citando que sus creencias como objetor de conciencia eran sinceras y estaban protegidas por la Primera Enmienda. Después de su victoria legal, Muhammad Ali regresó al boxeo. Organizó un regreso épico, que culminó en la legendaria "Thrilla in Manila" contra Joe Frazier, una brutal pelea en tres partes que puso a prueba los límites de ambos hombres.

Luego vino el "Rumble in the Jungle" en 1974. Un Ali de treinta y dos años, ya fuera de su mejor momento, se enfrentó al aparentemente imparable George Foreman en Zaire. En un espectáculo visto por millones, Ali usó su estrategia de "rope-a-dope", consiguiendo que Foreman se cansara antes de desatar un nocaut devastador en el octavo asalto. Reclamó su título y demostró que incluso un campeón caído podría levantarse de nuevo.

La negativa de Muhammad Ali a ser reclutado y su posición de principios contra la guerra de Vietnam es un testimonio de su coraje, convicción y voluntad de sacrificar su carrera por sus creencias. Su postura lo convirtió en un símbolo de resistencia a la guerra y en un poderoso defensor de los derechos civiles y la justicia social.

Foto promocional de Muhammad Ali y Joe Frazier
https://commons.wikimedia.org/wiki/File:Gatti,_Reutemann,_Cap,_Clay_y_Frazier_-_El_Gr%C3%A1fico_2831_3.jpg

99. El 9 de febrero de 1964, The Beatles hicieron su debut histórico en el programa de televisión estadounidense *The Ed Sullivan Show*. Esta aparición a menudo se considera un momento crucial en la invasión británica y el ascenso de la banda al estrellato internacional.

Aproximadamente setenta y tres millones de espectadores, o más del 34 por ciento de la población estadounidense en ese momento, sintonizaron para ver a los Beatles actuar en vivo en *The Ed Sullivan Show*. Sigue siendo una de las transmisiones de televisión más vistas en la historia de los Estados Unidos.

Los Beatles interpretaron un conjunto que incluía "All My Loving", "Till There Was You", "She Loves You", "I Saw Her Standing There" y "I Want to Hold Your Hand". Su actuación enérgica y su presencia carismática cautivaron al público. Los gritos de las adolescentes en el estudio y la atmósfera electrizante durante la actuación fueron capturados por las cámaras, creando una imagen indeleble de la "Beatlemania".

Después de su aparición en Ed Sullivan, los Beatles se embarcaron en una gira por los Estados Unidos, actuando en las principales ciudades y llegando a cada lugar con una recepción altamente positiva. Entre la multitud frenética estaba la futura actriz de catorce años nominada al Oscar, Sigourney Weaver, que ya albergaba sueños en el escenario. Recuerda a los Beatles como "explosiones de pelo y energía". Su llegada debe haberse sentido como una invasión alienígena, no de naves espaciales, sino de melodías pegadizas y rebelión adolescente.

Su música, estilo y personalidades resonaban con la juventud estadounidense. El éxito de los Beatles en *The Ed Sullivan Show* marcó el comienzo de una ola de bandas y artistas británicos, incluidos The Rolling Stones, The Who y The Kinks, que lograron un tremendo éxito en los Estados Unidos durante la invasión británica. El impacto cultural de la invasión británica se extendió más allá de la música, influyó en la moda, el arte y la cultura juvenil en la década de 1960 y posterior. Ayudó a cerrar la brecha entre los Estados Unidos y el Reino Unido y fomentó una fascinación por la cultura pop británica.

100. *Jaws* (Tiburón), dirigida por Steven Spielberg y estrenada en 1975, es ampliamente considerada como el primer éxito de taquilla del verano y una de las mejores películas de la historia del cine. Sin embargo, la realización de la película estuvo plagada de desafíos y contratiempos.

La película, basada en una novela de Peter Benchley con el mismo nombre, cuenta la historia de una pequeña ciudad costera aterrorizada por un gran tiburón blanco. Contrataron a Spielberg, un director relativamente joven y sin reputación en ese momento, para dirigir el proyecto.

Uno de los principales desafíos durante la producción fue el tiburón mecánico utilizado para la película, apodado "Bruce" en honor al abogado de Spielberg. El tiburón, que se suponía que era el antagonista central de la película, sufrió numerosos fallos técnicos, que frustraban al equipo de producción. Los problemas del tiburón mecánico obligaron a Spielberg a adoptar un enfoque de suspenso y mostrar al tiburón con moderación, confiando en la icónica capacidad de John Williams para generar tensión. Esta decisión se convirtió en un elemento definitorio del éxito de la película.

Filmar en mar abierto presentaba aún más desafíos. La tripulación se enfrentaba a un clima impredecible, mareos y dificultades para capturar imágenes submarinas.

El presupuesto y el calendario de rodaje de la película también se fueron de las manos, al superar con creces las estimaciones iniciales. Inicialmente, la producción estaba programada para un rodaje de 55 días, pero se extendió a 159 días.

A pesar de los numerosos obstáculos, la determinación y la creatividad de Spielberg, combinadas con el compromiso del elenco y el equipo, dieron sus frutos. *Tiburón* se completó y se lanzó en el verano de 1975. La película se convirtió en un éxito masivo tras su lanzamiento, rompiendo récords de taquilla y ganando elogios de la crítica. Fue un fenómeno cultural que no solo revitalizó la carrera de su director, sino que también impactó profundamente en la industria cinematográfica al marcar el comienzo de una era de grandes películas.

El éxito de la película llevó a secuelas, atracciones de parques temáticos y un legado duradero en la cultura popular. También demostró el poder del suspenso y la narración sobre los efectos visuales, lo que prueba que las limitaciones a veces pueden conducir a una innovación creativa.

101. A principios de la década de 1980, la industria de los videojuegos estaba en auge. Existían consolas domésticas como la Atari 2600 y una avalancha de nuevos juegos que llegaban al mercado. Parecía que todos se estaban metiendo en este mundo de los juegos, y las salas de arcade se llenaban de gente.

Sin embargo, el rápido crecimiento de la industria condujo a problemas de sobresaturación y control de calidad. Muchos videojuegos lanzados durante este período eran de mala calidad y, a menudo, se apresuraban al mercado para capitalizar la locura de los juegos.

En 1983, el mercado de los videojuegos en los Estados Unidos sufrió un colapso significativo. Empezó con una combinación de factores. En primer lugar, había demasiados juegos disponibles, lo que causaba confusión entre los consumidores y provocaba una falta de demanda de nuevos títulos. Muchos juegos lanzados durante este tiempo eran mediocres y decepcionaba a los jugadores. Además, el coste de los videojuegos y las consolas era relativamente alto, lo que los hacía menos accesibles para el consumidor medio. Los ordenadores personales, como el Commodore 64 y el Apple II, comenzaron a ofrecer experiencias de juego más sofisticadas, desviando la atención de las consolas tradicionales.

Como resultado de estos factores, las ventas de videojuegos y consolas se desplomaron. Las principales empresas, como Atari, sufrieron enormes pérdidas financieras. Para combatir la crisis, Atari intentó deshacerse del inventario no vendido de su juego *E. T. el Extraterrestre* enterrando miles de cartuchos no vendidos en un vertedero en Alamogordo, Nuevo México, una historia que más tarde se convirtió en leyenda.

El colapso llevó a la quiebra de varias compañías de videojuegos y a la reducción de otras. También afectó profundamente la reputación de la industria y la confianza del consumidor. Sin embargo, el accidente finalmente allanó el camino para un nuevo comienzo y la aparición de la Nintendo Entertainment System (NES) en 1985. El estricto control de calidad de Nintendo, juegos icónicos como *Super Mario Bros* y un sistema de certificación con "sellos de calidad" ayudaron a revitalizar la industria y reconstruir la confianza del consumidor.

Conclusión

A medida que concluimos nuestro viaje a través de la historia de Estados Unidos, queda muy claro que esta nación es un mosaico de narrativas aparentemente dispares pero profundamente interconectadas. Desde los humildes comienzos de la colonización hasta el espíritu indomable del Destino Manifiesto, desde el crisol de la guerra civil hasta los triunfos del movimiento de derechos civiles, cada capítulo representa un hilo dentro del vibrante tapiz de la sociedad estadounidense. Estas historias sirven como un recordatorio de que esta nación no es solo una mera colección de fechas, nombres y eventos, sino también una historia viva de resiliencia, determinación y búsqueda eterna de libertad. Aprovechemos las lecciones del pasado y esforcémonos por amplificar las voces que durante mucho tiempo han sido silenciadas, asegurando que la flecha de la historia estadounidense apunte cada vez más hacia la justicia, la igualdad y la unidad.

Mira otro libro de la serie

HISTORIAS DE LA REVOLUCIÓN ESTADOUNIDENSE

HISTORIAS OLVIDADAS DE VALENTÍA, TRAICIÓN Y TRIUNFO DURANTE LA GUERRA DE LA INDEPENDENCIA

Ahoy Publications

Fuentes y referencias adicionales

Thornton, Russell. Holocausto y supervivencia de los indígenas norteamericanos: Una historia de la población desde 1492. University of Oklahoma Press, 2015.

Thornton, Russell. Los cherokees: Una historia de su población. University of Nebraska Press, 1990.

White, Bruce M. La Edad de Piedra de los Grandes Lagos. University of Michigan Press, 1965.

King, Mary Elizabeth. Cerámica para los arqueólogos. Smithsonian Institution Press, 1975.

Smith, Andrea. Nativos americanos: Su historia. St. Martin's Press, 2011.

Kickingbird, Kirke, y Herbert T. Hoover. Comerciantes indios de las tierras fronterizas del sureste español: Panton, Leslie & Company y John Forbes & Company, 1783-1847. University of Oklahoma Press, 2011.

Kostiainen, Vaino. El desarrollo de la agricultura estadounidense: Un análisis histórico. University of Minnesota Press, 2008.

Anderson, Carol. La forma indígena: Aprender a comunicarse con la Madre Tierra. Santa Fe, NM: Sunstone Press, 2014.

Domínguez, Virgilio. Arte nativo norteamericano en el siglo XX. Austin, TX: University of Texas Press, 1998.

White, Richard. El punto central: Indígenas, imperios y repúblicas en la región de los Grandes Lagos, 1650-1815. Cambridge: Cambridge University Press, 1991.

Sault, Carole A. Medicina nativa norteamericana. ABC-CLIO, Inc., 2000.

Orenstein, Ruth M. Historia de los nativos americanos. Greenwood Press, 1996.

Deloria, Vine, Jr. y David E. Wilkins. Política de los nativos americanos y sistema político estadounidense. Rowman & Littlefield, 2000.

Mohawk, John. Espiritualidad de los nativos americanos. Viking, 1993.

Orenstein, Ruth M. Artes y construcciones de los nativos americanos. Greenwood Press, 1994.

Nelson, S. El rol de los hombres y mujeres de medicina en las culturas de los nativos americanos. The Rosen Publishing Group, 2011.

Ross, David. Cacería de búfalos: Cacería en los nativos americanos y el búfalo sagrado. Capstone Press, 2007.

Stein, Rob. Patrones de migración de los nativos americanos. Facts on File, 2006.

Dunn, Jill. Prácticas sustentables de agricultura de los nativos americanos. The Rosen Publishing Group, 2010.

Bierhorst, John. Espiritualidad de los nativos americanos: una lectura crítica. University of Arizona Press, 2008.

Stone, Lynn M. Historia de los indígenas estadounidenses: Una introducción. ABC-CLIO, 2015.

«Explorando América: La historia de los Estados Unidos». Raintree, 2014.

«El asentamiento de Jamestown». Encyclopedia Virginia, http://encyclopediavirginia.org/Jamestown_Settlement#start_entry.

Taylor, Alan. The Civil War of 1812: Ciudadanos estadounidenses, súbditos británicos, rebeldes irlandeses y aliados indios. Vintage, 2012.

Helgerson Richard L., et al., eds. «Exploración y asentamiento de los españoles en Norteamérica (1492-1763)». The Oxford Companion to United States History, Oxford University Press, 2001; consultado el 28 de abril de 2020 en Encyclopedia Britannica en línea:

«Colonias holandesas en Norteamérica (1609-74)». Encyclopedia Britannica, 15 de marzo de 2019; consultado el 28 de abril de 2020 desde

Bradford, William. Sobre la plantación de Plymouth. Editado por Samuel Eliot Morison, Alfred A. Knopf, 2020.

Weber, David J. La frontera española en Norteamérica. Yale University Press, 1992.

Robinson, Donald L., ed. Esclavitud en la estructura de la política estadounidense, 1765-1820. Harcourt Brace Jovanovich, 1971.

Wood, Gordon S. La Revolución estadounidense: Una historia. Modern Library, 2002.

Foner, Eric. ¡Denme libertad! Una historia estadounidense. W. W. Norton & Company, 2017.

McConnell, M. Un país de vastos designios: James K. Polk, la guerra de México y la conquista del continente americano. Nueva York, NY: Simon & Schuster, 2016.

Gerson, Noel B. La Ordenanza del Noroeste: Un libro de bolsillo bicentenario. Scarecrow Press, 1987.

Ambrosius, Lloyd E. Woodrow Wilson y la tradición diplomática estadounidense: La lucha por el tratado en perspectiva. Cambridge University Press, 1991.

Gilderhus, Mark T. El segundo siglo: Relaciones entre EE. UU. y Latinoamérica desde 1889. Routledge, 2006.

Estes, Todd. Comprando Norteamérica: La adquisición de Florida y la formación de los Estados Unidos de América, 1819-1845. The University of Georgia Press, 2003.

Faragher, John Mack. Releyendo a Frederick Jackson Turner: «El significado de la frontera en la historia estadounidense» y otros ensayos. Yale University Press, 1998.

Miller, Charles P. Estados Unidos y Latinoamérica: Mitos y estereotipos de la civilización y la naturaleza. University of Texas Press, 1992.

Murray, Robert K., y Rudolph M. Bell. El significado social del Gran Despertar en Estados Unidos: Rol de la religión en la transformación de la vida estadounidense entre 1620-1860. Rutgers University Press, 1992.

Berger, Thomas A., eds. Jonathan Edwards y los bautistas: Guiando el camino hacia una nueva era de revivalismo y activismo. Mercer Univ Pr, 2009.

«Gran Despertar». Encyclopedia Britannica Online School Edition, Encyclopedia Britannica Inc., 2020.

Hall, David D., eds. La historia de Cambridge de la religión en Norteamérica: Volumen 2 Desde el gran Despertar hasta la Revolución. Cambridge University Press, 2011.

McGlone, Robert E. George Whitefield y el ascenso del evangelismo protestante moderno. Baker Academic, 2004.

Bailyn, Bernard. Orígenes ideológicos de la Revolución estadounidense. Harvard Univ Pr, 1992.

Kidd, Thomas S., y Barry Hankins. El Gran Despertar: Las raíces del cristianismo evangélico en la Norteamérica colonial. Yale University Press, 2007.

Haller Jr., William H. «La edad de la razón en la historia estadounidense». Annals Of Science 30 (1973): 1-14.

Price, Peter M., et al. Ilustración y reforma en la Europa del siglo XVIII. Cambridge University Press, 2016.

Thiessen, Richard C., y James K. Dew Jr. Historia religiosa estadounidense: Una breve introducción. Oxford University Press, 2016.

«La guerra franco-india». Encyclopedia Britannica, editado por Robert W. Smith, 27ª ed., vol. 5, Encyclopedia Britannica, Inc., 2021, pp. 589-590.

Tucker, Spencer C. La enciclopedia de las guerras de los nativos norteamericanos 1607-1890: Una historia política, social y militar. ABC-CLIO, 2011.

Arnade, Charles W. «La guerra franco-india y su impacto en la historia de Estados Unidos». La guerra franco-india: Decidiendo el destino de Norteamérica, editado por John E. Ferling, Greenwood Press, 2000, pp. 79-97.

Farnham, Thomas J. «La guerra franco-india: Una historia de sus causas y sus consecuencias». La guerra franco-india: Decidiendo el destino de Norteamérica, editado por John E. Ferling, Greenwood Press, 2000, pp. 1-20.

Edmonds, J. E. La guerra franco-india 1754-1763. Nueva York: Routledge, 2002.

Anderson, Fred. Crisol de guerra: la Guerra de los Siete Años y el destino del imperio en la Norteamérica británica, 1754-1766. Nueva York: Vintage Books, 2001.

Thomas, David. La guerra franco-india: Decidiendo el destino de Norteamérica. Nueva York: Rosen, 2013.

Brown, Jonathan. La guerra de los Siete Años y el Antiguo Régimen en Francia: Las consecuencias económicas y sociales de una movilización militar sistemática. Palgrave Macmillan, 2016.

Starkey, Armstrong. Guerra entre europeos y nativos americanos, 1675-1815. University of Oklahoma Press, 1998.

Enciclopedia Británica. «La guerra de los Siete Años». Encyclopedia Britannica, Encyclopedia Britannica, Inc., 2006.

Merrell, James H. «Valle del Ohio». Compilación de Oxford de la historia de los Estados Unidos, editado por Paul S. Boyer, Oxford University Press, 2001, p. 654.

Henry, Christi. La Revolución estadounidense: Una historia de fuentes primarias sobre la guerra de Independencia. Rosen Pub., 2009.

Kunhardt, Dorothy Meserve y Philip B. Jr. Washington en la Revolución estadounidense: 1775-1783 Nueva York: Harcourt Brace Jovanovich, c1976., 1976.

Grant, James P. Los olvidados fundadores de la religión y la vida pública Notre Dame, IN: University of Notre Dame Press; 2009., 2009. Impreso.

Ellis, Joseph J. Hermanos fundadores: La generación revolucionaria de Nueva York: Alfred A. Knopf, 2000., 2000.

Brault, Gerry. La Revolución estadounidense: guerra por la Independencia (Patrimonio estadounidense). Minneapolis: Twenty-First Century Books, 2007. Imprimir.

«No a los impuestos sin representación». La Revolución estadounidense: Fuentes primarias, editado por Christine A. Norton y otros, Macmillan Reference USA, 2006, pp. 157-158.

Bremer, Francis J., ed. Imperio o independencia: Una lucha revolucionaria 1763-1776. Routledge, 2015.

Allen Campbell Miller y John C Miller III, La Revolución estadounidense: Escritos de la guerra de Independencia (Nueva York; Library Classics of the United States Incorporated 2016).

Smith Robert R et al Barcos y guía para visitantes del museo de la Fiesta del Té de Boston (Boston; Historic Tours of America 2019).

Daniels, Kate y Karen Bush Gibson (eds.). Nuestra revolución americana: Siete historias de valor que cambiaron la nación. National Geographic Society, 2019.

«La cabalgata de Paul Revere». American Revolution, editado por Diane Yancey, Greenhaven Press, 2007.

Weintraub, Stanley. Washington: Su vida. Penguin Books USA Inc., 2011.

«Discurso Denme la libertad o denme la muerte, de Patrick Henry» La guerra revolucionaria en los Estados Unidos de América 1775-1783, Britannica Educational Publishing in Association with Rosen Educational Services LLC., 2015.

Zinn, Howard. Una historia del pueblo estadounidense: de 1492 al presente. HarperCollins Publishers, 2005.

Paine, Thomas. Sentido común y otros textos de Thomas Paine Penguin Books Ltd., 1986.

«Los Artículos de la Confederación: Estableciendo el gobierno de los Estados Unidos». La Constitución de EE. UU., editado por Jack E. Frazier, Greenhaven Press/Gale Cengage Learning, 2011.

Waldstreicher, David et al., eds. Un seguimiento de la Revolución estadounidense: Los aportes de Blackwell a la historia estadounidense. Wiley-Blackwell -John Wiley [and] Sons Incorporated, 2004.

Ketchum, Richard M. Victoria en Yorktown: La campaña que ganó la revolución. Henry Holt and Co., 2004.

Schama, Simon, Cruce de caminos: Gran Bretaña, los esclavos y la Revolución estadounidense. Ecco Press/HarperCollins Publishers Ltd., 2006.

McBride, Amanda. Mujeres de la Revolución estadounidense: Una historia ilustrada. Pelican Publishing Company, Inc., 2018.

Boorstin, Julia, Las muchas vidas de Betsy Ross: La mujer detrás de la leyenda. National Geographic Society, 2019.

Smith, John. La batalla de Monmouth: Un punto de inflexión en la guerra de Independencia. Greenhaven Press, 2013.

Gerson, Carole B., y Sarah E Anderson. La masacre de Boston: Cinco colonos asesinados por soldados británicos en 1770 dispararon una Revolución. Enslow Publishing LLC, 2008.

Estatuto de Virginia de Thomas Jefferson para la libertad religiosa: Su evolución y consecuencias en la historia estadounidense. New York University Press, 2010.

Furtwangler, Albert. La Convención Constitucional y la formación de la Unión. Oxford University Press, 2017.

«Padres de la patria». World Book Encyclopedia, vol. 8, World Book, 2019, pp. 49-50.

Rosen, Jeffrey. Nuestra Constitución: Cómo funciona y por qué perdura. Nueva York: Oxford University Press, 2018.

Atkins, Stephen. La Constitución estadounidense: Orígenes y desarrollo. 8ª ed., Vol. 2, W.W. Norton & Company, Inc., 2009.

Jone Johnson Lewis, Entender el gobierno y la política estadounidense: Lo que necesita saber sobre nuestro sistema de gobierno y nuestra política (Washington Dc.: National Geographic Learning Cengage Learning, 2019), 21-22.

Constitución de los Estados Unidos: Guía esencial. Editado por Michael Arnheim y Linda Monk, Oxford University Press, 2018.

Instituto Alexander Hamilton (Estados Unidos). La Constitución de todos: Cómo los estadounidenses interpretan su documento más importante desde 1789 hasta hoy. Skyhorse Publishing Inc, 2020.

Rossiter, Clinton L. ed., Los documentos federalistas. Penguin Books Ltd., 2003.

«Dando sentido a la Constitución de los Estados Unidos». PBS Learning Media LLC., 2017.

«La Constitución de los Estados Unidos: Su historia y sus promesas». Administración Nacional de Archivos y Registros, 2019.

Estados Unidos. Constitución de los Estados Unidos de América: Con un resumen de las medidas adoptadas por los Estados para ratificarlo, y un apéndice que contiene documentos y registros importantes, junto con notas y comentarios sobre sus disposiciones. U.S. Government Printing Office, 1897.

«George Washington». Biography Online, biographyonline.net/us-presidents/george-washington-1732-99/.

Ellis, Joseph J. Su Excelencia George Washington: El hombre indispensable como no lo había visto antes. Penguin Press HC, 2004.

Chernow, Ron. Washington: Su vida. Penguin Group (USA), Inc., 2010.

Leiner, Fredric. George Washington: Una guía biográfica. ABC-CLIO, Inc. 2002.

Ferling, John E. La ascensión de George Washington: El genio político escondido detrás del ícono estadounidense. Bloomsbury Press USA, 2009.

Kissinger, William F. George Washington: Un ícono estadounidense. Greenwood Publishing Group, 2004.

Brown, Carter Smith. George Washington: La preparación del primer presidente de Estados Unidos. ABC-CLIO, 2015.

Ferling, John E. Incendiar el mundo: George Washington y la Revolución estadounidense. Oxford University Press Inc., 2000.

Unrau, Harlan D. George Washington y la política del conocimiento. University Press of Kansas, 2008.

Rees, David J. George Washington: Héroe de la Revolución estadounidense. Gareth Stevens Publishing, 2016.

Burt, Arnold S. Los Estados Unidos en la guerra de 1812: Enciclopedia. Routledge, 2014.

Heidler, David Stephen y Jeanne T., eds. Enciclopedia de la guerra de 1812 en Santa Barbara: ABC-CLIO, Inc., 2012.

Mackesy, Piers «La Segunda guerra de Independencia» Historia Militar. Ago., 2015.

Kallen, Stuart A., y Jody S. Feldman. La guerra de 1812: Conflicto entre América y Gran Bretaña (High Five Reading - Nivel Azul). Compañía de publicaciones Lerner, 2017.

Smith-Christopher, Daniel L. Entender la guerra de 1812: Un análisis de estudiantes (Oxford Student Companions to American History). Oxford University Press, 2001.

Miller, Roger G. La guerra de 1812: Un conflicto olvidado (The Library of American Military History). University Of Illinois Press, 2012.

Howe, John R., y Stuart Fickling. La guerra de 1812: Una breve historia. Oxford University Press, 2018 p. 10.

Cresswell, Stephen E., La guerra de 1812: Conflicto por un continente (Campañas y comandantes), Osprey Publishing Ltd., 2013.

McClellan III, Edwin S. La guerra de 1812: Panorama y análisis de la segunda guerra de Estados Unidos contra Gran Bretaña desde múltiples perspectivas. McFarland & Co Inc Publ, 2017.

Ratner, Lorman. La guerra de 1812: Un texto de referencia. ABC-CLIO, 2007.

«La Ley de Traslado de Indios». The American Journey: A History of the United States, vol. 1, de Joyce Oldham Appleby y otros, Pearson Education Inc., 2018, pp. 345-346.

«La Ley de Traslado de indígenas de 1830». Historia de los nativos americanos: An Encyclopedia, vol. 2, editado por Bruce E. Johansen, ABC-CLIO LLC., 2001, pp. 561-564.

Jacobs, Margaret D., ed. Manual de historia de los nativos americanos. Taylor & Francis Group LLC, 2018.

O'Brien, Jean M., y Larry Nesper. La experiencia de los nativos americanos: Un libro de consulta sobre la historia de los nativos americanos desde antes del contacto hasta la actualidad. ABC-CLIO, 2015.

Servicio de Parques Nacionales, Departamento del Interior de Estados Unidos. «El Sendero de las Lágrimas, sendero histórico nacional». Servicio de Parques Nacionales, https://www.nps.gov/trte/index.htm.

Johnson, Troy R., y Nancy J Veenkamp (eds.). La Ley de Traslado de Indígenas: Una fuente primaria, investigación sobre la reubicación forzosa de nativos americanos en la década de 1830. Greenhaven Press, 2007.

«La Ley de Traslado de Indígenas». Tribus nativas americanas, editado por David Jeffery, Chelsea House Publishers, 2010, pp. 258-260.

Forsyth, Lisa. «La Ley de Traslado de Indios de 1830». Enciclopedia de guerras de los nativos americanos, editado por Paul S. Boyer y otros, Facts on File, 2005, pp. 199-201.

Calloway Colin G. La nación cherokee y el Sendero de Lágrimas. Penguin Books Ltd., 2007, p. 143.

«La guerra civil». American History, editado por Robert J. Maddox y otros, vol. 2, ABC-CLIO, 2016, pp. 816-818.

«Abraham Lincoln y el fin de la esclavitud», American History: UXL Encyclopedia of U S History, editado por David M Neely et al, vol 3. Gale Cengage Learning 2009, pp 586-587.

McPherson, James M. Grito de la batalla de la libertad: La era de la guerra civil. Oxford University Press, 1988.

Davis, William C., y James I Robertson Jr. La guerra civil: Una historia militar completa. Skyhorse Publishing Inc., 2011.

Martin, David G. Gettysburg, 1 de julio de 1863: Tácticas y movimiento de tropas del Ejército de la Unión y el Ejército Confederado ilustradas en mapas de colores. Stackpole Books, 2008.

Bancroft, Frederic. La Proclamación de Emancipación. Nueva York: Dodd, Mead and Company, 1883.

Bearss, Edwin C., y Stanley F Horn. El camino al tribunal de Appomattox: un libro de consulta sobre la guerra civil. Savas Beatie, 2008.

La Decimotercera Enmienda de la Constitución de los Estados Unidos: Esclavitud y servicio involuntario. ed. William B. White. William B White (Nueva York: Oxford University Press, 2016).

Johnson, Paul D., guerra civil estadounidense: Voces desde el frente local (Santa Barbara CA: ABC CLIO LLC, 2020).

Davis Jr., William C. Batalla en Bull Run: Una historia de la primera gran campaña de la guerra civil (1ª ed. pbk Da Capo Press). Cambridge MA; Londres: Da Capo Press, 2002.

McPherson, James M. Grito de batalla de la libertad: The Civil War Era. Oxford University Press, 1988.

Davis, William C., y James I Robertson Jr. The Civil War: A Complete Military History. Skyhorse Publishing Inc., 2011.

Martin, David G. Gettysburg, 1 de julio de 1863: Union & Confederate Tactics & Troop Movements Illustrated in Color Maps. Stackpole Books, 2008.

Bancroft, Frederic. La Proclamación de Emancipación. Nueva York: Dodd, Mead and Company, 1883.

Bearss, Edwin C., y Stanley F Horn. El camino a Appomattox Court House: A Sourcebook on the Civil War. Savas Beatie, 2008.

La Decimotercera Enmienda de la Constitución de los Estados Unidos: Esclavitud y servicio involuntario, ed. William B. White. William B White (Nueva York: Oxford University Press, 2016).

Johnson, Paul D., Civil War America: Voices from the Home Front (Santa Barbara CA: ABC CLIO LLC, 2020).

Davis Jr., William C. Batalla en Bull Run: A history of the first major campaign of the Civil War (1ª ed. pbk Da Capo Press). Cambridge MA; Londres: Da Capo Press, 2002.

McPherson James M. Caminos de Libertad: Antietam (Oxford Paperbacks Ed.). Nueva York, Oxford Univ Pr. (2001).

Olsen, Eric A. Historia de Rancheros de las Grandes Llanuras y el mítico vaquero del Viejo Oeste: Vaqueros en Montana y Dakota del Norte (1850-1920). McFarland & Company Inc., 2012.

Taylor, Alan. Las colonias norteamericanas: Colonización de Norteamérica. Penguin Books Ltd., 2003.

Smith, David C., y Lise Mitchell. La expansión del Oeste: Una historia de la frontera estadounidense. ABC-CLIO, 2019.

El ferrocarril transcontinental, 1863-1869. Ed., Nelson E. Limerick y Richard White. Nueva York: Oxford University Press, 2011.

Jesse James: El legendario forajido del Viejo Oeste, por William B Thorndike Jr. Minneapolis: Compass Point Books, 2005.

Equipamiento vaquero: Un retrato fotográfico de los primeros vaqueros y su equipo, ed., David R Wagner. Norman: University of Oklahoma Press, 2001.

La caballería estadounidense contra los nativos americanos en el Oeste norteamericano (1866-1916), por Robert M Utley. San Diego: Lucent Books Incorporated, 2007.

Las ciudades de la fiebre del oro en California y Alaska, del auge a la decadencia, por Charles W Carey Jr. Berkeley Heights NJ: Enslow Publishers Inc., 2012.

Miller, Brandon Marie. Vaqueros en la frontera: Una historia norteamericana de las cabañas ganaderas, la vida de los vaqueros y la expansión del Oeste. Capstone Classroom, 2018.

Ball, Larry D., y Stuart A. Kallen. El Salvaje Oeste: De los vaqueros a Buffalo Bill. Abdo Publishing Company, 2011.

LaRocque, Pauline Sangreye. Pistoleros: Famosos forajidos y hombres fuera de la ley del Salvaje Oeste (El mítico mundo.). Capstone Press, 2007.

Gordon, Sharon K. Vaqueros y pueblos de vacas del Salvaje Oeste (Santa Barbara, CA: Greenwood Publishing Group, 2005), 78.

Endreson Jr., Fritiof T., Los soldados búfalo y los oficiales del Noveno Destacamento de Caballería 1867-1898 (Jefferson City MO: McFarland & Company Incorporated Publishers, 2015), 7-8.

Anderson, William G., y Eugene C. Murdock. El Salvaje Oeste: Una historia de la frontera estadounidense. ABC-CLIO, 2010.

Millar, Andrew J. La Revolución Industrial: Una brevísima introducción. Oxford University Press, 2016.

Caron, Jean Baptiste y Charles Louis Cadet de Gassicourt. Ensayo sobre la historia de la máquina de vapor en Europa y América durante el siglo XVIII: Con una memoria de su autor--Jean Baptiste Caron (1790). Forgotten Books, 2017.

Cole, Heather A., y Eric B. Shiraev. La Revolución Industrial: Serie Historia en una hora. HarperCollins UK, 2011.

Haywood, John M., y Alan McGowan. Del Routledge Companion a la Revolución Industrial en la Historia Mundial. Taylor & Francis Group LLC., 2017.

Anderson, Robert C. La Revolución Industrial: Una brevísima introducción. Oxford University Press, 2018.

Colman, Andrew y Bill Fawcett, editores, Enciclopedia de la Revolución Industrial en la Historia Mundial (Santa Bárbara: ABC-CLIO/Greenwood Publishing Group Inc., 2017).

«Guerra hispano-estadounidense». World Book Encyclopedia, ed. 2017, vol. 22, p. 567.

Gaffney Jr., Timothy D. Las pequeñas guerras de Estados Unidos: Guía de referencia desde 1798 hasta la actualidad. Westport, CT: Greenwood Press, 2006, p. 109.

Harrold, Stanley C., y Martin P. Snyder. La guerra hispano-estadounidense: breve historia con documentos. Bedford/St Martins, 2006.

Hickey, Donald R. La guerra de 1898: Estados Unidos y España en la historia y la memoria. Univ of North Carolina Press, 1998.

Smith, Justin Harvey, et al., eds Historia de la guerra hispano-estadounidense: una nación emerge del conflicto. ABC-CLIO LLC., 2019.

Winter, Frank H. La primera gran guerra del mundo: Historia de la guerra hispano-norteamericana y sus consecuencias. McFarland & Company, Inc. editores, 2016.

Miller, John J. La guerra hispano-estadounidense y la insurrección filipina 1898-1902. Brassey's Inc., 1997.

Strachan, Hew. La historia ilustrada de Oxford de la Primera Guerra Mundial. Oxford University Press, 2001.

Hart, Stephen A. La Gran guerra: la Primera Guerra Mundial y el siglo estadounidense. University of Nebraska Press, 2013.

Breen, William J. Participación militar estadounidense en la Primera Guerra Mundial. The American Historical Review, vol. 92, no. 3, 1987, pp. 617-649., doi:10.2307/1876015.

Gallagher, Gary W. La experiencia estadounidense en la Primera Guerra Mundial. Bloomsbury Academic, 2005, p. 87.

Davis, Lynn E. Primera Guerra Mundial: La experiencia del soldado estadounidense. ABC-CLIO, 2011, p. 63.

Miller, Edward S., et al., eds. Comando de Historia y Patrimonio Naval: La Marina de los EE. UU. en la Gran Guerra (Primera Guerra Mundial). Government Printing Office, 2014, p 25-26.

Wilson, Woodrow. «Los 14 puntos». La Casa Blanca: Breve historia de la casa del Presidente, por William Seale, National Geographic Society, 2004, pp. 49-51.

Gardner, W.J R., ed. Las Armadas Aliadas en la Segunda Guerra Mundial: Una historia completa ilustrada de las guerras navales de 1939-1945 con todas las naciones implicadas (Cassell Military Classics). Cassell & Co., 2006.

Rosenberg, Jennifer D. Primera Guerra Mundial: La enciclopedia definitiva con colección de documentos. ABC-CLIO, 2017.

Keegan, John. La Primera Guerra Mundial. Vintage Books, 2000.

La enciclopedia Oxford de la mujer en la historia del mundo. «Decimonovena Enmienda a la Constitución de los Estados Unidos». 2008 ed., vol. 3, Oxford University Press, 2008, pp. 418-419.

DuBois, Ellen Carol y Linda Gordon editores «The Reader's Companion to U.S Women's History» (El compañero de lectura de la historia de las mujeres estadounidenses) Houghton Mifflin Harcourt Publishing Company New York 1998 pp 486-487.

Cott, Nancy F. Los fundamentos del feminismo moderno: Harvard University Press 1987 p82.

Murphy, Jane Marie editora «El sufragio femenino en América: Historia de un testigo ocular» Facts on File New York 2009 p. 10.

O'Neal, Rick et al editores. Enciclopedia de los movimientos sociales estadounidenses. (Routledge 2004) p. 690.

Breen, Margaret A., y Maria T. Bruce. El movimiento por el sufragio femenino en Estados Unidos: Guía de referencia 1866-1920. Greenwood Press, 2003.

Foner, Nancy Hewitt ed. No sólo para nosotros: La historia de Elizabeth Cady Stanton y Susan B. Anthony. New York: Viking Penguin Books Inc., 1999.

Brown, Sally. El sufragio femenino en América: Historia de un testigo ocular. Routledge, 2012.

«La 19ª Enmienda». Nuestros documentos: 100 documentos históricos de los Archivos Nacionales, de Paul Finkelman y Donald Ritchie, Oxford Univ. Press, 2017.

Levine-Keating, Emily S., et al. El sufragio femenino en América: Enciclopedia de personas, temas, acontecimientos y organizaciones (2 vol.). ABC-CLIO, 2018.

Smith, Jeff. Los locos años veinte: Una historia de principio a fin. Historia por horas, 2018.

McPherson, Stephanie Sammartino y James Buckley Jr. Los locos años veinte: La cultura popular de los años veinte y la era del jazz (Historia de Estados Unidos). 100 % Education Inc, 2013.

«El sufragio femenino». The New Book of Knowledge, Grolier Online Academic Edition, editado por Ann-Marie Imbornoni y otros, vol. 20: People in History and the World Around Us, Scholastic Inc., 2019.

«Los locos años veinte». The New Book of Knowledge, Grolier Online Academic Edition, editado por Ann-Marie Imbornoni y otros, vol. 20: People in History and the World Around Us, Scholastic Inc., 2019.

Rice-Jones Radcliffe Institute for Advanced Study Harvard University eds. Insulin 100 Years: Una revolución en el cuidado de la diabetes, Oxfordshire UK: CABI Publishing (2014).

Zuckerman, Gregory. Los locos años veinte: Una instantánea histórica de la era del jazz en Estados Unidos. ABDO Publishing Company, 2009.

Clavin, Matthew y Stephen Minger. Babe Ruth: superestrella del béisbol e ícono estadounidense. Chelsea House Publishers, 2006.

Lindbergh Charles A. El espíritu de San Luis: Autobiografía de Charles A Lindbergh. Scribner, 1953.

Kostyal Karmen M. Al Capone: Chicago Gangster (Personajes famosos de la era del jazz). National Geographic Society, 2014.

Blumberg, Rhoda. Los locos años veinte: Historia de la década que forjó a Estados Unidos. New York: Facts on File, Inc., 2002.

«La Gran Depresión». History, editado por Susan Ware, vol. 3: American Encounters and Global Interactions since 1750, ABC-CLIO, 2016, pp. 748-749.

Robert Siegel y David Kennedy eds., Enciclopedia de la Gran Depresión (Santa Barbara: ABC-CLIO Incorporated, 2011), 517-518.

«Programas de alivio y reforma del New Deal». La Gran Depresión: Enciclopedia de la peor crisis financiera de la historia de EE. UU., editado por Maury Klein y otros, ABC-CLIO/Greenwood, 2008, pp 270-272.

«La Gran Depresión». American History Online Resource Center, Gale Group Inc., 2000.

Ellwood, Chris. La Gran Depresión: Una historia en documentos. Oxford University Press, 2003.

Kirn, Walter. Impertérritos: Los gigantes olvidados de la Gran Depresión Mill City Press 2012.

Tugwell, Rexford G. El Roosevelt democrático: Biografía de Franklin D. Roosevelt. Garden City, NY: Doubleday and Company Inc., 1957.

Asociación Harvard Law Review. La Ley de Relaciones Laborales de 1935. Cambridge, MA: Harvard University Press, 1936.

Price, Daryll E., ed. Descenso del Dust Bowl. Lincoln: The University of Nebraska Press, 2007.

Autoridad del Valle del Tennessee. Nashville TN: TVA Publications, 2017.

Moehling, Carolyn M. «La Gran Depresión y la Ley de Seguridad Social de 1935». The Journal of Economic Perspectives, vol. 22, no 4., 2008, pp 133-156.

Eisenhower, John S. Día D: 6 de junio de 1944: La batalla culminante de la Segunda Guerra Mundial. Simon & Schuster, 2019.

Weigley, Russell F. El estilo de guerra estadounidense: historia de la estrategia y la política militar de Estados Unidos. Indiana University Press; Edición reeditada (1 de septiembre de 2014).

Schomburg, Robert y Christopher Schomburg. La Segunda Guerra Mundial: Una historia global del mayor conflicto de la historia de la humanidad. ABC-CLIO (2019): p47.

Smith, Michael Stephen, El ejército de los Estados Unidos en la Segunda Guerra Mundial: Sistema de Regimientos de Armas de Combate del Teatro de Operaciones Europeo de 1944 a 1945. Naval Institute Press (2012).

Skidmore, Max J., y Thomas E. Baker. The G.I. Bill: Un nuevo trato para los veteranos (Hitos de Estados Unidos). ABDO Publishing Company, 2009.

Holmquist-Wall, Leslie J., y Anne M Hussey Smithfield Middle School Students, El Proyecto Manhattan ("Nosotros el pueblo: la Norteamérica moderna"). Lerner Publications Co. 2009.

Karpinski, Joanne Mattern. Ley de 1941 (Norteamérica en guerra). Capstone Press 2012.

Miller, Nathan. Guerra en el mar: Historia naval de la Segunda Guerra Mundial. Oxford University Press, 1995, p. 415.

O'Brien, David M., ed. Historia Militar de Estados Unidos: Volumen II - El Ejército de Estados Unidos en una era global 1917-2003. CQ Press, 2009, p. 394.

Abeyta, Robert R. «Infiltrar Japón-EE. UU. durante la Segunda Guerra Mundial». Gale Encyclopedia of Multicultural America 3ª edición Detroit: Gale Cengage Learning, 2014.

O'Brien, Robert F., y Harry W. Bauer. La batalla de Iwo Jima: Victoria en el Pacífico. ABC-CLIO, 2007.

Keegan, John. Seis ejércitos en Normandía: Del Día D a la Liberación de París 6 de junio - 25 de agosto de 1944. Penguin Books Ltd., 1983.

Gaddis, John Lewis. La Guerra Fría: una nueva historia. Penguin Press, 2005.

Bridgeman, Harriet y David Salariya. La exploración espacial a través de los tiempos. QEB Publishing Ltd., 2018.

National Aeronautics and Space Administration, «Breve historia de la NASA», https://history.nasa.gov/nltr17-4.htm, consultado el 12 de marzo de 2021.

Ryan Somma, Explorando la Luna: The Apollo Expeditions (Nueva York: Dover Publications Inc., 2018), 32-33.

Birdsell, Susan Nacev y David Haines. Cultura búnker de la Guerra Fría desde Manhattan hasta Moscú. Gainesville FL: University Press of Florida, 2013.

Litovkin Eugene G., Vyacheslav Dokuchaev et al. Ciudades subterráneas para sobrevivir a la guerra nuclear: diseño, construcción y explotación de búnkeres para la planificación de la defensa civil. Nueva York NY: Springer Science+Business Media LLC, 2012.

Anderson Bill con Patrick O'Connor eds. Rivalidad entre Estados Unidos y Rusia en los Juegos Olímpicos: Una historia de respeto mutuo. Nueva York NY: Palgrave Macmillan, 2017.

White, Stephen. Guerra fría: una introducción muy breve. Oxford University Press, 2017.

Leffler, Melvyn P., y Odd Arne Westad. Historia de Cambridge sobre la Guerra Fría: Volumen 1, Orígenes. Cambridge University Press, 2010.

Chait, Gregory. La carrera espacial: una exploración de la historia y la tecnología que la sustentan. Rosen Publishing Group, 2009.

Korte Barbara C., et al. La Norteamérica de la Guerra Fría de 1945 a 1991: Una lectura documental. Oxford University Press, 2014.

McPherson, James M. La lucha por la igualdad: Una historia del movimiento por los derechos civiles. Princeton University Press, 2014.

Miller, LaDonna C., y Dorothy Waugh Coulter, eds. Historia afroamericana en Estados Unidos: De la esclavitud a la libertad [y más allá]. ABC-CLIO eBook Collection (ABC-CLIO), 2010.

Pemberton, William E., Jr. Rosa Parks: una biografía. Greenwood Publishing Group, 2006.

Mays, Benjamin E., y Joseph Waddell Tupeney III. La obra esencial de Martin Luther King Jr.: "Tengo un sueño" y otros grandes escritos de Martin Luther King Jr. New American Library Trade Paperbacks, 2001.

Congreso de los EE. UU. Ley del Derecho al Voto de 1965, Pub L 89-110, 79 Stat 437 (1965).

Ley de Vivienda Justa de 1968 del Congreso de EE. UU., 42 USCA § 3601 et seq., Título VIII de la Ley de Derechos Civiles (1968).

Hamilton, Virginia Storrs, Los nueve de Little Rock: Los valientes estudiantes que abolieron la segregación en Central High School (Biblioteca gráfica). Capstone Press, 2007.

«March on Washington for Jobs and Freedom» (Marcha sobre Washington por el trabajo y la libertad), Servicio de Parques Nacionales del Departamento del Interior de EE. UU., consultado el 30 de abril de 2021.

Katz, Friedrich E. La vida y la época de César Chávez. Univ of California Press, 2007.

Johnson, Troy R., y Stephen E. Cornell. La ocupación de la isla de Alcatraz: La autodeterminación india y el auge del activismo indio. University of Arizona Press, 1996.

Baskin, Barbara A., y Kathleen M. Brown-Pérez. Rosa Parks y el boicot a los autobuses de Montgomery: palabras valientes en una postura audaz. Enslow Pub Incorporated, 2012.

Duberman, Martin, Martha Vicinus y George Chauncey Jr. Oculto de la Historia: Reivindicación del pasado gay y lésbico. New York: Meridian Books,1990.

Martin, Thomas D., ed. El Manual Oxford del Movimiento por los Derechos Civiles. Oxford University Press, 2015.

O'Brien, Ashley J., y Lawrence J. Korb. La guerra del Golfo: una enciclopedia. ABC-CLIO, 2015.

Robert C Pascoe Jr., Enciclopedia de la guerra contra el terrorismo (Santa Barbara, CA: ABC-CLIO, 2012), pp. xxi-xxii.

Chirico, Matthew A. Terrorismo global: Origines, dinámicas y respuestas. Palgrave Macmillan, 2014.

Johnson, Chalmers A., y James Fallows. Los límites del poder: el fin del excepcionalismo estadounidense. Metropolitan Books, 2008.

Hakimzadeh, Sanam Vakil et al eds. La política exterior estadounidense en Oriente Medio: De Bush a Obama y más allá. Routledge Taylor & Francis Group, 2016.

Smith, Robert W., II et al eds. Después del 11-S: Libertades civiles en tiempos de crisis. Prometheus Books 2007.

Merom, Gil. Cómo acaba el terrorismo: comprender el declive y la desaparición de las campañas terroristas. Princeton University Press, 2009.

Flagel, Aaron J., ed., El Routledge Companion de la Guerra contra el terrorismo (Routledge Companions). Routledge Taylor & Francis Group, 2013.

Hayes, Stephen M., ed. Terrorismo global: Prevalencia actual de los motivos y tácticas de los terroristas nacionales e internacionales. ABC CLIO LLC, 2018.

Albrecht, Holger. Las Naciones Unidas y la resolución de conflictos: Políticas de seguridad en la práctica. Oxford University Press, 2016.

«Violaciones de derechos humanos en la guerra contra el terror». Stanford Law Review 58 (2006): 1363-1395.

Bergen, Peter L., Beverley Gaudet y Margo Eanett Simonsen Después del 11-S: Una historia oral de los atentados, sus consecuencias y la guerra contra el terrorismo, contada por quienes estuvieron allí. 1ª ed., Free Press; Reprint edition 2010.

Summers Jr, Harry G., y Ernest Wiltse van Dyke III. Estados Unidos en guerra desde 1945: Política y diplomacia en Corea, Vietnam y la Guerra del Golfo. Rowman & Littlefield Education Incorporated, 2008.

Roubini, Nouriel. La economía mundial hoy. McGraw-Hill Education, 2017.

Cooper, Richard N., et al. EE. UU. para principiantes. Oxford University Press, 2012.

Barlett, Donald L., y James B. Steele. Estados Unidos: ¿Qué salió mal?? Andrews McMeel Publishing, 2012.

«El eclipse solar total proyecta su sombra sobre Estados Unidos». World Book, 2017.

Bamford, James. La fábrica de sombras: La ultrasecreta NSA desde el 11-S hasta las escuchas a Estados Unidos. Anchor, 2009.

«El huracán Katrina». World Book, 2016.

Obergefell v. Hodges, 576 U.S. (2015).

Bradsher, Keith. «El futuro de la tecnología es ahora». National Geographic, vol. 230, nº 2, febrero de 2017, pp. 38-63.

Fuchs, Andreas. Obama: La historia de Barack Obama. Skyhorse Publishing, 2019.

Sherman, Jake. Asalto al Capitolio: Cómo una insurrección fallida cambió EE. UU. para siempre. Simon & Schuster, 2021.

Miller, David. Google compra Nest Labs por 3.200 millones de dólares. CNN, Cable News Network, 15 de enero de 2014.

Roberts, Adam. Estados Unidos y la intervención en el siglo XXI. Routledge, 2019.

Flynn, Michael. Mars Curiosity Rover: La increíble historia de una asombrosa misión espacial. Quercus, 2017.

Boyd, Danah. It's Complicated: Las vidas sociales de los adolescentes en red. Yale University Press, 2014.

Yermakov, Alexey. El acuerdo nuclear con Irán: Explicando sus orígenes e implicaciones potenciales. Routledge, 2018.

Smith, Rachel Hope. La doctrina Hillary: Sexo y política exterior estadounidense. Columbia University Press, 2016.

Kleck, Gary. Apuntando a las armas: las armas de fuego y su control. Aldine de Gruyter, 1997.

Oficina de Análisis Económico de Estados Unidos. El Producto Interior Bruto: Un indicador económico. ABC-CLIO, 2021.

Congreso de los Estados Unidos. Ley de Recuperación y Reinversión de 2009. Brookings Institution Press, 2009.

Kastor, Peter J. The Nation's Crucible: La compra de Luisiana y la creación de Estados Unidos. Yale University Press, 2004.

Smith, John. La guerra mexicano-estadounidense: una historia. New York: Oxford University Press, 2018.

Vatanka, Alex. La crisis de los rehenes iraníes: una novela. CreateSpace Independent Publishing Platform, 2016.

Goldman, Emma. El movimiento Me Too: Historia. ABC-CLIO, 2019.

«Los Juegos Olímpicos modernos: Una lucha por el renacimiento». The History of the Olympics, de Robert Barney y Richard Norris, Johns Hopkins University Press, 1996, pp. 34-62.

«Los Estados Unidos de América: cuenta de medallas». El Movimiento Olímpico: Una Enciclopedia, por John E. Findling y Kimberly D. Pelle, ABC-CLIO, 2004, pp. 739-749.

«Mujeres en el deporte: Babe Didrikson Zaharias». Mujeres en el deporte: Babe Didrikson Zaharias, por Roberta J. Park, Oxford University Press, 2001, pp. 1-20.

«La invención del baloncesto». La historia del baloncesto, por Bob Schaller, ABC-CLIO, 2013, pp. 5-20.

Maratón de Boston: Una historia de la carrera, por Tom Derderian, Lyons Press, 2008, pp. 3-20.

Johnson, Jack. «Jack Johnson se convierte en el primer afroestadounidense campeón de boxeo de los pesos pesados». The History of Boxing, editado por George G. Enoch, Oxford University Press, 2018, pp. 63-64.

Ambrose, Stephen E. «El primer partido de fútbol profesional». The Football Hall of Fame 50th Anniversary Book, editado por John Thorn, Sports Illustrated, 2002, pp. 33-37.

«Liga Nacional de Fútbol (NFL)». Encyclopedia of World Sport: From Ancient Times to the Present, editado por David Levinson y Karen Christensen, Oxford University Press, 2016, pp. 385-386.

Miller, Robert. «Hank Aaron: el rey del jonrón». The Baseball Hall of Fame 50th Anniversary Book, editado por John Thorn, Sports Illustrated, 2002, pp. 34-37.

Beamon, Bob. «Olimpiadas de Ciudad de México 1968». The Olympics: A History of the Modern Games, ABC-CLIO, 2020, pp. 187-188.

King, John. «Los Juegos Olímpicos de Los Ángeles 1984». The Olympics: A History of the Modern Games, ABC-CLIO, 2020, pp. 195-196.

Federer, Roger. «Los mejores jugadores de tenis». The Ultimate Tennis Encyclopedia, ABC-CLIO, 2020, pp. 590-591.

Futterman, Matthew. La selección femenina de fútbol de Estados Unidos: Una historia de éxito estadounidense. Lerner Publications, 2001.

Shaenfield, Edward. Milagro sobre hielo: la historia del equipo olímpico de hockey estadounidense de 1980. Macmillan, 1981.

Williams, Emmett. Tonya Harding: El patinador, la madre, el escándalo. Enslow Publishers, Inc. 2007.

Reisler, Jim. Enciclopedia de los Chicago Bulls. Sports Publishing LLC, 2002.

Woods, Tiger. 2001. British Open. En Los mejores golfistas de todos los tiempos, editado por T. R. Reichenbach, 746. Nueva York. New York: Facts on File, Inc., 2005.

Roberts, Robin. La guerra de Corea. Minneapolis: Compass Point Books, 2005.

Smith, John. La guerra de Vietnam: una historia completa. Oxford University Press, 2000.

Beemer, Robert. La guerra de Afganistán: Una historia militar. Oxford University Press, 2020.

Khoury, Dina. La guerra en Siria: Historia. Yale University Press, 2019.

Kranz, Rachel. La revolución tecnológica: Una enciclopedia de inventos desde la rueda hasta el smartphone. ABC-CLIO, 2020.

Thearle, Elizabeth. La historia de los videojuegos: De 1950 a nuestros días. Infobase Publishing, 2009.

Salus, Peter H. Tendiendo la red: De ARPANET a Internet y más allá. Digital Press, 1995.

Floyd, Jayne G. La tecnología en la vida cotidiana. ABC-CLIO, 2016.

Moon, Rachel. Fitness Technology: Wearables y rastreadores de actividad. Rosen Pub Group, 2019.

Robson, David. Augmented Reality: ¿Qué es y cómo funciona? How-To Geek, 2018.

Gershenfeld, Neil. «Drones autónomos: La próxima generación de servicios de reparto y tareas de vigilancia». La revolución digital: Una guía para el futuro de la tecnología, el trabajo y la sociedad, MIT Press, 2020, pp. 52-54.

Zou, Yan, et al. «Computación cuántica: Superar los límites de la informática». Advances in Computer Science and Engineering, Springer, 2017, pp. 104-110.

Kerber, Linda K. No hay derecho constitucional para ser damas: Las mujeres y las obligaciones de la ciudadanía. Hill and Wang, 1998.

Friedan, Betty. La mística de la feminidad. W.W. Norton & Company, 1963.

Steinem, Gloria. Actos escandalosos y rebeliones cotidianas. Random House, 1983.

Anthony, Susan B., Paul, Alice, Friedan, Betty y Steinem, Gloria. Mujeres estadounidenses notables: Un diccionario biográfico que completa el siglo XX. The Belknap Press of Harvard University Press, 2004.

Gates, Jr., Henry Louis. El Renacimiento de Harlem. Oxford University Press, 2004.

Savage, Jon. El sueño de Inglaterra: Anarquía, Sex Pistols, Punk Rock y más allá. Martin's Press, 2001.

Jones, LeRoi. Blues People: La música negra en la América blanca. Harper Perennial, 2002.

Fundación de Música Country. La historia de la música country. A Smithsonian Collection. HarperCollins, 1993.

Tomás, Raúl y Elisa Facio. Escritores latinos en Estados Unidos: un libro de referencia. Routledge, 2020.

Wilbur, A. C. Arte y cultura de los nativos norteamericanos. ABC-CLIO, 2018.

Galería de arte callejero. Street Art: Guía del arte público contemporáneo. Thames & Hudson, 2015.

Evans, Peter. The Mighty Craze: Auge y declive del jazz. Arcade Publishing, 2002.

Wolff, David. «El movimiento beatnik». En The Beat Generation: Una historia definitiva del movimiento beatnik, 189-209. Santa Barbara: Praeger, 2015.

Toliver, Bryan. Música pop: Una historia global. Londres: Routledge, 2018.

Lang, Jon. Arquitectura posmoderna: Una historia crítica. Londres: Thames & Hudson, 2011.

Hall, Deborah. El Movimiento de las Artes Negras: El nacionalismo literario en los años sesenta y setenta. Rutgers University Press, 2015.

Clifford, Mary Louise. Temas de la historia afroestadounidense. ABC-CLIO, 2009.

«La Marcha del Millón de Hombres». African-American History, editado por Tim McNeese, Greenhaven Press, 2013, p. 259.

Bethanee J. Brown, «Movimiento Black Lives Matter». Enciclopedia de la raza y el racismo, editado por John Hartwell Moore, Macmillan Reference, 2018, pp. 98-99.

Mancall, Peter C. La exploración de América del Norte. Oxford University Press, 2004.

Broda, Johanna. Las Américas: Las fronteras del mundo. Routledge, 2014.

Nye, David E. Electrificando Estados Unidos: Significado social de una nueva tecnología, 1880-1940. MIT Press, 1997.

De Long, J. Bradford y A. Michael Shuster. La economía de Estados Unidos desde la Segunda Guerra Mundial. Cambridge University Press, 2016.

Gordon, Robert B. Auge y declive del crecimiento estadounidense: El nivel de vida de Estados Unidos desde la guerra civil. Princeton University Press, 2016.

Allison, Robert. The American Revolution: A Concise History. Oxford UP, 2011.

Anderson, Fred. The War That Made America: A Short History of the French and Indian War. Penguin, 2006.

Bapat, Navin A. Monsters to Destroy: Understanding the War on Terror. Oxford UP, USA, 2019.

Bernstein, Carl, and Bob Woodward. All the President's Men. Simon & Schuster, 1974.

Brands, H. W. Reagan: The Life. Anchor, 2016.

Bullard, Sara. Free at Last: A History of the Civil Rights Movement and Those Who Died in the Struggle. Oxford UP, USA, 1994.

Burgan, Michael. The Great Depression: An Interactive History Adventure. Capstone, 2011.

Cashman, Sean D. America in the Gilded Age: From the Death of Lincoln to the Rise of Theodore Roosevelt. NYU P, 1993.

Cave, Alfred A. The Pequot War. 1996.

Charles River Charles River Editors. The Election of 1828: The History of the Race Between Andrew Jackson and John Quincy Adams That Ended the Era of Good Feelings. Createspace Independent Publishing Platform, 2018.

Chernow, Ron. Washington: A Life. Penguin UK, 2010.

Conti-Brown, Peter. The Power and Independence of the Federal Reserve. Princeton UP, 2017.

Cringely, Robert. The Decline and Fall of IBM: End of an American Icon? Nerdtv, LLC, 2014.

Detzer, David. Allegiance: Fort Sumter, Charleston, and the Beginning of the Civil War. Houghton Mifflin Harcourt, 2002.

DuBois, Ellen C. Suffrage: Women's Long Battle for the Vote. Simon & Schuster, 2021.

Fitzgerald, Brian. The Korean War: America's Forgotten War. Capstone, 2006.

Foer, Franklin. The Last Politician: Inside Joe Biden's White House and the Struggle for America's Future. Penguin, 2023.

Foner, Eric. Reconstruction: America's Unfinished Revolution, 1863-1877. HarperCollins, 2011.

Friedman, Jeffrey. What Caused the Financial Crisis. U of Pennsylvania P, 2011.

Gaddis, John L. The Cold War: A New History. Penguin, 2006.

Gitlin, Marty. Brown v. Board of Education. ABDO, 2007.

Glaser, Jason. John Brown's Raid on Harpers Ferry. Capstone, 2006.

Goodwin, Doris K. Team of Rivals: The Political Genius of Abraham Lincoln. Penguin UK, 2009.

Gordon, Michael R., and Bernard E. Trainor. The Generals' War: The Inside Story of the First Gulf War. Atlantic, 2006.

Gray, Derek. NAACP in Washington, D.C.: From Jim Crow to Home Rule. American Heritage, 2022.

Gray, Edward G., and Jane Kamensky. The Oxford Handbook of the American Revolution. Oxford UP, 2015.

Gunderson, Jessica. The Triangle Shirtwaist Factory Fire. Capstone, 2006.

Guttenberg, Fred, and Thomas Gabor. American Carnage: Shattering the Myths That Fuel Gun Violence. Mango Media, 2023.

Hankins, Barry. The Second Great Awakening and the Transcendentalists. Greenwood, 2004.

Harris, Duchess, and Bonnie Hinman. The Freedmen's Bureau. ABDO, 2019.

Haskew, Michael E. Appomattox: The Last Days of Robert E. Lee's Army of Northern Virginia. Zenith P, 2015.

Hinderaker, Eric. Boston's Massacre. Harvard UP, 2017.

Hinman, Bonnie. The Massachusetts Bay Colony: The Puritans Arrive from England. Mitchell Lane Publishers, 2010.

Hinton, KaaVonia. To Preserve the Union: Causes and Effects of the Missouri Compromise. Capstone, 2013.

Jr., Frank E., and Daniel B. Smith. Jamestown Colony: A Political, Social, and Cultural History. Bloomsbury Publishing USA, 2007.

Karnow, Stanley. Vietnam: A History. Penguin, 1997.

Leuchtenburg, William E. Franklin D. Roosevelt and the New Deal: 1932-1940. Harper Perennial, 2009.

McCullough, David. The Path Between the Seas: The Creation of the Panama Canal, 1870-1914. Simon & Schuster, 2001.

McCullough, David. Truman. Simon & Schuster, 2003.

McDonald, Allan J. Truth, Lies, and O-Rings: Inside the Space Shuttle Challenger Disaster. UP of Florida, 2012.

McMillen, Sally. Seneca Falls and the Origins of the Women's Rights Movement. Oxford UP, 2009.

McPherson, James M. Battle Cry of Freedom: The Civil War Era. Oxford UP, 2003.

Merry, Robert W. A Country of Vast Designs: James K. Polk, the Mexican War and the Conquest of the American Continent. Simon & Schuster, 2010.

Messerli, Jonathan. Horace Mann: A Biography. Knopf, 1972 [c1971], 1972.

Meyer, G. J. The World Remade: America in World War I. Bantam, 2018.

Michel, Lou, and Dan Herbeck. American Terrorist: Timothy McVeigh & the Tragedy at Oklahoma City. Harper, 2002.

Miller, Nathan. New World Coming: The 1920s and the Making of Modern America. Simon & Schuster, 2010.

Montgomery, Dennis. 1607: Jamestown and the New World. Rowman & Littlefield Publishers, 2007.

Morris, Edmund. The Rise of Theodore Roosevelt. Modern Library, 2010.

Murray, Charles A., and Catherine B. Cox. Apollo. 2004.

Musicant, Ivan. Empire by Default: The Spanish-American War and the Dawn of the American Century. Owl Books, 2008.

Nelson, Michael, et al. 42: Inside the Presidency of Bill Clinton. Cornell UP, 2016.

Otis, D. S. The Dawes Act and the Allotment of Indian Lands. U of Oklahoma P, 2014.

Painter, Nell I. Standing at Armageddon: A Grassroots History of the Progressive Era. W. W. Norton & Company, 2011.

Polmar, Norman, and John D. Gresham. DEFCON-2: Standing on the Brink of Nuclear War During the Cuban Missile Crisis. 2006.

Rhodes, Richard. Arsenals of Folly: The Making of the Nuclear Arms Race. Vintage, 2008.

Ross, John F. Enduring Courage: Ace Pilot Eddie Rickenbacker and the Dawn of the Age of Speed. Macmillan, 2014.

Sarotte, Mary E. 1989: The Struggle to Create Post-Cold War Europe - Updated Edition. Princeton UP, 2014.

Saunt, Claudio. Unworthy Republic: The Dispossession of Native Americans and the Road to Indian Territory. W. W. Norton & Company, 2020.

Schermerhorn, Calvin. Unrequited Toil: A History of United States Slavery. Cambridge UP, 2018.

Schultz, Eric B., and Michael J. Tougias. King Philip's War: The History and Legacy of America's Forgotten Conflict. The Countryman P, 2000.

Sexton, Jay. The Monroe Doctrine: Empire and Nation in Nineteenth-Century America. Hill and Wang, 2011.

Steinhauer, Jason. History, Disrupted: How Social Media and the World Wide Web Have Changed the Past. Springer Nature, 2021.

Stewart, David O. The Summer of 1787: The Men Who Invented the Constitution. Simon & Schuster, 2008.

Stewart, James B. Holy Warriors: The Abolitionists and American Slavery. Macmillan, 1996.

Stick, David. Roanoke Island: The Beginnings of English America. UNC P Books, 2015.

Stowell, David O. Streets, Railroads, and the Great Strike of 1877. U of Chicago P, 1999.

Tuchman, Barbara W. The Guns of August: The Outbreak of World War I; Barbara W. Tuchman's Great War Series. Random House, 2009.

Wallace-Wells, David. The Uninhabitable Earth: Life After Warming. Crown, 2020.

Washburn, Wilcomb E. The Governor and the Rebel: A History of Bacon's Rebellion in Virginia. UNC P Books, 2018.

Weinberg, Gerhard L. A World at Arms: A Global History of World War II. Cambridge UP, 2005.

Whiting, Jim. The Maryland Colony: Lord Baltimore. Mitchell Lane Publishers, 2010.

Wood, Gordon S. The Radicalism of the American Revolution. Knopf, 1992.

Woodward, Bob. Fear: Trump in the White House. Simon & Schuster, 2018.

Wright, Lawrence. The Looming Tower: Al-Qaeda and the Road to 9/11. Vintage, 2018.

Yero, Judith L. The Mayflower Compact. National Geographic Books, 2006.

Zelizer, Julian. The Presidency of Barack Obama: A First Historical Assessment. Princeton UP, 2018.